中国矿业大学国别与区域研究丛书

汉学研究与汉学翻译

主编 孟庆波 徐剑

中国矿业大学出版社
· 徐州 ·

图书在版编目(CIP)数据

汉学研究与汉学翻译 / 孟庆波，徐剑主编. —徐州：中国矿业大学出版社，2022.12

ISBN 978-7-5646-5596-9

Ⅰ. ①汉… Ⅱ. ①孟… ②徐… Ⅲ. ①汉学—研究 Ⅳ. ①K207.8

中国版本图书馆 CIP 数据核字(2022)第 207586 号

书　　名　汉学研究与汉学翻译
主　　编　孟庆波　徐　剑
责任编辑　万士才
责任校对　张梦瑶
出版发行　中国矿业大学出版社有限责任公司
　　　　　　(江苏省徐州市解放南路　邮编 221008)
营销热线　(0516)83885370　83884103
出版服务　(0516)83995789　83884920
网　　址　http://www.cumtp.com　**E-mail**:cumtpvip@cumtp.com
印　　刷　徐州中矿大印发科技有限公司
开　　本　787 mm×1092 mm　1/16　**印张** 14　**字数** 279 千字
版次印次　2022 年 12 月第 1 版　2022 年 12 月第 1 次印刷
定　　价　38.00 元

目 录

《赵氏孤儿》

——自我牺牲、悲剧抉择、复仇以及蒙古剧在明代宫廷中的儒家化①

[美]伊维德 著　杜　磊 译

(译者单位:浙江大学外国语学院翻译学研究所)

一、自我牺牲的悲剧:马若瑟的译本

《中华帝国全志》(*Déscription géographique, historique, chronologique, politique et physique de l'empire de la Chine et de la Tartarie chinoise*)是18世纪汉学的一项重要成果。这部作品包含四大卷,由杜赫德(Jean Baptiste du Halde)编纂,于1735年在巴黎出版。为了编纂此书,杜赫德收录了大量由耶稣会会士创作的手稿,这些耶稣会会士曾作为技术人员或传教士,活跃于北京的宫廷。对于研究中国文学的学者而言,《中华帝国全志》有着特殊的意义:它是第一部发表汉语纯文学(belles-lettres)译文样本的书籍。这些译文包含几首诗、若干短篇小说和一部戏剧。这些作品的主要译者之一是马若瑟(Joseph Henri Marie de Prémare),他是18世纪上半叶活跃于北京的耶稣会会士中最杰出的汉语语言学家。然而,杜赫德将译文出版其实并非马若瑟本意,因为后者把自己的

① 译者按:本文作者伊维德(Wilt L. Idema),系哈佛大学东亚语言与文学系荣休教授,在中国古代通俗文学,尤其是中国戏曲领域研究建树卓越,已出版大量相关文章与论著。此文原题为"The Orphan of Zhao: Self-sacrifice, Tragic Choice and Revenge and the Confucianization of Mongol Drama at the Ming Court"(发表于:Cina, No. 21, XXXth European Conference of Chinese Studies Proceedings, pp. 159-190)为其论《赵氏孤儿》的代表之作,也是海外汉学界自18世纪至今专论《赵氏孤儿》最重要的文章之一。伊维德首先从《赵氏孤儿》的悲剧体裁与马若瑟对其的翻译入手,概述了18世纪该剧在西方流传的情况。围绕复仇主题,文章阐述了《伍员吹箫》与《楚昭公》的创作语境,进而以之为基础,分析了《赵氏孤儿》与上述两剧在复仇主题表现上的异同与形成的互文关联。伊维德进而指出,《赵氏孤儿》的复仇主题具有悲剧抉择的鲜明意义,元刊本与明刊本不同的复仇意涵产生了不同的人物塑造方式,而这种人物塑造方式的嬗变在根本上是由明代宫廷对儒家思想的要求所决定的。2015年,奚如谷(Stephen H. West)与伊维德教授联袂出版了元杂剧译著《〈赵氏孤儿〉及其他元杂剧:早期版本》,收录了元刊与明刊两个不同版本的《赵氏孤儿》。黄碧端(Wang Pi-twan)与李惠仪(Li Wai-yee)在两人合著的《哥伦比亚元杂剧选集》中亦提供了两个英译的版本。本文根据伊维德教授论文的手稿进行翻译,译者感谢伊维德教授赐予手稿以及对翻译的指导。

手稿寄给了法兰西金石美文学院的成员(membre de l'Académie)傅尔蒙(Etienne Fourmont)。尽管傅尔蒙在出版马若瑟的作品方面不如杜赫德那般积极,或者至少不如他那样成功[比如马若瑟的汉语语法著作《汉语札记》(*Notitia linguae sinicae*)直到1831年才在马六甲出版],但他还是公开指责杜赫德行事草率。①

马若瑟翻译的这部戏剧,其法文名为 *Tchao Chi Cou Ell ou Le petit orphelin de la maison de Tchao, tragédie chinoise*(《中国悲剧赵氏孤儿》——译者注),为13世纪晚期剧作家纪君祥所作的一部杂剧,中文名叫作《赵氏孤儿》。公元前5世纪,韩赵魏三家分晋,而《赵氏孤儿》讲述的正是在这之前的春秋时期,晋国权贵家族间的一场斗争。作者将故事背景放在声名狼藉的晋灵公统治时期。马若瑟的译本也为五折一楔子。马若瑟并没有透露他选择翻译这部戏剧的原因,但不可能是因为当时批评家对该剧的赞誉。② 然而,我们也不难想出种种缘由来解释为何马若瑟会被这部戏剧吸引。马若瑟在副标题中将这部戏剧称为悲剧(tragédie),且《赵氏孤儿》可能是元杂剧中最符合古典主义欧洲悲剧体裁要求的一部剧。故事发生在王公贵族之间,文体高雅。剧作的题材沉重,且其故事的性质是为一名无辜婴儿所作的自我牺牲,可能打动了这位传教士。③ 不管出于什么原因,译者的选择着实幸运。《赵氏孤儿》出版于"中国热"(chinoiserie)的鼎盛时期,对18世纪欧洲戏剧文学产生了深远影响。后来马若瑟的作品被再版、重译,并给歌德(Goethe)、哈切特(Hatchett)、梅塔斯塔西奥(Metastasio)、墨菲(Murphy)以及伏尔泰(Voltaire)等诸多作家提供了灵感。在受马若瑟译文启发而创作的作品中,最著名的当数伏尔泰的《中国孤儿》(*L'orphelin de la Chine*)。该剧于1755年首演,进行了还原中国服装的尝试,因而在西方戏剧史中拥有特殊地位。④《赵氏孤儿》在欧洲的影响力,提升了其在20世纪批评界中的地位。这种地位的提升在1949年后尤为显著,而这一基

---

① 关于马若瑟译文出版的情况,参见 Liu Wu-chi, "The Original Orphan of China," *Comparative Literature* Volume 5(1953), summer。

② 1633年,孟称舜基于《元曲选》编写了元明戏曲合集《新镌古今名剧酹江集》(重刊本见《古本戏曲丛刊第四集》),孟在页眉处对《赵氏孤儿》所作的评语简要但饱含激情。

③ Wilt Idema, "De wees van China, Aspecten van een literaire adoptie," *Hollands Maandblad* nr. 457, 1985, Dec. pp. 29-30.

④ 关于《赵氏孤儿》在欧洲文学中的影响已多有研究。参见 Ch'en Shou-yi, "The Chinese Orphan: A Yuan Play. Its Influence on European Drama of the 18th Century," *T'ien Hsia Monthly* III-2, 1936, pp. 98-115; Liu Wu-chi, "The original Orphan of China," *Comparative Literature* Volume 5, 1953, pp. 193-212; Wolfang Bauer, "Die Rezeption der chinesichen Literatur in Deutschland und Europa," *Ostasiatische Literaturen*, ed. Günther Debon(Neues Handbuch der Literaturwissenschaft Band 23, Aula Verlag, 1984), pp. 159-92。

调早在1912年由王国维在其开创性的著作《宋元戏曲史》中就已奠定：其最有悲剧之性质者，则如关汉卿之《窦娥冤》，纪君祥之《赵氏孤儿》。剧中虽有恶人交构其间，而其赴汤蹈火者，仍出于其主人翁之意志，即列之于世界大悲剧中，亦无愧色也。①

马若瑟的翻译以1616—1617年间刊行的《元曲选》为原本，这是当时唯一一部通行的元杂剧选集。不过马若瑟远没有翻译完整，而是有意略过唱段，只翻译了舞台说明和宾白部分（独白与对白）。而现存的元代木刻本《赵氏孤儿》却反其道而行之，完全删去了舞台说明和宾白，仅保留唱段部分。② 也就是说，马若瑟所译的恰恰是现存最早版本中缺失的那一部分！

现存元代版本的杂剧共计三十部，这些杂剧在明代最后一百年中的手稿或印刷本中并未全部得以留存。对比元代印刷本，部分后世版本的文本迥然不同。在某些戏剧中，两个版本的唱段仍然非常接近，我们或许可以由此推断，这些戏剧的明代版本整体上比较忠实地反映了其最初的形态。然而，《赵氏孤儿》却是个反例，《元曲选》中的《赵氏孤儿》版本与元代的印刷本大相径庭。每组唱段中唱词的顺序也有所不同，有些唱段被删掉，又插入了新的唱词，保留下来的唱词则在措辞上被反复修改过（只有少数情况下得到了改进）。两个版本最显著的区别在于，元代版本只有四组唱段，这是元代的惯例，而《元曲选》版本在最后加了整整一折戏。③ 两个版本的《赵氏孤儿》差别极大，故而有人提出，只能将《元曲选》中的《赵氏孤儿》归为明代无名氏所作，因其虽脱胎于纪君祥原作，但却与之迥异。④

二、《伍员吹箫》与《楚昭公》中的复仇书写

我们对纪君祥所知甚少。钟嗣成在写《录鬼簿》时，将其列入“前辈已死名公才人，有所编传奇行于世者”条目下，由此可知，纪君祥曾活跃于13世纪下半叶。关于其生平，只有短短一句：“大都（今北京）人，与李寿卿、郑廷玉同时。”钟嗣成录纪君祥所作的杂剧共有六部。除《赵氏孤儿》之外，其余的是《驴皮记》《曹伯明

---

① 王国维：《王国维戏曲论文集·宋元戏曲考》，中国戏剧出版社，1957，第106页。

② 《元刊杂剧三十种》的影印本见于《古本戏曲丛刊》。元刊本的校订本可见郑骞：《校订元刊杂剧三十种》，世界书局，1962，第169-179页；张绍铎：《〈赵氏孤儿〉杂剧研究》，学海出版社，1981，第128-141页；徐沁君：《新校元刊杂剧三十种》上册，中华书局，1980，第308-326。

③ 对两个版本最详细的比对可参见郑骞：《元杂剧异本比较》，载《编译馆馆刊》第3卷，1974年第2期，第12-15页。

④ 罗锦堂：《现存元人杂剧本事考》，中国文化事业股份有限公司，1960，第79-80页。罗锦堂的观点来源于郑骞：《元曲作者志异》，载《景午丛编》第1卷，1972，第320-321页。

错勘赃》《李元贞松阴记》《韩湘子三度韩退之》《信安王断复贩茶船》。[①] 明代朱权在其著作《太和正音谱》中也将这六种杂剧归于纪君祥名下。

在与纪君祥一同收录进《录鬼簿》中的剧作家李寿卿和郑廷玉的作品中，我们也发现了类似主题样式以及对成熟题材的偏好。李寿卿名下共有杂剧十种，仅有一部传世，名为《说鱄诸伍员吹箫》。郑廷玉是一位非常多产的剧作家，其名下有杂剧二十三种，其中六种存世。[②] 在留存的杂剧中有一部历史剧《楚昭公》；如果说大都存在这样一群职业剧作家，为这座熙熙攘攘的都市里的勾栏瓦舍不断提供新剧，那么纪君祥、李寿卿和郑廷玉就是他们中最为杰出的代表。[③]

不过这三位剧作家之间的相似性还不止于此。如果说纪君祥的《赵氏孤儿》讲述的是一个春秋时期悲壮的复仇故事，那么李寿卿和郑廷玉则讲述了更为悲壮的伍子胥（伍员）向楚王复仇的故事。古代南方国家越、吴、楚之间的战争故事，以及伍子胥的传奇人生，早就激发着历史学家们的灵感。民俗文学也很快关注到这一主题，比如未能完整留存的唐代变文就有关于伍子胥的故事[④]，元代早期戏剧家也积极响应。除了李寿卿和郑廷玉，高文秀和吴昌龄也写过伍子胥的故事：伍子胥从楚国逃往吴国，辅佐吴国变得强大，以求复仇。不过只有《伍员吹箫》和《楚昭公》两部存世。关汉卿和赵明道创作的杂剧（现已散失）讲述了吴国如何因美女西施而亡国的故事。14 世纪的周文质和赵善庆都写过一部名为《孙武子教女兵》的杂剧，不过两部都已散失。在李寿卿的《伍员吹箫》中，四组唱段都属于伍子胥。在郑廷玉的《楚昭公》中，四组唱段属于伍子胥复仇的受害者楚昭公。郑廷玉名下还有一部关于伍子胥的杂剧。这部已经散失的杂剧即《采石渡渔父辞剑》，可能是以伍子胥为男主角。申包胥是伍子胥复仇故事中的三号人物，他可能在已经散失的佚名杂剧《申包胥兴兵完楚》中是一个有唱词的角色。

《元曲选》中收录的只有李寿卿所作《伍员吹箫》的一个版本，含四折一楔子，楔子在第三与第四折之间，其内容可简略总结如下：楚平王统治时期，费无忌杀了自己的对手伍奢，并试图将其子伍员骗至都城；公子芈建赶往樊城通知伍员。于是伍员不顾费无忌之子费得雄假传的王命，决定逃往郑国（第一折）。费无忌命令神箭手养由基追杀伍员，养由基将箭头去除，放走了伍员。芈建死于郑国

① 钟嗣成：《录鬼簿》，载《中国古典戏曲论著集成》第 2 卷，中国戏剧出版社，1959，第 112 页。

② 傅惜华：《明代杂剧全目》，作家出版社，1958。

③ 这样为大众戏剧工作的专业戏剧作家在类别上与以写杂剧为副业的作家（如白朴）以及专为宫廷写作的剧作家（如吴昌龄）形成对比。然而，我们的信息太少，很难清晰地将三类剧作家区别。

④ 参见 David Johnson, "Epic and History in Early China: The Master of Wu Tzu-shü," *Journal of Asian Studies*, XL(1981), pp. 155-172; "The Wu Tzu-shü Pien-wen and Its Sources," *Harvard Journal of Asian Studies*, XL(1980), pp. 93-156, pp. 456-505。元杂剧作家的灵感并不来源于变文传统。

后，伍员又从郑国逃至吴国，途中先遇浣纱女赠饭，她为保守秘密投水而死，又有渔父闾丘亮渡他过江，后亦刎颈自杀以免泄露消息（第二折）。十八年间，伍员在丹阳城内吹箫乞食。有一次他被一群泼皮殴打，后被专诸所救，为此专诸还被妻子责怪。回到家中，专诸妻子向他道歉，伍子胥得知她其实是遵从死去的母亲的吩咐，因为专诸好打抱不平，经常惹上麻烦。伍员仰慕专诸的正义感，请求他帮自己复仇。专诸不顾妻子的阻拦，向伍员承诺助其复仇。专诸将正义看得比孝道还重要，因此妻子自杀身亡（第三折）。伍子胥与专诸领兵攻打楚国。此时楚昭公继承了平公的王位，费无忌奉命迎战，战败被俘（楔子）。郑国担心伍员寻仇，求助闾丘亮之子闾丘村厮。吴王阖闾迎接将军们凯旋。费无忌被处死，浣纱女之母得到重谢。闾丘亮之子以死相逼，伍员遂放弃伐郑（第五折）。[①]

郑廷玉的《楚昭公》也收录在《元曲选》中。全剧四折，情节可简要总结如下：吴王阖闾想夺回一把流落在楚国的宝剑，与孙武、伍子胥和伯嚭商讨后，下令讨伐楚国。楚昭公与兄弟芈旋商讨，芈旋劝说昭公归还宝剑，昭公不从。吴国信使宣战，昭公得知伍子胥势力强大且渴望复仇，十分惧怕。伍子胥的昔日至交申包胥发誓保护楚国，并前往秦国借兵（第一折）。自信满满的费无忌迎战伍子胥，被打得大败，昭公和兄弟逃亡（第二折）。昭公与兄弟妻儿来到江边，艄公一开始因船小拒绝渡他们过江。众人登船后行至江中，刮起大风，艄公让与昭公关系稍疏者下水以保他人平安。芈旋欲跳船，被昭公劝阻，风越来越大，于是昭公之妻、子相继跳船。上岸后，昭公和兄弟分道而逃，以防被同时发现。同时，昭公之妻、子被龙神所救（第三折）。秦哀公最终被申包胥的忠诚打动，决定出兵伐吴。伍子胥将楚平公开棺鞭尸，大仇得报后，履行了向申包胥所发的誓言，从楚国撤兵，楚昭公得以复国。昭公迎接弟弟芈旋归来，向他介绍自己的继室夫人。然后昭公之妻、子出现，讲述他们如何奇迹般生还。百里奚作为秦国密使来到楚国，商讨秦王公主与昭公之子的婚事（第四折）。[②]

和纪君祥的《赵氏孤儿》一样，此版《楚昭公》也可以与留存的元刊本作比较。[③] 两者之间的差异也十分惊人。元代版本以一个楔子开头，楚昭公即位后讲述他惧怕伍子胥复仇，这个楔子已几乎散佚。第一折并未提及宝剑，昭公还是处在对伍子胥的恐惧之中。第二折则完全不同。元代版本中，故事似乎发生在昭公的内廷，他正在安慰自己的皇后。听闻自己的军队战败，昭公决定携家眷逃

① 臧晋叔：《元曲选》第二册，文学古籍刊行社，1955，第 647-667 页。

② 臧晋叔：《元曲选》第二册，文学古籍刊行社，1955，第 277-293 页。

③ 郑骞：《校订元刊杂剧三十种》，世界书局，1962，第 75-84 页；徐沁君：《新校元刊杂剧三十种》中华书局，1980，第 144-160 页。

亡。在第三折中，元代版本没有提及龙神相助。第四折、第五折只是讲了昭公和弟弟重逢，并向弟弟介绍自己的继室和继室的儿子，没有秦国密使出现，溺亡的皇后与皇子只是通过立碑予以纪念。[①]《元曲选》版本中多次提及伍子胥逃离楚国前的那些战绩，尤其是关于十八国临潼斗宝的故事。元代版本对此也有提及，但是着墨甚少。有一部名为《临潼斗宝》的杂剧，讲的就是这个事件。[②] 该剧作者不详，很可能是15世纪宫廷演员所作。[③] 由此看来，最初元版的《楚昭公》经过了大幅度的改编，内容和《临潼斗宝》连了起来，成了一部与后者接榫的续集。[④] 在脉望馆的藏书中还保存了一份宫廷手稿，里面列举了上演该剧必备的道具和服装。《元曲选》的版本是以元刊本为基础的，但语言经过修改润色，以供大众阅读。严敦易认为，鉴于两个版本之间的差异，《元曲选》版本中的《楚昭公》应为明代无名姓氏根据元代杂剧所作，两剧不可等同。

我们所知的《伍员吹箫》只有一个《元曲选》的版本，该剧在许多方面都与《元曲选》中的《楚昭公》十分相似，因此，可以说这部剧也经过了宫廷演员的深度改编。鉴于剧中有大量的事件，而缺少其他重要的场景，加上各种前后不一的细节，有人声称《元曲选》中的《伍员吹箫》甚至不是改编自李寿卿的作品，而是从许多元代早期关于伍子胥的戏剧中采集、改编而来的故事集锦。[⑤] 如果要将《赵氏孤儿》与《伍员吹箫》《楚昭公》作比较，我们只能用《元曲选》中收录的《伍员吹箫》这一版，因为只有这个版本的内容是完整的。但即使我们按照传统的方式认定作者归属，我们也应时刻留心原始版本的剧作和深度改编后版本之间的差距。

三、《赵氏孤儿》中的复仇：悲剧抉择与儒家化

《赵氏孤儿》的题材来源于司马迁的《史记》。早于《史记》的作品忽略了公孙杵臼与程婴的名字。据《史记》记载，赵氏家族被灭亡后，公孙杵臼与程婴合谋保全了赵氏血脉。赵朔的遗腹子被托付于程婴之后，程婴和公孙杵臼又拿来一个孩子，前者斥责公孙杵臼隐藏赵氏孤儿。公孙杵臼和代替的孤儿被杀之后，程婴把赵氏孤儿藏在山中十五年。其后，晋国公患病，占卜解释为其病是因一个大家族受难之后无子嗣留下而致。此时，曾在赵氏家族被灭门之时佯装生病的韩厥将赵氏孤儿送入宫中，屠岸贾伏诛，孤儿的权利得到恢复。任务完成后，程婴自

---

① 两剧对比可见严敦易：《元曲斟疑》，中华书局，1960，第387-396；Roderich Ptak, *Die Dramen Cheng T'ing-yüs* (Bad Boll: Klemmerberg-Verlag, 1979), pp. 123-131。

② 此剧为《十八国临潼斗宝》卷一，可见于《孤本元明杂剧》，中国戏剧出版社，1957。——译者注

③ 傅惜华：《明代杂剧全目》，作家出版社，1958，第310页。此剧被收录于《脉望馆抄校本古今杂剧》。

④ 严敦易：《元剧斟疑》，中华书局，1960，第396-401页。

⑤ 严敦易：《元剧斟疑》，中华书局，1960，第402-411页。

杀，终与好友公孙杵臼团聚。汉代的一些其他作品亦将《史记》的叙述抄录其中。由此看来，纪君祥是第一个以俗文学形式处理这一主题的作者。在纪君祥之前，没有变文或院本对这一故事进行过改编，只有一出大致与纪君祥同时代的戏文记录下了这则故事。[①]

自1949年以来，大量文章研究了这一主题的政治含义。很多评论家发掘了宋朝忠臣在此剧中的意旨，其中一个评论家甚至认为，伏尔泰在他的《中国孤儿》中将这一行动从古代转移到了蒙古对外征服的年代是非常合理的。[②] 宋朝的皇室姓赵，声称为赵氏家族后裔，且以爵位、庙宇和祭祀仪式来表彰自己事业的支持者。在危难时刻，这些封号还被晋升，特别是在南宋时期。宋朝的忠臣，如文天祥就常在诗中自比程婴或公孙杵臼。[③] 然而，那些持有《赵氏孤儿》忠臣意旨之论的人很可能故意隐匿了一点，即北京地区从来就不是宋朝的一部分，直到1215年蒙古攻占之前，北京就一直是金朝的都城，而金朝早在1234年就已灭亡了。因此，对于纪君祥这样的大都人来说，写这样一部剧不太可能是因有感于宋代大臣对皇室的忠诚。当然，该剧是对忠义的歌颂，因此可以给任何忠义事业带来启迪。另一些批评家则认定该剧所描写的不屈不挠的抗争精神之中蕴含着当代政治意义，认为它反映了中国民众在蒙人铁蹄践踏之下的内心活动。[④]

《赵氏孤儿》《伍员吹箫》《楚昭公》三剧的前三幕有一个共同的结构：恶势力化身为外敌，气焰嚣张，被害人则被迫从京城逃至乡间，或从祖国逃到远方。当伍子胥发兵来袭，楚昭公从宫中逃到了荒野，赵氏孤儿则从首都被带到了乡下；伍子胥不得不从楚国陆续逃到郑国和吴国。被害者的困境激发了忠义和自我牺牲的行为，随着邪恶在空间中的不断延伸，戏剧性冲突不断加强。随着被害人的处境越来越无望，作为其追随者的被害人也面临着越来越艰难的道德困境：昭公要在弟弟、儿子和妻子之间作出选择，他们都愿意为他牺牲；专诸则将正义置于孝道之上，接受妻子的自杀行为，从而追随伍子胥；而程婴为了救孤儿，牺牲了自己的独子。

---

① 钱南扬：《戏文概论》，上海古籍出版社，1981，第80-81页。

② 参见陈中凡：《论纪君祥的〈赵氏孤儿〉杂剧》，《南京大学学报》1956年第4期，第27页。该文积极支持此剧反映宋代忠义的观点，并援引了阿英：《元人杂剧史（四）》，《剧本》1954年，第140-152页，（译者补注）；其他则可见周贻白：《中国戏曲发展史纲要》，上海古籍出版社，1979，第184-186页；黄士吉：《元杂剧作法论》，青海人民出版社，1983，第222-227页；余秋雨：《中国戏剧文化史述》，湖南人民出版社，1985，第219-221页。

③ 张庚、郭汉城：《中国戏剧通史》上册，中国戏剧出版社，1980，第218-219页；罗锦堂：《从〈赵氏孤儿〉到〈中国孤儿〉》，载《锦堂论曲》，联经出版社，1977，第377-380页。

④ 徐朔方：《杂剧〈赵氏孤儿大报仇〉》，载《戏曲杂记》，古典文学出版社，1956，第39-44页；余冠英：《中国文学史》，人民文学出版社，1962，第767-769页。

所有现代评论家都认为程婴是《赵氏孤儿》中的主要角色：舞台上的每一幕都有他的身影，在整部戏中（除第五折外），其角色分量都很重。而且，他面对的是最为紧迫的道德选择。[①] 然而，纪君祥并没有将这个角色设置为正末，没有赋予程婴充分抒发其情感的机会，而是将唱段分配给了赵朔（楔子）、韩厥（第一折）、公孙杵臼（第二、第三折）、程勃（第四、第五折）。当然，纪君祥不可能把前三套曲子分配给作为受害者的孤儿，因为在这前三折中，孤儿还只是一个婴儿。

在《伍员吹箫》中，费无忌所加害的伍子胥是一个成年男子，李寿卿将四套曲子分配给了他，但由于伍子胥本人并不像其追随者那样会面对道德选择的必然性，所以在他们自杀或弃妻时他只是一个旁观者。剧作家这样的决定，是在杂剧不对称的形式要求下做出的，并不必然是理想的。在《楚昭公》中，昭公既是遭侵害的受害者，又是一个面临道德选择必然性的人物，所以才会由正末来饰演。那么，为什么纪君祥没有把唱戏的角色分配给程婴呢？元杂剧似乎有一个不成文的规则，即要让观众能够与主角产生共鸣，而这个主角则由正末或正旦来扮演。纪君祥很可能是怕程婴所表现出来的忠义太不寻常，不会轻易使观众产生这种共鸣，毕竟他牺牲的是自己的孩子，为的是要保住别人家的孩子。在《史记》的叙述中，一旦孤儿的权利得到恢复，程婴就觉得自己有义务和公孙杵臼在死亡中团聚，但传统戏剧的喜乐性质（festive nature）排除了将他的自杀作为结局的可能性。[②] 在任何一个版本中，甚至连他尝试自尽的暗示都不存在：第四折结束的时候，适合自尽的那一刻还没到来，在增添的第五折中，戏剧以程婴物质上的收获（material fruition）告终。[③] 如果在《元曲选》中，作者没有把唱戏的角色分配给程婴，那么，他可以通过其他方式充实角色（原版中也许同样如此），如在第四折中，当程婴告知程勃其真实身份为"孤儿"时，他就被分配唱诵了大量的诗词。[④]

如果说纪君祥确实认为程婴是全剧的主要人物，但是出于某种原因，又觉得不能将剧中主导角色分配给他，作家同样也没有让其他四个人物成为主要的关注点。他选择了这样的安排，很可能是因为他的关注焦点略有不同。一般来说，元代的戏剧家并不注重刻画主人公性格的变化发展，相反，他们会将主人公置于

① 参见 Liu Wu-chi, *An Introduction to Chinese Literature* (Bloomington: Indiana University Press, 1968), pp. 177-178; Shih Chung-wen, *Golden Age of Chinese Drama: Yüan Tsa-chü* (Princeton: Princeton University Press, 1976), p. 84；丁洪哲：《试以中西戏剧观点分析〈赵氏孤儿〉》，《淡江学报》1977 年第 15 期，第 210-212 页；吴国钦：《中国戏曲史漫话》，上海文艺出版社，1980，第 131-133 页。

② 有一部复仇剧《豫让吞炭》，为 14 世纪早期剧作家杨梓所作，在第四折最后，豫让复仇不成，自刎而死。然而，杨梓并非典型的杂剧作家，因为他极为显贵，他写杂剧为的是让自己的戏团演员表演使用。

③ 程婴诱导赵氏孤儿母亲与韩厥自杀的方式，并未遭到批评。参见游国恩：《中国文学史》，人民文学出版社，1980，第 217 页。

④ 丁洪哲：《试以中西戏剧观点分析〈赵氏孤儿〉》，《浙江学报》1977 年第 15 期，第 226 页。

日益严苛的环境中，来逐渐展现出人物性格中的坚强力量与复杂性。郑廷玉的《楚昭公》即是一个足以说明这一过程的范例，然而其特别之处在于他刻画的又是一个在性格上缺乏主见的主人公。李寿卿《伍员吹箫》的主要失败之处，可能在于第二折和第三折中的动作几乎没有让伍子胥的情感得到强化。然而，在《赵氏孤儿》的前三折中，纪君祥表现出的兴趣不是对单一人物的渐次揭示，而是对单一类型的行动——自杀，以及导致这一行动的情节和动机的探索。在《楔子》中，赵朔受令自杀，按照元代版本的说法，他只能在愤怒中屈服：

【仙吕·赏花时】晋灵公江山合是休，屠岸贾贼臣权在手，挟天子令诸侯，把俺云阳中斩首，兀的是出气力下场头！

【幺篇】落不的身埋土一丘，分付了腮边雨泪流。将别话不遗留，怕孩儿成人长后，交与俺子父每报冤仇！[①]

第一折讲述了两起自杀事件。首先，作为赵朔的遗孀，公主将孤儿托付给程婴，为了孩子的安全，她选择了自杀。接下来，韩厥虽受屠岸贾之命守卫公主的宫殿，但他却鄙视屠岸贾。当他在程婴的药箱里发现了孤儿时，他就面临着责任与道义之间的选择。他选择了道义，摒弃了责任与利益，并且以自杀这一方式使这一抉择不可更改，从而保守了秘密，也避免了遭审讯和酷刑的风险。他在元刊中的最后两曲为：

【醉中天】我若献利便图名分，便是安自己损他人。三百口家属斩灭门，枝叶都诛尽。若见这小厮，决定粉骨碎身，不留龆龀。你白甚替别人剪草除根？

【赚煞尾】我待自身上受凌持，怎肯那厮行捱推问？能可三尺龙泉下自刎。眼见的画影图形寻觅紧，向深山旷野潜身。这孩儿近初旬，便交他演武修文。若学得文武双全那时分，将有仇的记恨，把有恩人寻趁。若杀了有仇人，休忘了有恩人！[②]

公孙杵臼乃一位前朝的官员，因厌恶朝廷而退隐乡间，来到了一个名字颇含讽刺意味、名叫太平庄的地方(其意为和平的村庄)。他所面对的并不是必须要作的选择，他是出于自己的意志，为了拯救孤儿与晋国的婴儿而自杀。当程婴要他去告发自己时，公孙杵臼主动提议将两人角色进行反转。不仅如此，公孙杵臼为了让自己的戏份更有说服力，愿意在审讯下坚持到底。从赵朔到韩厥，再到公孙杵臼，我们看到，纪君祥通过增加人物最终采用自杀行为的自由度，达到了使

① 徐沁君：《新校元刊杂剧三十种》，中华书局，1980，第310页。至少在元刊本中，元杂剧作家笔下的封建帝王角色称为“天子”，在这些情况下，并不指周王。

② 徐沁君：《新校元刊杂剧三十种》，中华书局，1980，第312页。

情感逐渐强烈的效果。如果说纪君祥是迫不得已而将唱段在角色之间平分，那么我们不得不承认，他充分利用了这样的情境使主题更为丰富。程婴这个人物，可能对于剧情而言是必不可少的，但他不是全剧前三折的中心人物。

元代，四套曲（所以有四折）是杂剧的铁规。如果我们一开始不怀疑作品的归属问题[①]，那么现有的元代作家所作的那些五折的杂剧，如《赵氏孤儿》，都表现出了后世拓展改写的痕迹。在绝大多数的元杂剧中，前三折行动是相对紧密地结合在一个因果关系的发展链之中的，直到逐渐发展为一个明确的高潮，而第四折，也就是最后一折，如果不是完全紧随前文，则与前一折的关系相对松散（例如，其场景往往设定在很晚的时候）。这种现象在本文讨论的三部剧中也可以观察到，在《楚昭公》和《赵氏孤儿》中最为明显，在《伍员吹箫》中也很明显，尽管第二折和第三折之间相隔十八年。在这三部戏中，第四折的主要目的似乎都是表明前几幕中所有的牺牲和自我牺牲的行为没有白费。《楚昭公》的最后一幕让我们看到了昭公恢复了王位，与弟弟团聚，而新妻子又给他生了一个新的继承人。在《伍员吹箫》中，伍子胥真正的复仇之举，只在楔子中表现，而最后一折则是他赏赐恩人的亲属。在这两部戏中，最后一折都没有实现很好的结局构设，甚至在《伍员吹箫》第四折中，伍子胥最初拒绝了闾丘村厮的请求，因而产生了一些悬念。在《赵氏孤儿》中，纪君祥在第四折也就是最后一折中，本也可专门描绘赵武袭父祖爵位，但他没有这样做，他选择了更有意趣的一幕，即向屠岸贾的养子透露其真实身份，导致他决定为家人报仇。可以说，程勃的悲惨抉择是程婴的抉择的一个"镜像"：程婴选择牺牲亲生骨肉来救赵氏孤儿，程勃杀死养父为自己的亲生父母报仇。

关于《赵氏孤儿》是否应被归为一部悲剧，已多有讨论，而这些讨论大多是徒劳无功的。那些想否定纪君祥作品这个显然令人垂涎的标签的人，拿西方悲剧体裁这一狭隘概念来衡量《赵氏孤儿》。这些称《赵氏孤儿》为悲剧的人，首先泛化了这一难以确定的概念，或者为中国悲剧设定了一个非历史的范畴（ahistorical category）。讨论的问题之一是程勃这个人物的塑造。总的来说，中国的评论家们认为《赵氏孤儿》的人物塑造是非常成功的，如他们挑选出第一折中韩厥寻找程婴的药箱和第三折中程婴殴打公孙杵臼为例，加以称赞。然而，人们不能不感到，他们的称赞是针对韩厥、公孙杵臼和程婴在剧外的道德修养，而非基于剧作家对他们的刻画。

---

① 郑骞：《元曲作者志异》，载《景午丛编》第 1 卷，1972，第 321 页。《录鬼簿》只记录过一部例外，有六折，由张时起作，参见傅惜华：《明代杂剧全目》，作家出版社，1958，第 185 页。朱有敦也曾写过三部五折杂剧，参见 Wilt Idema，*The Dramatic Oeuvre of Chu Yu-tun*（1379-1439）（Leiden：E. J. Brill 1985），p. 249。

用英文写作的评论家们，更注重人物塑造的技术性，他们对程勃对养父的态度遽然而彻底的转变感到惊讶。在程勃身上，没有任何哈姆雷特式的怀疑和犹豫。因此，他们认为，在中国传统道德观中，在两个对等的选择之间完成一次悲剧的抉择是不可能的，因为在任何情况下，它只规定了一种责任，因此，西方意义上的悲剧不可能在现代中国之前出现。[①] 我们可将这个大问题置于一边，先观察一下程勃这个人物是如何被塑造的。首先，这些批评家似乎忽略了一个事实，即纪君祥只有一幕可以用来描写程勃的真实身份和复仇义务——但也许他们希望全剧都能围绕这个问题展开。其次，这些批评家似乎忽略了戏剧文本用于表演场景的本质。当程勃对画卷的内容感到疑惑，要求程婴向他解释画卷内容时，程婴一开始就说这一切都和他（程勃）有关。解释到一半，程婴提到了"程婴"这个名字，但当程勃向程婴提出他是否和卷轴上的人是同一个时，却被否定了：天下有多少同名同姓的人，他另是一个程婴。[②] 很明显，作者的立意是，在长时间的解释过程中，程勃已然对自己与这件事之间存在密切关系的可能性越来越担心——他渐渐意识到，如果这些担心被证明是真的，后果将是多么严重。程婴冗长的释画过程在读者看来只是重复的过程，但对于一个有经验的扮演程勃的演员来说，当程婴向他公开孤儿的真实身份时，他就会有足够的机会通过无声的演技来表达不断加剧的痛苦，最后则如《元曲选》版本中写的那样在昏厥的状态中使剧情达到高潮。

如果我们对程勃难以冷静、不顾念养父恩情的行为依然感到不安的话，不妨将两个版本的文字进行比较。在《元曲选》版本中，在开篇的唱词中，程勃被引介为一个儒家道德的典范人物，此时他完全不知屠岸贾有篡夺晋国皇位的计划：

【醉春风】我则待扶明主晋灵公，助贤臣屠岸贾。凭着我能文善武万人敌，俺父亲将我来许。可不道马壮人强，父慈子孝，怕甚么主忧臣辱。[③]

然而，在元代版本中，程勃却显露出对持屠岸贾计划的积极支持，以上这曲，在元刊本中则为：

【醉春风】俺待反故主晋灵公，助新君屠岸贾。交平天冠、碧玉带、衮龙服，别

---

① Ch'ien Chung-shu, "Tragedy in Old Chinese Drama," *T'ien Hsia Monthly* 1-1(1935), pp. 37-46; Shih Chung-wen, *Golden Age of Chinese Drama: Yüan Tsa-chü* (Princeton: Princeton University Press, 1976), p. 42; Joseph S. M. Lau, Duty, "Reputation and Selfhood in Traditional Chinese Narratives," in *Expressions of Self in Chinese Literature*, ed. Robert E. Hegel and Richard C. Hessney (New York: Columbia University Press, 1985), pp. 367-371.

② 臧晋叔：《元曲选》第 4 册，文学古籍刊行社，1955，第 1494 页。

③ 臧晋叔：《元曲选》第 4 册，文学古籍刊行社，1955，第 1491 页。

换个主，主。问甚君圣臣贤，既然父慈子孝，管甚主忧臣辱。[1]

此处，程勃的生活准则被描写成了把对家人的私人忠诚放在第一位。生活在这种黑手党一般(mafia-like)的准则之下，一旦知道了屠岸贾和他真正的家人之间的关系，那么他和屠岸贾的决裂就是自然而然的。然而，即便是在元刊本中，程勃仍然要克服自己的疑虑：

【三煞】不将仇恨雪，难将冤恨除。想俺横亡爷囚死的生身母，我若不报泉下双亲恨，羞见桑间一饿夫。休疑虑，索甚辨别好弱，审察实虚。[2]

元代剧作家笔下的故事世界比明代改编者的更显豪强之气，更符合人性。元刊本《赵氏孤儿》中没有任何关于第五折的提示，哪怕连一个以全散体形式简单交代一下真正复仇的场面都没有。[3] 程勃极其生动地想象自己是如何仇杀屠岸贾的，作者认为那样已经足够。毕竟，元刊本并不是以屠岸贾与赵氏家族之间的仇怨开场的，它是以邪恶力量几乎已经达到最大化这一时刻开篇的。当邪恶力量随着屠岸贾篡位计划将欲攀至顶峰时，正义的力量也会必然随着程婴向程勃透露后者的真实身份而重新出现。由于正义的力量进一步壮大是不可避免的，所以没有必要对其进一步的发展进行全面的追踪。后世增添的第五折之所以描绘了赵武被恢复爵位，很可能是受到了《楚昭公》和《伍员吹箫》最后一折的启发。这样写的另外一个因素可能是作者希望把晋国分家后的三国的先祖集中在一个剧中，因此不得不为魏绛找寻到一个角色。不管出于什么原因，第五折的增加，在很多重要的方面上影响了全剧的意义，也使得前几折曲子的性质发生了变化。在元刊本《赵氏孤儿》中，复仇是作为敌对家族之间的仇怨被设想出来的。而在《元曲选》第五折中，大将军魏绛向程勃传达了晋国公的敕令，让他逮捕屠岸贾，在屠岸贾被逮捕之后，也是由魏绛来宣布凌迟处死屠岸贾的敕令。增添的第五折，将一场私人之间的恩怨，变成了一桩公开的行刑。在元刊本中表现得很弱的国家权威，在此得到了很大程度的强化。因此，最好的解释是，第五折的增添，并不是人民愿望的反映，而是为了适应明朝宫廷及其专制的儒家思想的品味而对文本进行调适的结果。如该剧的第一支曲子(由赵朔在楔子里所唱)在《元曲选》中就变成了：

【仙吕·赏花时】枉了我报主的忠良一旦休，只他那蠹国的奸臣权在手；他平

① 徐沁君：《新校元刊杂剧三十种》，中华书局，1980，第321-322页。

② 徐沁君：《新校元刊杂剧三十种》，中华书局，1980，第323页。

③ 有一种可能由青木正儿提出，参见青木正儿：《元人杂剧序说》，载《青木正儿全集》第4卷，春秋社，1973，第398页。

白地使机谋，将俺云阳市斩首，兀的是出气力的下场头。[①]

我们已经注意到了第四折开篇唱词程勃性格塑造上的变化。除此之外，元刊本第二折原有一段公孙杵臼对朝廷官员的懦弱慷慨激昂的痛斥之语，《元曲选》亦将其省略，这也可以看出上述这种倾向。有人说，元刊本《赵氏孤儿》与《水浒传》的精神相似，《元曲选》版的《赵氏孤儿》近于《荡寇志》。[②] 在《楚昭公》的改编中也可以看到同样的倾向：改编删减了原本中的楔子，却加入了流落他乡的宝剑的相关情节，这就把吴、楚之间的矛盾从伍子胥私人的复仇行为转化为国与国之间的争战。

众所周知，明初对戏曲题材的限制很严格。1397 年颁布的《御制大明律例》规定：凡乐人搬做杂剧戏文，不许妆扮历代帝王后妃、忠臣烈士、先圣先贤神像，违者杖一百；官民之家，容令妆扮者与同罪；其神仙道扮及义夫节妇、孝子顺孙、劝人为善者，不在禁限。并非所有的“亵渎帝王圣贤之词曲”[③]都一概被排除在剧目表演之外，在宫廷中，很多戏都会被修正或大幅度地改写，并根据内容与鉴赏的要求，以使其在表演上被接受——这在方式上和中国 20 世纪 50 年代提出的对传统剧目进行“戏改”相近。在《赵氏孤儿》这部戏的改写过程中，有多少地方被删减，只要对比一下程勃在第四折中晕厥之后的唱词就可以看出。《元曲选》版本中，是这样的：

【普天乐】听的你说从初，才使我知缘故；空长了我这二十年的岁月，生了我这七尺的身躯。元来自刎的是父亲，自缢的咱老母。说到凄凉伤心处，便是那铁石人也放声啼哭。我拚着生擒那个老匹夫，只要他偿还俺一朝的臣宰。更和那合宅的家属。[④]

而在元刊本中，复仇的欲望则夹带了其对来自命运嘲讽的困惑：

【普天乐】我待问从初，拔刀相助。教我愁萦心腹，气夯胸脯。原来这坏了的是俺父亲，咱家宗祖。说到凄凉伤心处，便是铁石人也放声啼哭。屠岸贾！你为帝王，咱为宰辅，天意何如？[⑤]

四、结语

《赵氏孤儿》《伍员吹箫》《楚昭公》之间的关联性，不仅体现在它们有一个可

① 臧晋叔：《元曲选》第 4 册，文学古籍刊行社，1955，第 1477 页。
② 郑骞：《元杂剧异本比较》，载《编译馆馆刊》第 3 卷，1974 年第 2 期，第 15 页。
③ 王利器：《元明清三代禁毁小说戏曲史料》，上海古籍出版社，1981，第 13-14 页。
④ 臧晋叔：《元曲选》第 4 册，文学古籍刊行社，1955，第 1495 页。
⑤ 徐沁君：《新校元刊杂剧三十种》，中华书局，1980，第 322 页。

比的基本结构以及人物必须面对悲剧选择的性质上，还体现在《元曲选》版本中三部戏的诸多细节上。屠岸贾和费无忌都杀光了对手家族的三百余口人，公孙杵臼和闾丘亮也都被描写为出于对朝廷政治厌恶而退居乡里的前朝官员。《伍员吹箫》和《楚昭公》还都包含了一段行舟的路线，两剧都借鉴了伍子胥的传说。

然而，这三部戏的相似之处不应使我们对它们之间的区别视而不见。《楚昭公》在被害人的选择上显示了它的独创性：昭公并不把其对手伍子胥看成是邪恶的化身，因为他的父亲楚平公和费无忌对待伍子胥的方式使得后者有了报仇的正当理由，对此他是接受的。然而，元刊本第二折和第四折在推进行动方面的作用并不大，这可能是后来《元曲选》大量改写的原因所在。对于现代西方读者来说，第三套曲子本来是很有力量的，但由于昭公显然急于接受妻子和儿子的牺牲，使这套曲子的效果大打折扣。当然，第三套曲子对悲悯色彩的渲染更因《元曲选》中开篇龙王的出现而进一步被削弱了。在《赵氏孤儿》中，恶臣想加害的是一个婴儿，而婴儿要长大后才能报仇。在李寿卿的《伍员吹箫》中，被害人伍子胥是一个成年男子，要到老了才能实现自己的抱负。《伍员吹箫》受制于一种情节性的建构，各种牺牲与自我牺牲的场景之间没有因果或人物联系，而《赵氏孤儿》则在情节上精心打造，颇具特色。《伍员吹箫》最显著的缺陷是剧中没有说明专诸为何能让沦为乞丐的伍子胥得以报仇。实际上，他是通过刺杀吴王僚，助阖闾登上王位而使伍子胥获得报仇能力的。就《赵氏孤儿》与《楚昭公》的改写方式来看，这样的事件都会被刻意忽略。相比而言，《赵氏孤儿》的情节胜在纪君祥的神来之笔——他让屠岸贾收养了赵氏孤儿——这一安排是颇有戏剧讽刺意味的。在至今各类传统剧种的改编中，《赵氏孤儿》依然是舞台上受人青睐的一部作品，由此来看，此剧当之无愧。

艾约瑟英译李白诗歌中的欠额翻译与文化补偿[①]

刘现合 杨德民

(上海海洋大学外国语学院)

摘 要:英国汉学家艾约瑟在翻译中国经典作品时,不仅忠实地翻译了原文,而且在很大程度上形成了自己的“自由”翻译策略。艾约瑟的这种“自由”翻译策略中就包含文化补偿翻译策略。文化补偿翻译策略的运用是基于艾约瑟对中西文学文化知识的深厚积淀而形成的。尽管如此,艾约瑟作为西方来华传教士,其译文中也存在着翻译过程中的文化缺省,针对中西文学文化中的某些特点进行有意或无意的欠额翻译和超额翻译、异化翻译和归化翻译。艾约瑟的这些翻译策略的运用皆服务于自己的翻译目的,即有效地进行中西文学文化的传播。艾约瑟对中西文学文化的交流起着举足轻重的作用,堪称中西文学文化沟通的一座桥梁。

关键词:艾约瑟;自由翻译;欠额翻译;超额翻译;文化缺省;文化补偿

翻译涉及两个方面的重要因素:一是语言层面上的文字转换、结构对等、语义对等以及语用适用等语言因素;二是文化层面上的源语社会环境、译者的翻译语境以及译文目的语读者的阅读与理解语境等文化因素。如果说前者是指译者自身的语言能力,那么后者无疑与译者的文化素养息息相关。而翻译的目的是进行交流,促进源语与目的语文化和读者间的相互沟通与理解。译者在翻译的过程中,往往会由于文化语境的缺失,出现翻译过程中的文化缺省现象。以往相关研究很少触及来华传教士和汉学家翻译中的文化补偿翻译策

① 本文系2018年上海市哲学社会科学规划课题(一般课题)项目“艾约瑟汉学文献整理与研究”、2018年上海海洋大学青年教师科研启动基金(校博士启动基金)项目“汉学家艾约瑟翻译研究”、上海海洋大学2018校级重点建设课程(少数民族预科课程)项目“英语(1-2)”、2019年上海海洋大学高等教育研究课题项目“高水平特色大学‘对话式’教学模式研究”、2020年上海海洋大学校级教学研究与改革项目“内承与外宣——《国学典籍与英译》课程思政课堂育人模式的建设与实践研究”、2021年上海海洋大学校级教学研究与改革项目“‘新文科·大外语’背景下‘海洋类’高校高素质国际化复合型涉外人才培养研究”等的阶段性研究成果。

略，本文以艾约瑟为例试图对此作一阐述。传教士汉学家的翻译在翻译文学中占有一席之地，他们的翻译对中西文学文化的交流起了一定的促进作用。艾约瑟在华长达 57 年，一方面，其翻译中出现了有意无意的文化缺省、模式缺失、背景误读等翻译之不足；另一方面，艾约瑟长期居留中国，与中国文人与民众交游甚密，了解中国的文化背景与社会环境，因而在翻译中独辟蹊径，采用了注释翻译、中诗异化翻译、对应翻译等策略，努力减少翻译中出现的欠额翻译现象。

一、翻译的语言与文化因素

翻译离不开语言和文化两个方面的因素。翻译中相对比较容易解决的问题是语言方面的问题，只要具有源语与目的语两种语言的基础和应用能力，语言方面的难题就可以通过查阅资料或咨询同行等很多方式予以解决，实现源语与目的语的对等翻译。尤金·奈达(Eugene A. Nida)的"等效论"[①](equivalence)文学翻译思想强调"动态对等"(dynamic equivalence)和"功能对等"(functional equivalence)中词汇对等、句法对等、篇章对等、文体对等四个方面的翻译原则，以准确地在目的语中再现源语的文化内涵。"等效论"把原文作者、原文读者与译文读者都纳入译者思维活动范围之内。艾约瑟在翻译中则强调了作者、译者和译文读者的"三位一体"。

翻译过程中较难把握的是文化层面的准确理解与有效传递，因为翻译离不开语言，语言离不开文化，文化离不开社会。翻译与文化背景和社会环境密切相关，翻译不单单是一种语言学领域的字、词、句等纯粹的对等语码转换，而是一个文化事件，是一种跨文化实践，是一个文化适应与文化抉择的过程。正如尤金·奈达所言：译者可以不懂双语，但不能不懂双向文化(It is always assumed that translators are at least bilingual, but this is really not enough. To be a fully competent translator, one also needs to be bicultural in order to "read between the lines")[②]。

翻译本身的目的不在于具体的源语到目的语之间的文字转换，而在于文化的交流与传递，实现两种语言的文化对等，而真正的对等应该是各自文化中的含义、作用、范围、感情色彩、影响等都是相当的[③]。这些对等需要译者不仅仅对源语文化作深入了解，而且要了解使用这一语言的人民的过去与现在，这就包括了

---

① 尤金·奈达：《语言文化与翻译》，严久升译，内蒙古大学出版社，2001，第 118 页。

② Eugene A. Nida, *Language, Culture and Translating* (Shanghai: Shanghai Foreign Language Education Press, 1993), pp. 134-135.

③ 王佐良：《翻译中的文化比较》，载郭建中编《文化与翻译》，中国对外翻译出版公司，2000，第 1 页。

历史、动态、风俗习惯、经济基础、情感生活、哲学思想、科技成就、政治和社会组织,等等①。这些文化内涵与文化常识的积累不是一蹴而就的,需要长期的文化积淀,就像法国哲学家弗朗索瓦・于连(Francois Jullien,1951—)为了欧洲发展而远至中国寻找与之不同的文化与思想,创作了《迂回与进入》(*Le Détour et l'accès*)等借助中国思考欧洲的著作,以期从外部观看欧洲。因而除了语言本身,翻译过程的文化因素同样重要,因为翻译最容易出现问题的地方往往正是译者对源语文化的缺省,即由于译者对源语或目的语文化的缺失,无法全面完整地传递原作中所明示或隐含的文化内涵。有时这种文化内涵很难把握,而有时是即使译者把握了源语的文化内涵之后,却难以找到合适的方式或策略予以表达与传递。因而,译者一方面要具有源语和目的语的文化积累,另一方面要有源语文本文化传递的适当策略,以避免在翻译时出现文化缺省。而一旦出现了翻译文化缺省,要有适当的策略予以弥补,那就是翻译的文化补偿策略。

尽管艾约瑟具有中西文化的积淀,但他在翻译时仍然也难免出现某种翻译上的文化缺省,对这些文化缺省他有时能够及时予以文化补偿翻译,有时则忽视了这样的文化补偿翻译。

二、艾约瑟翻译的欠额缺省

译者在翻译过程中往往重视的是语言层面的翻译,因而常常会忽略翻译的文化层面的传播功能,而这种翻译中文化的缺省可以称为"欠额翻译"(under-translation),这是与"超额翻译"(overloaded translation)相对而言的。"超额翻译"属于夸大源语文字的文化内涵,而欠额翻译则是译者无视译文的可理解性与可读性,或过高地估计了目的语读者的知识和文化解读能力,以致译文读者在目的语译本中无法理解原文文本所隐含的信息。②

艾约瑟在中国工作、生活、研究长达 57 年之久,对中西文化的熟悉足以让其翻译工作驾轻就熟、顺理成章,实现有效的语言转换与文化传递。然而,纵观艾约瑟的译文,其中依然出现了文化缺省的"欠额翻译",这其中说明的问题值得关注与研究。艾约瑟针对"欠额翻译"所采用的补救措施同样也是值得学习和借鉴的,对今天的翻译研究仍然有着一定的启示意义。

1. 中国古代文学文化传统的翻译缺失

艾约瑟翻译与研究的一个重点就是对诗歌的翻译与研究,他翻译、研究了大量的汉赋、唐诗,其中以翻译李白的诗歌为主。他对中西诗人作品的译介广泛而

① 王佐良:《翻译中的文化比较》,载郭建中编《文化与翻译》,中国对外翻译出版公司,2000,第 2 页。

② 乐金声:《欠额翻译与文化补偿》,《中国翻译》1999 年第 2 期,第 18-20 页。

且深入，往往具有独到的见解，这与他对中西诗学的研究相关，亦与他对汉语语言学和中西诗歌的音韵学研究相关。他翻译的很多诗歌都能传递出原诗的意义与情感。

尽管如此，艾约瑟的很多中诗英译的作品皆呈现出对中国古代文学文化传统的缺省。艾约瑟对中国诗歌的理解与阐释反映出其对中国文学的理解更多，对诗文的深层次文化背景还有一定的误解或缺省。如艾约瑟翻译的李白的《怨情》(表1)。

表1 李白诗《怨情》及翻译

怨情	**Feeling Aggrieved**
李白	Li Bai
美人卷珠帘，	A lovely woman draws a pearl strung blind.
深坐颦蛾眉。	She knits her brows where she sits far behind.
但见泪痕湿，	Wet marks of tears are all I see.
不知心恨谁?	The man she is angry at, who is he?①

从李白的创作技巧上来看，该诗近似白描，读本诗犹见仕女图。诗中描写美人卷珠帘、夜半皱眉落泪的情景，含蓄地表达了她盼望爱人归来不得而哀伤怨恨之情。全诗哀婉悲凉，缠绵悱恻。在中国古典文化中，达到一定高度和境界的作品，无论是诗歌还是绘画，都讲究气韵生动，讲究“意境”和“留白”。这首诗虽然只有短短四句，寥寥二十个字，却真正做到了充分留白、意蕴深刻；同时在刻画女性神态上也是真切细微、气韵生动、层次分明。“含蓄有古意”“直接国风之遗”，在理解李白诗歌的时候显然不能忽视这些文化背景与深层内涵。古代的“美人”就不只是一个普通的词语，与现代汉语中流行的“美女”一词意义大不相同。《离骚》里的“香草美人”指贤臣明君；“有美一人，清扬婉兮”中的美人指容德俱美的年轻女子。“美人卷珠帘”是指品性容貌都美好的闺中女子，李白此诗中的“含蓄蕴藉”是指诗歌中主人公情韵的婉转，而非寄兴寓情，所以说它“直接国风之遗”。因而，李白的诗歌中虽没有明显的引经据典，但还是深含文化底蕴，多有所指。艾约瑟的译文及对该诗的阐释 A curtain with pearl border is drawn aside, and a fair face is seen looking out and knitting her brows with traces of tears② 中的

① Joseph Edkins, "On Li T'ai-Po: With Examples of His Poetry," *Journal of the Peking Oriental Society*, 2, 5(1890), p. 323.

② Joseph Edkins, "On Li T'ai-Po: With Examples of His Poetry," *Journal of the Peking Oriental Society*, 2, 5(1890), p. 323.

几个用词 a fair face 和 a lovely woman 就充分表明其对中国古代“美人”指称不甚了解。因为 fair 强调的是面色姣好，但无法代指整体形象，更无法表达出德才兼备之意；而 lovely 则指行为举止活泼可爱，一无端庄优雅之意，二与下文“深坐颦蛾眉”“但见泪痕湿”等忧伤阴郁之情状毫无照应（graceful 和 elegant 可能更为贴切）。另外“颦”字亦有借用“东施效颦”一词暗指中国春秋时代越国美女“西施”之意，与第一句“美人”遥相呼应，艾约瑟对此同样亦未有切身体会与理解。这种中国传统文学文化在译文中的缺失表明艾约瑟对李白这首诗的理解还较为浅显，没有做到深层挖掘，没有理解一个伟大诗人表面上浅易文字背后的深层内涵与文化底蕴。

2. 文化传递过程中的模式缺失

艾约瑟在进行中诗英译时，其英语译文在韵律、节拍、音步上多采用归化译法，即采用西方的诗歌韵律及节奏的诗歌模式，试图让西方人在熟悉的节奏和旋律中了解中国的文学与文化，让西方读者对译作产生一种自然亲切感。这种归化译法一方面在一定程度上起到了推动中国文学文化西传的效果，但在另一方面，却无法让西方人了解中国的诗歌韵律，即如何平仄、如何押韵、如何对仗的中国诗歌模式，所以在文化传递过程中，明显有着“缺乏原汁原味”中国文学作品的文化缺省。

艾约瑟的这种中诗英译过程中诗歌模式缺失的案例较多，占据了其诗歌翻译的较大比例，如《怨情》一诗的英译就是这种借用西方诗歌押韵的规则翻译中诗的一个典型译例。艾约瑟的译文显然没有沿袭李白原诗的押韵规则“a-b-c-b”（帘—眉—湿—谁）这样的五言绝句的常规模式，转而对其进行了“归化”翻译，将其翻译成了英语诗歌模式的押韵规律“a-a-b-b”（blind-behind-see-he）这样的双韵体形式。对于英语读者来说，这完全是可以理解与接受的，但同时这种中国诗歌原文押韵模式的缺失也造成了西方读者无法真实地了解到原汁原味的中国五言绝句的形式美与意蕴美，这不得不说是文学文化传递的失误与遗憾。

3. 文化背景误读翻译

翻译过程中存在的文化缺失，有时是因为忽视了原作的文化内涵，只看到了原作的表面，但有时也是因为对原作背景的误读而导致的翻译过程中错误的文化传递。尽管艾约瑟的大部分诗歌翻译都能传递出原作之意，亦能反映出作者之情感，但亦有像《早发白帝城》等译诗（表 2）出现的对中国文学文化背景的误读。

表 2　李白诗《早发白帝城》及翻译

早发白帝城	Leaving the City of the White Emperor in the Morning
李白	Li Bai
朝辞白帝彩云间，	To the white god in the coloured clouds I said farewell in the morning grey.
千里江陵一日还。	After sailing a thousand li I returned to Kiang Ling before the setting of the same sun.
两岸猿声啼不住，	On each craggy shore is heard without ceasing the monkey's saddening cry.
轻舟已过万重山。	Among these rocks there have been ten thousand changes of scene.
	How swiftly has my boat passed them by! ①

《早发白帝城》是李白较具代表性且广泛流传的一首七言诗。这首诗应该是轻松愉快的笔调。诗歌的这种文化内涵是与诗歌创作的文化背景分不开的，因为该诗是李白在被流放途中遇赦返回时所创作的一首七言绝句。唐肃宗乾元二年（即 759 年）春天之际，因为牵涉永王李璘案，李白被流放夜郎，于是李白取道四川奔赴贬地。行至白帝城时，忽闻赦书，惊喜交加，旋即放舟东下江陵，故题诗一首，作《下江陵》，即《早发白帝城》。此诗抒写了李白当时获赦时内心的喜悦畅快之情，因而作者的笔调轻松愉快，而非阴沉晦暗。然而艾约瑟在翻译时却用了两个阴暗色彩和伤感情调的词组如 in the morning grey 和 the monkey's saddening cry，所以说艾约瑟或许未能完全理解李白在创作时的心情与感觉。这种对源语文本创作时的文化背景的理解缺失必然会造成对作品的误读、误解。毫无疑问，随后的作品翻译与文化传递亦会发生相应的连锁反应，最终导致传递出去的文学文化信息不完整。

三、艾约瑟翻译的文化补偿

翻译过程中译者由于对原作文化背景缺乏了解而导致的无意识的"文化缺省"属于误读式的"欠额翻译"，但如果翻译中有意地使用归化译法，特意地去除外来文化的干扰与影响，这样的"文化缺省"则属于"文化过滤现象"，这种翻译策略是译者特意地、有选择性地取其所需、排除异己的翻译。尽管两种"欠额翻译"皆难以解决，但后一种有意识操控的翻译行为造成的文化缺省似乎更难以弥补。

乐金声先生认为"欠额翻译带来原语信息不应有的损失，增加了译文的不透明度，而比喻、暗引、习语和典故由于它们所特有的语义多重性，不同的文化因素和民族内涵，容易成为欠额翻译的牺牲品。"②乐金声先生对此种现象提出了几个进行文化补偿的解决办法：① 音译、直译加注（annotation）；② 增益或上下文

① Joseph Edkins, "On Li T'ai-Po: With Examples of His Poetry," *Journal of the Peking Oriental Society*, 2, 5(1890), pp. 323-324.

② 乐金声：《欠额翻译与文化补偿》，《中国翻译》1999 年第 2 期，第 18-20 页。

增益(contextual amplification),即在译文中明确补译出原语读者视为当然、而译语读者却不知道的意义;③ 释义(paraphrase),即直接向译语读者解释原语词句在上下文中的意味,用译语习语和文化真实地再现原文信息;④ 归化(adaptation),即用与原语词语有相同使用频度,但一般都带有某些译语文化色彩的词语来翻译原语词语。①

这些文化补偿的翻译策略无疑是对翻译中的文化缺省的有益和必要的补充。当然也有不少学者反对这种文化补偿的翻译方式,因为这会使得译文徒增很多在原文基础之上的额外内容,使得译文显得冗余,且往往会打断读者对译文的完整欣赏体验。当前更多的译者则自觉或不自觉地使用了这种文化补偿的翻译策略,使得译文的读者更好地理解外来文献,便于中西文学文化的传播与相关各方面的交流。

艾约瑟在弥补文化缺省的时候采用的策略是异化翻译法,而非归化翻译法,这是艾约瑟常规翻译的一种变化。这种异化翻译法往往会受到目的语国家和地区民众的反感,因为这种外来文化或文学有侵袭本国文学文化的潜在可能。艾约瑟多次使用异化翻译法,将中国文学传统之精华成功地、原汁原味地传播到西方。如艾约瑟在英译李白诗歌《春日归山寄孟浩然》(表 3)时就是一次成功地运用异化翻译法进行文化补偿的翻译之举。

表 3　李白诗《春日归山寄孟浩然》(节选)及翻译

春日归山寄孟浩然	A Return to a Mountain Temple in Spring (excerpts)
李白	Li Bai
朱绂遗尘境,	Wearing my red ribbon I leave the dusty region.
青山谒梵筵。	At the Green mountain I visit the Brahmin mats.
金绳开觉路,	Here the golden thread leads the way to spiritual perception.
宝筏度迷川。	The boat of untold price ferries men across the streams of delusion. ②

艾约瑟的英语译文显然从两个方面进行了文化补偿:一方面,正如乐金声先生的解决办法,艾约瑟在英语诗歌中采用了脚注的补偿方式。如艾约瑟对英语诗歌译文中 the Green mountain 进行了脚注解释:青山是诗人生活过的太平府附近的一座山(Ch'ing shan a mountain near Taiping Fu where the poet lived),足以做到对译文读者的文化补偿,读者可以据此了解青山的大致空间位置以及

① 乐金声:《欠额翻译与文化补偿》,《中国翻译》1999 年第 2 期,第 18-20 页。

② Joseph Edkins,"On Li T'ai-Po:With Examples of His Poetry,"*Journal of the Peking Oriental Society*,2,5(1890),p. 336.

青山与李白的关系。

另一方面，艾约瑟中诗英译时借用的是中国绝句韵律的诗歌模式，虽然不完全符合中国律诗的押韵规律“一三五不论、二四六分明”，而是“一三四押韵”，但亦非英语诗歌的模式，不同于常见的英语“双韵体”与“无韵诗”诗歌模式，这无疑属于诗歌韵律模式的异化翻译法，目的是想让西方读者了解中国诗歌的押韵模式。这是向西方传播中国文学、文化的一种方式，这种做法值得赞赏。

艾约瑟这首译诗也像中文诗一样，不仅押韵采用类似中式的模式，如将中文的押韵模式“a-b-c-b”（境—筵—路—川）译成了“a-b-a-a”英文的押韵模式；而且对称方面亦和中文原诗的结构与形式一致，如中诗的“朱”对“青”，英诗里的 red 对 green；同时，中诗与英语译文的句式结构也较为对称，如 I leave the dusty region 对应 I visit the Brahmin mats，leads the way to spiritual perception 对应 ferries men across the streams of delusion。英语译文的对仗不仅体现在前面两句都是状语在前，主句在后，使用的结构都是“I...”主谓结构，后两句同样也一一对应，如“...leads...”和“...ferries...”，可见即使中西文学作品本身存在着不同的结构和形式，但是只要译者有敢于创新的精神，只要善于发现文本背后所隐含的深层含义，只要具有传递中西文学文化的目的，都会适当弥补本来可能出现的文化缺省。

四、结语

语言在翻译过程中起着至关重要的作用。没有语言的炉火纯青，就没有翻译的游刃有余。但仅仅具备娴熟的词汇积累、语言结构等语言学知识，而缺乏译出语与目的语文化背景与现状的深层理解，难免会出现翻译过程的文化缺省，如文化传统的疏离、文学模式的缺失、文化背景的误读等与源语文化相背离的疏漏之处。艾约瑟的翻译尽管存在着上述翻译方式中的不足，但其在翻译中利用其对中西方文化的精通与熟练进行了一定程度上的文化补偿。如通过注释的方式向目的语读者阐释作品的文化背景，通过保持汉语诗歌韵律的律诗模式进行异化翻译，以及对应中文原诗的句法结构的忠实翻译策略，实现了翻译过程中对中国文学文化的有效补偿。艾约瑟的这些文化补偿策略无疑源于其长期居住在中国，对中国语言习惯、文学传统与文化背景的精通，自然而然地达到了中西文学文化交流的目的。

从《中国经典》到《汉英四书》
——副文本的变化及对译本的影响

巫元琼
（上海工程技术大学外国语学院）

摘　要：理雅各独立翻译完成的《中国经典》是英语世界的汉学经典，而其中独立于译文的副文本内容，如封面、前言、绪论、索引，以及围绕译文的注释，构筑了理氏译文的生态环境，并塑造了理氏译文的经典地位。然而，湖南出版社1992年出版的《汉英四书》在采用理氏《中国经典》原译的同时，却对理氏原译的副文本信息进行任意改变或删除，这是对理氏《中国经典》不负责任的一种改写，同时也对理氏《中国经典》带来了极大的负面影响。

关键词：副文本；《中国经典》；《汉英四书》；前言；绪论；索引；注释

英国汉学家理雅各在中国典籍外译以及中国文化的国际传播方面功不可没。他独立翻译完成的《中国经典》五卷本于1861年至1872年期间出版，包括《论语》《大学》《中庸》《孟子》《诗经》《尚书》《春秋》《左传》等中国文化核心典籍。《中国经典》出版发行之后，成为西方世界了解中国文化的重要参考书，又因其对中国文化传译的精确性而倍受赞誉。基于此，湖南出版社1992年出版"汉英对照中国古典名著丛书"时，由理雅各翻译、刘重德和罗志野校注的《汉英四书》即被收录其中。然而，对比《汉英四书》与理氏《中国经典》我们发现，理氏原译中的诸多副文本信息在《汉英四书》中消失殆尽。针对这一现象，本文拟在梳理理雅各《中国经典》和《汉英四书》关系的基础上探讨副文本对理雅各《中国经典》的价值，进而分析《汉英四书》改变《中国经典》副文本信息所带来的影响。

一、副文本与翻译

法国叙事学理论家热拉尔·热奈特（Gérard Genette）于1979年首次提出"副文本"（paratext）概念，并在随后的若干论著中对这一概念进行阐述，使得副文本概念进一步清晰，副文本理论逐步形成。1987年，热奈特将副文本定义为：那些存在于文本之内（peritext）和文本之外的（epitext）、协调文本与读者关系的相关阈限(liminal)文本,包括标题、副标题、作者笔名、前言、致谢、序、字幕、注释、后记等。[①]

副文本的概念虽然出现在20世纪70年代末的文学理论范畴,但它对翻译活动和翻译研究都至关重要。正如热奈特强调的一样,没有一个文本没有副文本,没有一种翻译不带相应的翻译副文本。耿强[②]指出,从古至今"副文本是译本不可或缺的一个有机组成部分",同时,"副文本是承载中西翻译思想最主要的方式"。由此可见,副文本对于翻译活动和翻译研究意义重大,我们甚至可以认为,作为阐释活动之一的翻译,其副文本就是理解这种阐释形式的门槛(thresholds on interpretation)。离开翻译副文本来研究译者动机、翻译策略、翻译目的、翻译过程中的抉择、译本的出版和接受等翻译研究的重要课题,在很大程度上属于研究者的个人主观臆断。

基于此,本文将以英国传教士、汉学家理雅各《中国经典》译本与湖南出版社1992年出版的《汉英四书》作为研究对象,探讨副文本信息对于理雅各《中国经典》译本的意义,以及《汉英四书》改变理氏原译副文本信息带来的相关负面影响。本文探讨的副文本包括《中国经典》中"四书"译本的文内文本,如封面、标题、致谢、前言、序言、注释、索引甚至译本的分节,以及文外文本,如传记、评论及译者理雅各在"四书"之外译本中的相关信息。鉴于目前国内关于理雅各的信息存在着不准确性(如关于《中国经典》五卷本的出版发行时间,刘重德提出于1866年到1886年间陆续在香港出版[③],而《中国经典》第一卷封面则标示于1861年在香港出版),为避免以讹传讹,本文在重要资料的选择上,均采自《中国经典》原文或理雅各女儿为其撰写的传记。

二、理雅各《中国经典》

(一)传教士的使命与中国经典

理雅各是英国伦敦布道会传教士,1839年被派往中国传教,他到中国的直接目的是向东方这个与欧洲相距遥远的国度传递上帝的福音。理雅各在到达中国之前,在马六甲的英华书院向当地华人传教三年多。1843年,随着伦敦布道会对华传教策略的加强,英华书院及该书院印刷厂迁入香港,理雅各也来到了香港。理雅各是位虔诚的传教士,在香港期间全身心地投入到传教工作中,但在传教的同时,他强烈地意识到了中国的与众不同。1858年,理雅各参观了广东的

① Gérard Genette, *Paratexts: Thresholds of Interpretation* (Cambridge: Cambridge University Press, 1997), p. xviii.

② 耿强:《翻译中的副文本及研究:理论、方法、议题与批评》,《外国语》,2016年第5期,第104-112页。

③ 刘重德:《校注〈汉英四书〉杂记》,载《英汉语比较与翻译》,上海外语教育出版社,2006,第349页。

科举场之后写道：

'It is true,' he said, 'that their civilisation is very different from ours, but they are far removed from barbarism. When we bear in mind that for four thousand years the people have been living and flourishing there, growing and increasing, that nations with some attributes perhaps of a higher character—the Assyrian, the Persian, the Grecian, the Roman, and more modern empires, have all risen and culminated and decayed, and yet that the Chinese empire is still there with its four hundred millions of inhabitants, why, it is clear that there must be among the people certain moral and social principles of the greatest virtue and power.'

节选自海伦·伊迪丝(Helen Edith Legge)为理雅各写的传记《詹姆士·理雅各：传教士与学者》第 28 页。

与其他早期传教士不同的是，在这段文字中理雅各认为尽管中国与英国有着天壤之别，但中国却并不是一个"野蛮"的落后国家。同时，世界上的其他文明古国如亚述、波斯、希腊、罗马和一些现代帝国都已衰落，唯独中国历经四千年历史还拥有四亿子民在这块土地上生存繁衍着。因此，很明显，在她的人民中间一定存在着某种具有极高价值和力量的道德和社会准则。通过体验和观察，理雅各认识到中国文治成功的背后是重视教育的结果，中国人的礼仪和习俗均受到中国古书教义的引导。于是他得出结论：要了解中国这个民族，必须了解其经典。①

那么，学习了解中国经典与理氏作为传教士的使命又存在着一种什么关系呢？理雅各认为，作为一名传教士，只有在掌握了中国经典，并亲自研究中国圣人们的整个思想领域之后，才能胜任传教士身份的使命和职责。在这些思想当中，我们可以发现中国人道德、社会、以及政治生活的基石。② 基于此，理雅各开始了伴他一生的学习并翻译中国经典的工作。

(二)《中国经典》副文本信息

在浩如烟海的中国文学典籍中，理雅各认识到"四书五经"在中国文化中的核心地位和作用。由于当时这几部经典只有零星译本出现，且翻译质量参差不齐，随着理雅各汉语水平的增进以及对中国经典理解的深入，理雅各自己承担起了系统翻译中国经典"四书五经"的工作。在 1861 年出版的《中国经典》第一卷

① Helen Edith Legge, *James Legge: Missionary and Scholar* (London: The Religious Tract Society, 1905), p. 29.

② James Legge, *The Chinese Classics* Vol. I (Hong Kong: The London Missionary Society's Printing Office, 1861), p. vii.

前言中，理雅各阐述了自己翻译的目标读者：

He has translated, annotated, and reasoned, always in the first place to satisfy himself. He hopes that the volumes will be of real service to Missinaries and other students of the Chinese language and literature. They have been foremost in his mind as those whom he wished to benefit. But he has thought also of the general reader.

节选自理雅各《中国经典》第一卷前言第Ⅸ页。

可以看出，理雅各翻译《中国经典》的目标读者主要有四种：他自己、传教士、学习中国语言和文学的学生、普通读者，而前面三种读者是他主要考虑的目标读者。

虽然在理雅各之前已有约书亚·马士曼(Joshua Marshman)、罗伯特·马礼逊(Robert Morrison)、塞缪尔·基德(Samuel Kidd)、罗伯聃(Robert Thom)等传教士对中国文化进行了译介，但由于中国和英国语言文字以及文化习俗的巨大差异，19世纪初期西方国家对于中国及其语言文化的了解还处于"猎奇"阶段，对中国文化进行系统地、不带任何偏见地介绍的成果极为稀缺。在这样的历史背景下，为了向目标读者更全面、完整和精确[①]地传译中国经典的思想内涵，理雅各主要采用了直译加注的翻译策略。以理雅各《中国经典》第一卷"学而第一"为例(图1)。图1反映了理雅各《中国经典》翻译的一般策略：汉英对照，每一章分节翻译，直译加注释。图1的注释部分包括对《论语》标题、体例以及每一节中关键字词的介绍及其翻译过程的思考，这种详细介绍对于19世纪想真实而准确地了解中国经典及思想的西方国家来说是必不可少的。例如，在图1的注释中，理氏指出他之前的翻译都将"子"译成 Confucius，这不符合《论语》是由孔子弟子整理出来的关于孔子思想的一本书的历史事实，同时也不能表达出中国人，尤其是孔子弟子论及孔子时的崇敬之情，于是他将"子"翻译成了 the master。像这样的注释在《中国经典》五卷本中还有很多，这种注释一扫当时西方传教士通过西方文化滤镜看待中国文化的局面，给西方读者提供了关于中国文化丰富而真实的细节信息。同时，这样的注释又对译者翻译过程及翻译抉择进行了详细阐释，为后世研究其翻译提供了宝贵的第一手资料。图1的注释部分还包括对《论语》体例的介绍，提出《论语》用每一篇"子曰"之后头两个字(如"学而")作每一章题目的做法与犹太人用《圣经》书籍中的头两个字来命名书籍的做法类似。这种用当时西方人熟悉的犹太教惯例来介绍中国文化惯例的做法

① James Legge, *The Chinese Classics* Vol. I(Hong Kong: The London Missionary Society's Printing Office, 1861), p. vii.

有助于消除西方人对中国文化普遍持有的“遥远”“落后”“野蛮”“异教”等印象，迅速拉近了中国文化与西方文化的距离。从一个传教士的身份来讲，能做到这一点在当时是难能可贵的。从以上分析可以看出，注释作为译本的副文本信息绝非可有可无。正如理雅各所言：我想对我所做的关于中国经典的工作正个名。很有可能，100 个读者中 99 人不会关注这些长篇注释；但随后会有第 100 个读者，他不会觉得这些注释过于冗长。我的注释就是为这第 100 个读者所写的。[①] 理氏译本注释的目标读者不是普通大众，而是当初西方国家的小众读者，这些读者包括他自己、传教士和学习中国语言和文学的学生。

CONFUCIAN ANALECTS.

BOOK I. HEŎ URH.

論語

學而第一

子曰、學而時習之、不亦說乎。有朋自遠方來、不亦樂乎。人不知而不慍、不亦君子乎。

CHAPTER I. 1. The Master said, "Is it not pleasant to learn with a constant perseverance and application?

2. "Is it not pleasant to have friends coming from distant quarters?

3. "Is he not a man of complete virtue, who feels no discomposure though men may take no note of him?"

TITLE OF THE WORK.—論語, 'Discourses and Dialogues;' that is, the discourses or discussions of Confucius with his disciples and others on various topics, and his replies to their inquiries. Many chapters, however, and one whole book, are the sayings, not of the sage himself, but of some of his disciples. The characters may also be rendered 'Digested Conversations,' and this appears to be the more ancient signification attached to them, the account being, that, after the death of Confucius, his disciples collected together and compared the memoranda of his conversations which they had severally preserved, digesting them into the twenty books which compose the work. Hence the title—論語, 'Discussed Sayings,' or 'Digested Conversations.' See 論語註疏解經序. I have styled the work 'Confucian Analects,' as being more descriptive of its character than any other name I could think of.

HEADING OF THIS BOOK.—學而第一. The two first characters in the book, after the introductory—'The Master said,' are adopted as its heading. This is similar to the custom of the Jews, who name many books in the Bible from the first word in them. 第一, 'The first;' that is, of the twenty books composing the whole work. In some of the books we find a unity or analogy of subjects, which evidently guided the compilers in grouping the chapters together. Others seem devoid of any such principle of combination. The sixteen chapters of this book are occupied, it is said, with the fundamental subjects which ought to engage the attention of the learner, and the great matters of human practice. The word 學, '*learn*,' rightly occupies the forefront in the studies of a nation, of which its educational system has so long been the distinction and glory.

1. THE WHOLE WORK AND ACHIEVEMENT OF THE LEARNER, FIRST PERFECTING HIS KNOWLEDGE, THEN ATTRACTING BY HIS FAME LIKE-MINDED INDIVIDUALS, AND FINALLY COMPLETE IN HIMSELF. 1. 子, at the commencement, indicates Confucius. 子, 'a son,' is also the common designation of males,—especially of virtuous men. We find it, in conversations, used in the same way as our 'Sir.' When it *follows* the surname, it is equivalent to our 'Mr.,' or may be rendered 'the philosopher,' 'the scholar,' 'the officer,' &c. Often, however, it is better to leave it untranslated. When it *precedes* the surname, it indicates that the person spoken of was the master of the writer, as 子沈子, 'my master, the philosopher 沈.' Standing single and alone, as in the text, it denotes Confucius, *the philosopher*, or, rather, *the master*. If we render the term by Confucius, as all preceding translators have done, we miss the indication which it gives of the handiwork of his disciples, and the reverence

图 1　理雅各《中国经典》第一卷，正文第 1 页

① Helen Edith Legge, *James Legge: Missionary and Scholar* (London: The Religious Tract Society, 1905), p. 42.

在翻译《中国经典》的初期阶段，理雅各打算完整翻译中国的“四书五经”，译本将以七卷本的形式出版发行。但由于种种原因，最后两卷未能发表，所以我们现在能看到的理氏《中国经典》为五卷本，内容如下：

第一卷(1861)《论语》《大学》《中庸》

第二卷(1861)《孟子》

第三卷(1865)《尚书》

第一册 绪论和第 1—36 章

第二册 第 37—58 章和索引

第四卷(1871)《诗经》

第一册 绪论和第 1 节

第二册 第 2—4 节

第五卷 (1872)《春秋》《左传》

第一册 第 1—8 部

第二册 第 9—12 部

由于其中的大部分经书是自理雅各以来的首次完整翻译，其间所经历的艰辛可想而知。《中国经典》五卷本在理雅各的亲自过问下均在香港由香港伦敦传道会印刷厂印刷。该五卷本中，译本固然是其中的重要内容，但与译本相关的绪论和索引也占了相当长的篇幅。仍旧以第一卷为例。第一卷的正文包括《论语》、《大学》和《中庸》三部经典的译文及注释，共 298 页，但绪论和索引部分也占了 212 页。在第一卷的绪论中，理氏除了对中国经典进行总体介绍之外，还对三部经典的文本历史、文本真实性、作者及其思想、历代评价以及各自的内容范畴和价值进行了详细梳理。绪论第六部分还对译者在翻译过程中参阅过的中外文献进行了介绍。

从以上分析可以看出，理氏译本之所以在其后相当久一段时间里成为西方人打开中国文化大门的钥匙，与其译本中提供的全面、系统、翔实的关于中国经典的背景知识和注释信息密不可分。从这一视角出发，我们可以说，绪论、注释和索引这些副文本因素成就了理雅各的《中国经典》译本。

三、从《中国经典》到《汉英四书》：副文本的消失

尽管理雅各的译文存在着各种错误，在时隔 40 多年后被辜鸿铭批评为“令人非常不满意”，会使英国读者对中国文化和思想产生“稀奇古怪”的感觉[①]。但理雅各《中国经典》译本在 19 世纪后半叶的出现对中国文化的海外传播事实上

① 辜鸿铭：《英译论语》，别发洋行，1898。

起到了里程碑作用。自此以后，西方国家了解中国的思想和文化有了系统而又翔实的重要参考资源，也为理雅各赢得了崇高的声誉。乔丹·佩泊(Jordan D. Paper)在《中国散文引论》里评论道："理雅各的《中国经典》是英语世界里的汉学经典，一代又一代的西方学者深受其惠。"[①]但由于年代久远，虽经多次重印，为数不多的理氏译本已经成为各大图书馆馆藏珍品，一般读者，尤其是中国国内的读者很难一睹其真面目。为此，湖南出版社于 1992 年出版发行"汉英对照中国古典名著丛书"时，就采用了理氏翻译的"四书"作为该丛书的第一本，且命名为《汉英四书》。仔细比较理雅各"四书"英译本与《汉英四书》，我们发现，《汉英四书》的格式和体例都与理氏原译有很多的不同。首先，《汉英四书》正文部分虽然仍旧采用了汉英对照，但汉语部分已不再分节，相应英译部分的分节也随之消失。其次，遍布理氏原译每一页的注释在《汉英四书》当中也已杳无踪迹，取而代之的是校注者针对理氏译本的错误所做的总数在 50 个左右的零星注释。同样，理氏原译中的绪论和索引在《汉英四书》中也变得无迹可寻，取而代之的是位于书后的一张"译名对照表"。

乍看之下，《汉英四书》相对真实地保留了理氏原译，甚至对理氏译本的错误进行了更正，似乎是对理氏原译的一种改良；至于理氏原译中的绪论、索引、注释以及译本中的分节只是附属于译本的、第二位的点缀，可有可无。但结合理氏翻译《中国经典》的历史语境和其翻译初衷，我们认为，《汉英四书》对理氏《中国经典》副文本的删除致使理氏译本与 17 至 19 世纪早期的很多其他中国典籍译本一样，成了紧贴原文的"死板而拘谨"的冗长翻译典范，甚至还充满错误。现将《中国经典》与《汉英四书》的相关部分并列举出，并探讨《汉英四书》对相关副文本信息进行处理的影响。

首先，在《中国经典》五卷本中，《论语》被列为第一卷的第一部经典，这对理雅各来讲是用心良苦的。从《中国经典》第一卷前言中我们知道，理雅各学习中国经典的历程是从《论语》开始的，由《论语》而及其他经典[②]；相应地，其翻译中国经典的历程也从《论语》开始而及其他。《论语》在中国社会的影响力使得理雅各对这部经典给予了更多的关照。在《中国经典》第一卷包含五章内容的绪论中，除了第一章总体介绍中国经典之外，理雅各用了独立的两章来单独介绍《论语》(第二章和第五章)，内容涉及《论语》的文本历史、创作背景、作者的身份、历

---

① 王辉：《理雅各与〈中国经典〉》，《中国翻译》2003 年第 2 期，第 37-41 页。

② 原文：Under this conviction he addressed himself eagerly to the reading of *Confucian Analects*, and proceeded from them to the other Works。见 James Legge, *The Chinese Classics* Vol. I(Hong Kong: The London Missionary Society's Printing Office, 1861), p. vii.

朝对《论语》的评注、解读，以及孔子的生平、思想及影响和弟子。理雅各对《论语》重要性的理解表现在他对该经典的解读当中，也表现在《中国经典》五卷本对《论语》的设置当中。在《汉英四书》中，理氏的前言被与该译本内容无甚关系的“出版说明”代替，理氏的绪论已经无迹可寻；理氏“四书”编排的顺序《论语》《大学》《中庸》《孟子》被改换成《大学》《中庸》《论语》《孟子》。在这种改变中，中国经典的整体概貌以及他们在中国文化中的地位和价值成为西方读者知识的一个盲区，理氏强调的《论语》地位也无从凸显。

其次，理氏在翻译中国经典时，都依据原文内容提供的信息对译文内容进行分节，这体现了理氏翻译“精确”[赫伯特·艾伦·翟理思(Herbert Allen Giles)的评语]以及“严谨”[苏慧廉(William Edward Soothill)的评语]的翻译风格，也在19世纪西方对中国经典还极度陌生的情形下赋予中国经典一种格式和节奏，有利于促进西方国家对中国经典文本的接受。《汉英四书》引用的汉语部分已经不再分节，相应在《中国经典》中分为三节的译文也被融合为一个不分节、不加任何注释的段落(见图2)。对于这样一种副文本的改动，我们需要质疑的是：首先，这一汉语原文是否还能被认定为理氏在翻译时使用的原文；其次，译文新的呈现方式是否是理氏翻译思想的呈现方式。在副文本理论看来，任何副文本都透露出一种信息，而删除副文本就是对相应信息的删除。《汉英四书》这种只呈现译本，而删除副文本的做法在很大程度上改变了理氏译本存在的整个环境，从而影响了理雅各《中国经典》的生命力。

论　语

学而篇第一

1.1　子曰：“学而时习之，不亦说乎？有朋自远方来，不亦乐乎？人不知而不愠，不亦君子乎？”

THE CONFUCIAN ANALECTS

BOOK I　XUE ER

1.1　The Master said, "Is it not pleasant to learn with a constant perseverance and application? Is it not pleasant to have friends coming from distant quarters? Is he not a man of complete virtue, who feels no discomposure though men may take no note of him?"

图2　《汉英四书》学而篇，第64-65页

四、结论

本文运用副文本资料探讨了理雅各翻译《中国经典》的缘起、翻译目的、翻译策略、翻译过程以及译本接受等方面的问题，并进而指出诸多的副文本，如前言、绪论、注释、索引，甚至分段形式塑造了《中国经典》，对《中国经典》的普及起着至关重要的作用。而《汉英四书》只保留理氏原译的译文部分，删除了理氏原译中的诸多副文本信息。《汉英四书》的这一做法是对理氏原译不负责任的一种改动，势必也会影响理氏译本的声誉。我们甚至可以说，消除了译本赖以生存的整个副文本体系形成的环境来看译本，译本必然会显得势单力薄，同时也无法真实完整地呈现理雅各译本的面目，这在研究和借鉴中国典籍的外译和传播方面带来了不同程度的负面影响。因此，在中国典籍早期译本重印过程中，必须慎重考虑该译本产生时所处的特殊历史阶段以及反映该译本历史环境的副文本信息；因为这些副文本与译文往往存在着一种“唇齿相依”的关系，如果脱离副文本独立看待译文，那结局只能是“唇亡齿寒”。

汉语的古老与汉语学习[①]

[美]裨治文 著 陈彦辉 喻 茜 刘茹楠 译
（译者单位：广东外语外贸大学中国语言文化学院）

独创性，是汉语的一大显著特点。汉语的起源和最早讲这种语言的人群一样，隐没在世界大洪水[②]之后的早期历史中。现代汉语呈现给我们的形式和结构可谓绝妙无双、令人惊叹，它与世界上其他任何语言都没有依附勾连。希伯来语只存活在至高的神谕中，早已不是口头语言。希腊语和罗马语则以最纯洁、完美的形式存在于书本之中；虽然这些古老国度的子孙后代仍在口头上使用这两种语言，但已和最初的语言有着巨大差别。梵语和巴利语曾被全民使用，也经历了同样的命运。阿拉伯语曾不受重视，直到穆罕默德征战期间才将它带出阿拉伯世界。在所有这些古老的语言中，除希伯来语外，就古老性而言，汉语是无可匹敌的。它似乎在语言发生混乱[③]后突然出现，并与人类的其他分支隔绝开来。时代在更替，世界的面貌在改变；新的部落慢慢出现，新的语言逐渐形成。在此期间，汉语也发生了一些转变；然而自纪元伊始，它的书面语言基本没有变化，当时出版的经典作品的文风与现在全国各省通用的书面语言大同小异。

在此，我们先来看看目前汉语使用的范围，这样可以更加准确地认识到汉语的本质及重要性。目前不仅整个中国领域内的 3.6 亿人讲汉语，邻国及藩属国

---

① 译者按：本文译自 1834 年 5 月出版的《中国丛报》（*The Chinese Repository*）第 3 卷第 1 期第 1 篇文章（第 1-14 页），作者裨治文（Elijah Coleman Bridgman，1801—1861），美国来华基督教传教士、汉学家，于 1832 年在广州创办并主编英文期刊《中国丛报》，向西方介绍中国政治、经济、文化、社会生活的方方面面。本文简要介绍了汉语的历史发展、使用范围、汉字、方言、发音等基本情况，分析了汉语的缺陷和优势，强调在当时的历史背景下学习汉语的重要性和价值，梳理了各国学者在汉语研究上已取得的成果，呼吁当时的外国人积极学习和研究汉语，以便深入了解甚至改变中国。原文标题不明确，在 1851 年停刊后出版的索引（General Index of Subjects Contained in the Twenty Volumes of *The Chinese Repository*，p. xxii）中作者将标题拟为"Antiquity and Study of the Chinese Language"。

② 指《圣经》中记载的大洪水：耶和华见人在地上罪恶极大，于是宣布将使用洪水，毁灭天下地上有血肉有气息的活物，无一不死。——译注

③ 据《圣经》记载，上帝发现人们在修建可以通天的高塔，见此情形就把他们的语言打乱，让他们不能明白彼此的意思，并把他们分散到世界各地。——译注

也将汉语作为标准语言广泛使用。在琉球[①]很多人都能熟练地用汉语来交流和阅读。在朝鲜,中国经典被大量研究,并且对其国民品格产生了深刻影响,人们自豪地模仿天朝人民的礼仪、风俗和律法。在日本,政府文件、书籍及上流社会的通信中同样使用汉语。在中国南部的北圻[②]和南圻[③],汉语的使用更广,对于社会中有身份、有影响力的人士来说,了解汉语是必不可少的。在南圻的某些地区,汉语甚至是人们使用的唯一语言。在柬埔寨、暹罗(今泰国)、老挝及印度洋群岛的各个岛屿上,有成千上万的居民,大部分是中国移民,同样讲汉语。将上述几个国家和地区使用汉语的全部人口包括在内,保守估计共有 4 亿人使用汉语,分散在比整个欧洲面积还要大的疆域。

汉语历经如此漫长的时间,流传在如此辽阔的土地上,很自然地会让人猜想汉语必定发生了许多变化,现在的汉语有很大的地域差别。在某种程度上确实如此。我们将在另一篇文章中讨论汉语的演变,并用实例展示古代与现代的汉字形体,会发现这些汉字在初创时期和发展早期经历了一系列的转变,尤其是汉字的发音在不同时期、不同地域存在很大差异。尽管从帝国的一端到另一端,中国人使用同样的经典作品,但他们仍在国内使用大量方言进行口语交流,这些方言有或多或少的差异。然而,这些人们广泛使用的方言,通常只局限于很小的范围内,对汉语主体并没有什么影响。这两方面的事实,即方言的多样性和汉语主体的稳定性,可归因于中国的历史及全国通行的教育体制:一方面,在早期历史中,中国分为不同的小国,他们之间相互敌对,相距甚远的地方之间不允许自由往来;如此一来区域性的词汇和发音出现并固定下来,因此产生了多样的方言。另一方面,对于谋求仕途的个人来说,必须熟读中国古代经典,了解当朝及全国各省通行的语言风格和发音,因此使得汉语长期发展稳定。还有一个事实对方言数量的倍增和方言差异的增大有不小的影响:由于汉语没有字母表,仅靠查看页面上的汉字,无法确定这些汉字对应的发音。有种可能是由域外的佛教徒引进来的方法,他们用两个已知的字来表示第三个字的发音,但中国人很少使用此方法;每个学龄男童,以及所有已在语言上取得长足进步的人,都通过老师的唇形来学习他们碰到的生字的读音。

汉语方言之间的差异与印度斯坦[④]各地方言间的差异有所不同。我们在此讨论中国方言的时候,必须牢记汉语发音的差异,以及因词汇选择和句子结构造

---

① 琉球(Lewchew)是历史上存在于琉球群岛的封建政权名,位于中国台湾和日本九州岛之间,曾在中国明清两朝向中国进贡及请求册封。——译注

② 原文为 Tungking,指越南北部地区。——译注

③ 原文为 Cochinchina,即交趾支那,位于越南南部、柬埔寨东南方。——译注

④ 原文为 Hindostan,亦作 Hindustan,即"印度"的波斯语称呼。——译注

成的差异;实际上很多方言的主要特点就体现在发音上。在中国北部的省份,俗称为“官话”的纯正汉语盛行,但这并不意味着这些地方就没有本地词汇。中国北部边境与鞑靼[①]接壤的地区,由满族人统治所引起的语言变化显而易见,无疑中国所有边境地区也会受到诸如此类的影响。在浙江和江南地区,方言和地道汉语(指绝大多数人使用的汉语)之间的差异十分显著。福建东部地区的方言与地道汉语的差异更加突出:对一个只了解标准汉语的人而言,福建方言将难以理解。中国西南部省份的方言与标准汉语之间的出入更小。这座城市[②]通用的方言与朝廷上使用的语言十分相似,了解二者之中任意一种语言,只要稍加留意便能大概理解另一种语言。在中国疆域之外使用汉语的地方,如南圻、朝鲜、日本等地,本土方言与标准汉语之间的差异比福建方言与标准汉语之间的差异更甚。

如此多的人口,在世界上占据如此大的土地,都在使用汉语,这个简单的事实就是促使人们去探索的动力。迄今为止,外国人都太过于忽视汉语了,甚至没有考虑自身的商业利益。他们不是认为汉语太难掌握,就是认为汉语不值得他们花费心思去学习。而中国人却截然相反,正如古希腊人和古罗马人,甚至某些现代希腊人和罗马人一样,中国人认为自己的语言比世上其他任何语言都更胜一筹,不仅因为汉语本身的优美和出色,更因为汉语所蕴含的知识和智慧。充分掌握本族语言将引领他们走向荣耀、财富和权势的康庄大道,所以他们不遗余力地学习汉语。相比之下,他们对外国语言几乎一无所知,甚至觉得那只是难以理解的行话,不值得注意。礼制和治世安世之道只存在于他们的语言中,汉语承载了古代圣贤的学说,必须通过汉语传授给子孙后代,所以凡是拒绝学习和赞赏汉语的人,必被视为无学问、无教养、残酷和野蛮之人。这种民族自负固然可笑,但同时不得不承认,汉语既古老又被广泛使用,应当引起我们的重视。仅将其视为记载古老历史事实的载体,汉语也不是毫无价值的。而且如果将汉语看作一种奇特的思想交流媒介,还可为哲学研究开辟无人涉足的广阔领域,它并非不值一提;对于学习汉语并达到母语水平的人来说,也并非没有回报。在向读者介绍汉语的过程中,无论汉语多么新奇或特别,我们不会执着于其独特之处而忽略了它的缺点,也不会因漠视它真正的优点而对它的正确合理之处有丝毫贬低。

我们已经提到了汉语最大的特点,将汉语与世界上其他任何语种和方言区别开来。我们也指出了汉字并非由字母构成,而是由并不表示发音的简单线条组成。一个只习惯于西方字母系统的人,很难想象有可能为每一个概念写出一

① 指蒙古东北及贝加尔湖周围一带。——译注

② 原文为 in this city,此处应指《中国丛报》当时的发行地广州。——译注

个单独的字符,也难以想象怎样的聪明才智才可以设计出这样一个系统,为每一个新的物体和概念创造一个相应的文字或符号。当前的汉字形式早已不是象形文字系统;将它与埃及或墨西哥的语言系统进行比较是徒劳的;因为迄今为止在这些语言系统中还没有发现类似的标记,使我们能够得出它们是根据相同规则而形成的结论。

中国人把组成汉字的笔画减少到只有七八笔,划分所有汉字的部首数量只有 214 个。在这 214 个部首中,有不少是由其他基本字符组合而成的。这种部首划分并不具有哲学性,但是这种方式一经国家字典采用,便沿用至今。汉字的总量是巨大的,数以万计,可能不少于六到八万,但是常用汉字不超过六到八千,而篇幅适中的书籍中的不同汉字往往不超过两三千。中国刑法典中有一部分被翻译成英文,译员发现其中不同的汉字不足两千个。据可靠数据显示,在著名的 10 卷《三国志》中,不同汉字的数量仅有 3 342 个;在罗伯特 · 马礼逊(Robert Morrison,1782—1834)和威廉 · 米怜(William Milne,1785—1822)翻译的 21 卷中文版《圣经》中,不同汉字只有约 3 600 个。如果每个汉字只固定表达一个概念的话,那么充分掌握汉字的难度就相对较小;但是现在,大多数汉字被重新组合以传达不同的意思,有时甚至是全新的概念。为了使语言更加清晰明了,偶尔有两个甚至三个汉字是同义的情况;有时汉字会失去最初的意思而表达全新的含义。再加上汉字的写法各不相同,汉语难以掌握也就不足为奇,需要耗费很多年才能达到自如而准确地读、写、说汉语。

汉语的口语包含约 450 个常用单音节,不足 2 000 种发音,其中大部分仅通过音调或语调即可分辨。这个话题需要非常详尽的说明才可以让人清楚了解汉语的口语,之后将单独撰文说明。我们在此要说明的是,汉语的这种特性明显增加了充分掌握这种语言的难度,而且显露了它的缺陷。如果将外国人用以标注汉字发音的音节和符号称为单词的话,那么汉字的单词是如此之少,且不同汉字的声调差异又十分细微,因而外国人在理解汉语口语时常出现错误。很多同音汉字,尽管意和形都不尽相同,但难以用对应的英语拼写出来,也阻碍了汉语口语的学习。而通过将两个意同音不同的汉字组合在一起表达一个概念或物体,可以降低一点这种难度。尽管如此,汉语仍是有缺陷的口语媒介。在学习汉字发音时,外国人感到十分为难,因为缺少足够的经验,他们很难听出汉语发音的细微差异,也难以发音准确,进而不能让中国人轻松听懂。

汉语的语法结构十分简单。它不受词源学里形式的束缚;数、格、语气、时态等只需用小品词来表达即可,名词和动词无须作任何改变。在许多西方语言需要这种方法的情况下甚至都没有使用这种方法,它通过句子或段落中成分的位置来表示语法上的区别和联系，这有时会使段落或表达的意义模糊不清。一个只熟悉汉语表达方式而不熟悉其他语言表达方式的中国人不会察觉这样有什么困难，但对于外国人来说却是相反的；除非自身已精通汉语，或在调查研究中可得到有学识的中国助手的协助，否则外国人很容易误解文本的意思。汉语的句法十分独特，与西方的字母语言不一样。汉字由名词转化为动词、副词等的时候意思会发生转变，这种特殊的方式常常让外国人很难确定汉语的含义。其他语言都具备某些突出特征，这些特征形成了统一和管理字词的规则体系，而汉字的书面表达缺乏这些特征，使得一些作者认为汉字是不合语法规则的语言。

几乎所有的汉语作品中，都有大量的韵文，好似无韵诗一般，中国人把韵文视为他们语言的精华之美。如果作者不能写出韵文，不能满篇对仗，或不能很好地组织语句使得每句话所包含的字数一致，那么他的作品就不能称得上出色。以口语体写作的书籍通常较少如此修饰语言，而在诸如政府公告、科举考试所作文章等更为正式的文体中则使用较多修饰。但各类文章仍或多或少都会保留此特点，这也成为汉语的一大本质特征。显然，如果太关注表达想法的形式，就会严重影响思路的连贯。而事实上，在汉语写作中意思往往是次要的考虑对象，表达意思的方式才是首先引起注意的。

汉语还有另外一个显著特点，在其他语言中很罕见，那就是在写作中使用丰富的固定短语，和英语的法律词汇相似，经常反复使用并表达同一含义。实际上，汉语书籍中充满了格言警句，视作者喜好而被写入文中。中国人的思想是定型的，他们所珍视和教授的一切思想都包含在那些从古老圣贤那里流传下来的记载里。因此，好的文章在于重新编排古代经典中的正统语句，所有的文学作品都是如此，哪怕是以自由为乐、以创造为荣的诗歌也难逃这样的铁律。无论是诗人还是任何类型的作家，胆敢背离古代圣贤为其指明的道路，那就遭殃了！这样的人会被视为异类，被斥为叛逆不孝之徒！

既已论及汉语的主要缺陷，我们理应再谈谈它突出的优点。虽然汉语不如大多数印度支那语言饱满浑厚，但是细心感受它的韵律和音调，也会觉得悦耳。由于构成句子的汉字的选择和位置的不同，这种语言的风格有时会有一种力量和美感，这是无法翻译的，而且很多时候汉语精炼简洁的表达是其他语言无法比拟的。我们也许不该指望在独特的汉语写作中找到如古希腊、古罗马或现代欧洲的最杰出学者的作品一般的风格之美；然而中国人有他们自己的出色之处，公平地说，不应也不会遭到排斥。中国书籍中充满了巧妙的表达、新奇的示例、奇妙的对比和大胆的比喻。

中国文学种类繁多，某些领域十分丰富。古希腊和古罗马鲜有作家能像中国作家这样高产且涉猎广泛。自孔子时代以来,中国出现了大量不同类型的作家。但是现在中国正处于堕落时代,新作稀少,那些发表的作品轻浮而琐碎,几乎不能提供教导或真正的娱乐。中国人需要一种思想丰富、情操端正、文风清雅的新文学。但是,想让我们的新思想和新观点吸引并指导习惯了汉语语言形式的读者,我们必须模仿他们的风格,这是一项艰难的任务。因此,为了让外国人写出令中国读者欢心而受益的文章,我们必须研究并深入了解汉语的经典作品。应该时刻谨记,一个外来人想要掌握中国人的品味和情感,必须能够用合适的语言表达自己的想法,这样的语言不仅要清楚易懂,而且要使人愿意耐心并专注地倾听。这貌似很困难,尤其是考虑到他们的民族自豪感和对外国人的蔑视。然而我们可以确信,如果不遵循他们的语言习惯,就不会有读者。但如果新鲜有趣的思想、纯粹高尚的情感,尤其是神启的崇高真理都能穿上本土的"外衣"恰当地展现出来,那么就能产生一种魔力,唤醒心智,激发热情,纠正判断,并最终在整个中国掀起一场精神和道德的革命。中国人需要强烈的刺激来引导他们阅读外国作品;为了使新的语言习惯适应他们的能力和需求,需小心谨慎。他们的语言与其他语言差异很大,汉字变化多端,词汇丰富多样,能够向人们传达各种各样的概念和事物。

以上想法是长期观察的结果,且并非个人经验,这说明我们应该重视汉语学习。如果不了解汉语,那么长期以来将中华民族及他们的国家与地球上其他国家隔绝开来的那堵墙就难以有效拆除。汉语是外国人最好的辅助之一,了解汉语对于外国人与中国人保持广泛交流来说是必不可少的。诚然,如果理解得当,汉语对历史学家和哲学家来说是有价值的,因为它使他们注意到世界上一个大民族的历史;但我们只有把汉语看作一种维持体面交流的媒介,看作广泛传播有用知识的手段,才能显出其应有的价值。中国人如今不仅道德水平明显下降,他们的艺术及科学水平也倒退了,这个国家的进取心也许比一千年前更弱。鉴于政府实行的政策,这样的事实不足为奇,因为政府不仅没提出鼓励和激发创造天才的办法,还不断打压那些天才或者小有成就的人。我们应当将荣誉给予应得荣誉的人,无论如何也不能贬低任何人应有的功绩;但我们不得不承认,是政府扭曲和反常的政策造成了中华民族和西方国家之间的巨大差异。中国人曾经有远超当前的对外贸易,而这种贸易本可持续增长到现在。他们的制造产品曾遥遥领先于大多数国家,现在已经完全无法与大量由蒸汽动力生产的产品抗衡,在其他很多方面都是如此。只有一个崭新的文学时代来临,这片土地上的居民才会从他们漫长而深沉的睡眠中醒来,激发独立思考。

在中国能感受到外国势力的影响之前,我们并不看好,也根本不指望中国能够获得与其国土规模相匹配的地位。那是怎样的外国势力呢?如果数年前曾让欧洲陷入恐慌的那种主宰精神[①]在其征战生涯中再持久一点，那么现在人们常常合理抱怨的中国的排外制度可能早就已经被废除了。我们再也看不到这样的改革者了。我们坚决反对外来侵略，那应该由什么样的外来势力来拯救中国，使其免于奴役呢？应当是像将欧洲从黑暗中世纪的沉睡中唤醒的势力[②]那般。中国和当时的欧洲所处的情形有相似之处：一个“皇帝”和一个“教皇”，一群“修道士”和一群“高官大臣”，只是名称相异，但权力和影响是相似的。大多数中国人根本不知道他们的真实处境，他们对于世界上其他国家最重要的事物一无所知，因此无法将自己和他人进行比较，继而无法判断其相对的地位，或评估自己的需求，也看不到自己需要提升之处。康熙是清朝最开明和最宽宏的君主，他从朝中的外国人那里了解到很多知识。如果不是因为利益的对立，且那些被允许在中国各处居住和旅行的欧洲人把手伸得太长，那么当时在建立自由交往方面取得的进步肯定会继续维持和发展。但是如果那些外国人成功实现了他们的主要想法，我们有理由认为皇帝的权威会变得像教皇那样，而其他相应变化也会接踵而来，最终会产生中国历史上最残酷的专制统治。因此，基于我们在世界各地及在中国所看到的教皇般的权威来看，许多参与那些事件以及对皇帝及大臣们有影响的人，都精通这个国家的语言，但鲜有人致力于传播有用的知识。他们用华丽的仪式来吸引民众的目光，而不是用神圣真理的力量去触动人们的心灵和良知。因此当他们遭遇挫折，被赶出中国时，在他们身后没有留下神的话语的种子，也没有留下生命之树的胚芽。顷刻间，他们所建立的一切已坍塌，而我们有理由相信现在中国人民的情况更加糟糕，耶稣会士进入中国的困难程度要比从未进入中国之前更高。

但尽管如此，如果我们预测准确的话，中国即将面临一场国事危机，将有一场革命，虽然可能来得太迟，却不可避免，必将通过武力或报刊产生影响。武力虽然能以悲惨的方式为社会打开进步的大门，但无法改善社会状况；而知识的传播则可以有力地触碰中国的道德和宗教，净化权威的源头，遏制叛乱的爆发，制止肆意的惩罚，使中国免于毁灭，并置其于合适的世界地位。武力征服会导致成千上万的人口伤亡以及数以百万计的财产损失，但以理服人——以理智和真理取胜则只需花费很少的人力物力就可光荣地达成目的，并给中国的民众带来和平的祝福和不朽的希望。

---

① 19世纪初，法国人拿破仑·波拿巴(Napoléon Bonaparte，1769—1821)多次发动对外军事行动，控制了大半个欧洲，形成了庞大的拿破仑帝国体系，创造了一系列军政奇迹与短暂的辉煌成就。——译注

② 16世纪，欧洲开始了基督教自上而下的宗教改革运动，打破了天主教的精神束缚，为西欧资本主义和多元化的现代社会的发展奠定了基础。——译注

虽然目前并没有什么进展，但我们不能因此灰心，因为我们至今仍未做多少尝试。学习汉语是这项宏伟事业的第一步，但目前在基督世界极少有人关注。如果我们能注意到在汉语学习方面已经做了哪些努力，已准备好提供怎样的帮助，便能更清楚地认识到还需要做些什么有助于更好地学习汉语。

法国人一马当先，早期来华的大部分天主教传教士都来自法国。路易十四被视为欧洲汉语文学的真正创始人，在其赞助下的一些来华天主教传教士因为熟悉汉语而声名大噪。耶稣会士①和多明我会士②之间关于某些词汇和礼仪所产生的争论，引起一些能人进行汉语研究，如白晋（Joachim Bouvet，1656—1730）、张诚（Jean-François Gerbillon，1654—1707）、柏应理（Philippe Couplet，1623—1693）、宋君荣（Antoine Gaubil，1689—1759）、马若瑟（Joseph de Prémare，1666—1736）等。路易家族的继承人对中国文献慷慨解囊，见证了《中国文法》（*Grammatica Sinica*）③、《匈奴通史》（*L'Histoire des Huns*）④、《中国历史概述》（*L'Histoire de la Chine*）⑤、《中国古代史》（*Les Mémoirs sur les Chinois*）⑥、《中国信件》（*Les Lettres Édifiantes et Curieuses*）⑦等作品的问世。德金（Joseph de Guignes，1721—1800）是傅尔蒙（Étienne Fourmont，1683—1745）的最后一位弟子，卒于18世纪末，后继无人。尽管已经做了这么多，但由于中法交往中断以致几乎完全被遗忘，中国的语言及文学在法国的地位迅速下降。然而1814年成就卓著的雷慕沙（Jean-Pierre Abel-Rémusat，1788—1832）成为巴黎法国大学的皇家教授时，其他人也纷纷仿效，加入了这位杰出的汉学家的工作中，儒莲（Stanislas Aignan Julien，1797—1873）被指定继承雷慕沙的皇家教授头衔。1815年，巴黎的中国图书馆藏书达5 000余卷，从那之后藏书无疑又继续增加不少。

---

① 耶稣会是天主教主要修会之一，其成员统称为耶稣会士。——译注

② 即多明我会成员，多明我会又译作“多米尼克派”“道明会”，是天主教托钵修会主要派别之一。——译注

③ 作者为意大利耶稣会士卫匡国（Martino Martini，1614—1661），约1652年成书，后有修订本亦称*Grammatica Linguae Sinensis*。——译注

④ 即《匈奴、土耳其、蒙古和其它鞑靼诸国通史》（*Histoire Générale des Huns, des Turcs, des Mongols et des autres Tartares Occidentaux*），作者为德金，1756—1758年出版。——译注

⑤ 作者为艾蒂安·皮维尔·德·瑟南古（Étienne Pivert de Senancour，1770—1846），1824年出版。——译注

⑥ 即《国王图书馆的中文藏书和新目录规划》（*Mémoire sur les Livres Chinois de la Bibliothèque du Roi*, et Sur le Plan du Nouveau Catalogue），作者为雷慕沙，1818年出版。——译注

⑦ 即《耶稣会士中国通信集1689—1781年》（*Les Lettres Édifiantes et Curieuses de Chine*），由巴黎耶稣会总书记哥比安（Charles Le Gobien，1653—1708）创办，1702至1776年共刊出34卷，其中16—26卷收载由中国寄来的信。1843年在巴黎重新出版。——译注

尽管西班牙人占领了吕宋岛，甚至经常听到汉语，但是他们无所作为，并未重视汉语语言和文学。目前西班牙人不怎么关注天朝。葡萄牙因占领澳门，与西班牙相比大有作为。三百多年前葡萄牙人第一次来到中国，从那时起他们就有学习汉语及汉语文学的卓越优势。现在研究汉语的葡萄牙人多居于澳门，其中值得注意的是圣若瑟修院的江沙维（Joaquim Affonso Gonçalves，1781—1841，又称“公神甫”）的工作。荷兰人虽长期控制着如今中国人居住治理的一片区域，但从未学习过汉语。俄罗斯在过去的一百年里虽拥有得天独厚的汉语学习优势，但无论是为了自身还是为了其他各国，都未能像她应该做的那样利用这些优势。那不勒斯的那所学校①也未在欧洲推行汉语研究，这所学校由几名中国学生创立，只学习天主教教义，而对其他一无所知。在柏林及欧洲大陆有汉语藏书的其他地方，一些人独自进行汉语研究。

虽然英国自诩宏图伟志、满腹诗书，并与中国有广泛和长久的往来，但惊人的是英国一直都未重视中国的语言。在乔治·马戛尔尼（George Macartney，1737—1806）使团之前，据我们所知没有一个英国人试图了解汉语。没有充足的理由促使英国关注汉语学习。马戛尔尼使团②出使北京时必须向其他国家求助才能进行基本的沟通。而小斯当东（George Thomas Staunton，1781—1859）③是使团中唯一精通汉语的欧洲人，那时他年纪轻轻，还无法安安静静地教人汉语。乾隆在面见使者时也发现语言不通给双方带来的极大不便。1810年中国刑法典的译本在伦敦问世。当时，主要出于《圣经》翻译的需要，有两个人成功学习了汉语，即遣华传教士马礼逊和派驻孟加拉国的马士曼（Joshua Marshman，1768—1837）。还有他们的同胞，尤其是米怜和高大卫（David Collie，？—1828），从繁忙的事务中抽身出来，大力推广和发展汉语语言和文学，甚至遥遥领先于法国。在英国有两三家未被重视的中国图书馆，在马六甲英华书院的图书馆中存放着汉语精选集。

也许我们不应略过美国。在过去的半个世纪中，美国与中国的贸易往来较少；或者应该说是美国公民在进行少量的贸易，而他们没有国家的保护，因为美国甚至连一根旗杆都没有竖起。我们不会看到美国对中国发动战争，也不会看

① 指意大利传教士马国贤（Matteo Ripa，1692—1745）和几名中国人于1732年在那不勒斯创办的中国学院（Chinese College），即今那不勒斯东方大学（The University of Naples “L'Orientale”）。——译注

② 乔治·马戛尔尼曾于1793年作为特使率领第一个英国外交使团抵达中国，欲通过与清王朝谈判打开中国市场，却无功而返。——译注

③ 其父老斯当东作为马戛尔尼的副使出使中国，13岁的小斯当东随行，在来华途中跟随使团雇佣的华人学习汉语，进步很快。——译注

到美国向天子进贡;但我们不能说美国在与中国开展更加自由、体面和规范的交往中毫无关系。被派遣的牧师和领事或他们的随行人员需要对派遣地的语言有所了解。但在这些情况下,我们认为找不到拥有这样先决条件的人。据我们所知,目前在美国没有一个人自认为对汉语有所了解,也没有人着手学习汉语。在美国可能有一些中国的书籍、词典编纂者和语言学者也无疑掌握了欧洲学者发表的主要语法书和词典。现在东部的一些美国人在研究汉语,但他们的研究起步较晚,能取得什么成绩还有待观察。

已有一些用于协助汉语学习的作品定稿或问世,在此我们不进行详细介绍,只想简单列举主要的语法书和词典等。作品的数量并不多,其中有些更是在遇到诸多障碍的情况下出版的,障碍主要来自汉语中比较特殊的难点。然而,在这方面已经做了足够多的努力,以鼓励那些从事这项工作的人继续坚持,并邀请和确保其他人也进入到一个大有可为的领域。首先有万济国(Francisco Varo,1627—1687)用西班牙语所著的汉语语法书,于1703年在广州用土纸进行木刻印刷,当中并没有汉字。1730年拜耶尔(Theophilus Siegfried Bayer,1694—1738)的《汉文博览》(*Museum Sinicum*,又译《中国博物论》)问世。1789年,布赖特科普夫(Johann Gottlob Immanuel Breitkopf,1719—1794)的《文通考》(*Exemplum Typographiae Sinicae*,*Figuris Characterum e Typis Mobilibus Compositum*)在莱比锡出版。1813年由小德金(Chretien-Louis-Joseph de Guignes,1759—1845)奉拿破仑之命编纂的汉语字典[①]在巴黎问世。1814年马士曼的《中国言法》(*Elements of Chinese Grammar*)在塞兰坡出版。次年,马礼逊的语法书[②]也在同一家出版社出版,他编撰的字典[③]共有六卷,于1815年到1823年之间由东印度公司澳门印刷厂印刷。1822年雷慕沙的语法书[④]在巴黎出版。1831年马若瑟的《汉语札记》(*Notitia Linguae Sinicae*)在马六甲英华书院出版。1833年江沙维的一本字典在澳门圣若瑟修院印刷出版。此外,还有两部作品即将出版,其中一部是麦都思(Walter Henry Medhurst,1796—1857)的《汉语福建方言字典》(*A Dictionary of the Hok-keen Dialect of the Chinese Language*,*According to the Reading and Colloquial Idioms*),目前正在东印度公司澳门印刷厂印刷,另外一部是郭实猎(Karl Friedrich August Gützlaff,

---

① 小德金曾在拿破仑的命令之下编纂字典 *Dictionnaire Chinois*,*Français et Latin*,*le Vocabulaire Chinois Latin*,但出版后不久,人们发现这本字典只不过是方济会修士巴西里奥·布罗里奥(Basilio Brollo,1648—1704)旧时所编字典的复制品。——译注

② 即《通用汉言之法》(*A Grammar of the Chinese Language*)。——译注

③ 即《华英字典》(*A Dictionary of the Chinese Language*)。——译注

④ 即《汉文文法纲要》(*Éléments de la Grammaire Chinoise*)。——译注

1803—1851，又译郭实腊、郭士立）编纂的英汉字典，在塞兰坡印刷出版。

目前学习汉语的动机有很多，应当引起有识之士的关注，引发他们的兴趣。现在我们抱着双臂，回首那个全世界只有一种语言的时代，并为那些人所做的愚蠢之事叹息已然是徒劳的，他们惹恼上帝使其降临，打乱他们的语言并使他们散落在地球的各处。人类的各个部落因长期分离而常常陷于困惑与痛苦之中。仿佛肉体所承受的自然病痛还不够，人类还要像恶魔一般——或者说他们本性如此——相互厮杀。世上强大有力的人们常常将他们的精力用于屠杀同类，并以此为荣。但上帝用一种血创造了万民。正如全世界都将知晓上帝，和平将遍及世界，中国也一定会被带入世界大家族，与他国产生联系、相互支持、相互合作。然而，如此巨变，不付出努力是不可能实现的，而这些努力必须由基督教徒付诸实践。这种变化将带来众多好处，因此有足够的动机学习汉语。无论从商业、政治、文学还是宗教的角度来看待这个问题，我们认为没有任何外语能像汉语这样给西方人提供诸多值得研究的问题。

每个了解中国的人都知道，中国与世界的贸易关系很糟糕。我们并不否认，尽管与中国的贸易有诸多窘境，但其中的利益甚高，而这样的贸易应该更富有成效。如果把整个欧洲置于一人的统治之下，并把所有的对外贸易都限制在加的斯[①]，那么西方人才能理解中国的政策。且与中国的贸易不仅局限在边缘的港口，还只掌握在少数人手中，并得服从见不得光的规则。我们就不逐一列举遭受的那些令人恼怒之事和非法的征税了。现在为了消除这些弊端，并为最重要的一类贸易奠定良好基础，既永久又安全，我们必须接触到权力部门。除了俄罗斯，世界上还没有一个国家与中国有任何固定的关系。但其他国家为何因此与中国相隔甚远呢？目前已采取的与中国君主交涉的方式都以失败告终，现在必须另辟蹊径。该采取什么方式呢？不是利剑，不是刺刀，也不是海军，除非他们已经准备好可以充分表达他们的愿望和目的的方法。比如，有一种方法，只需要有人和书就好，就像"阿美士德勋爵号"到访厦门、福州、宁波和上海时那样[②]。让报刊发声，直到中国人了解了外国人的品格、愿望、权利、目标和力量，届时他们才愿意屈尊，并乐于谈判。

因此，欲与中国建立真正的商业及政治关系，在很大程度上依赖于外国人对汉语的了解。继而有了学习这门语言和研究汉语文学及中国法律的强大动机。

---

① 西班牙西南部的港口城市。

② 1832年，为了打开一条新的贸易通道，英国东印度公司"阿美士德勋爵号"（Lord Amherst，又译作"安默士号"）商船，沿中国、朝鲜以及琉球的海岸航行，随行的传教士郭实猎趁此机会在当地人中散发了大量基督教书籍。

但还有其他更重要的考虑促使我们学习汉语，即由此了解中国的礼仪习俗和道德宗教体系。如果颁布一则法令，让它在整片欧美土地上执行，要求推翻上帝的每一座教堂，销毁每一本《圣经》，废除和遗忘每一条圣令，让迷信和各种各样的偶像崇拜都接踵而来，让全部民众和统治者都俯首膜拜木头和石头，那么英格兰、苏格兰、法国、德国和美国将被陷入比1500年前更深的黑暗之中。而这些如今深受上帝眷顾的国度是如何被带入现在的光明与高尚之中的？现在他们通过怎样的手段以惊人的速度驱使他们进步？这无疑是由诸多因素决定的，但文字已铸造了强大的媒介，使科学和神圣的真理在这些国度闪耀，这种手段也必须在中国实行。由此看来，了解汉语已变得非常重要，围绕汉语已经形成了任何笔触都难以描述的兴趣。

文本、文化与历史
——试论陆威仪古代中国研究的主线

董铁柱
（北京师范大学—香港浸会大学联合国际学院中国语言文化中心）

摘　要：陆威仪的研究专注于发掘古代中国的文化特性与社会生活之间的关系。受到当代历史观念的影响，陆威仪不再把政治视为历史中占据主导地位的元素，社会生活成为其所述历史的主要内容；同时，剖析一个时代生活的关键在于文化，而文本则是记载文化的载体。因此，其研究的主旨在于从文本中寻找中国文化的特性以诠释中国历史。陆威仪研究的独特之处在于能从西方文化理论出发，发掘新颖的视角来剖析中国文化的核心——人与人之间的关系。其对于古代中国暴力、空间、荣辱、写作与文本等方面的研究都体现了其研究中一以贯之的主线：文本、文化与历史三者的紧密结合。

关键词：陆威仪；古代中国；汉学；历史

随着"哈佛中国史"中文版的面世，近年来美国汉学家陆威仪（Mark Edward Lewis）的中国史研究受到越来越多国内学者的重视。"哈佛中国史"系列一共六本，而陆威仪一人就占据了半壁江山，其撰写的三本断代史分别是秦汉史、三国两晋南北朝史与隋唐史。在其中陆威仪展现出独特的问题视角，对史料的运用也特色鲜明[①]。事实上，几十年来陆威仪对中国历史——尤其是思想和文化史——的研究已然形成自己的风格，不但在海外汉学界具有重要的影响，也颇有值得国内学者借鉴之处。遗憾的是，陆威仪的其他著作尚未有中译本，国内对其研究也并不充分。因此，对其研究作整体的介绍与分析颇为必要。

陆威仪在"哈佛中国史"第二部《分裂的帝国：南北朝》中的序言是了解其研究的绝佳起点，他说：对中国历史的叙述倾向于关注统一的时代与军事力量……现代中国学者把这一时期称为魏晋南北朝。西方学者则建议使用别的名称，例

① 葛兆光：《推荐序》，载陆威仪：《早期中华帝国：秦与汉》，王兴亮译，中信出版社，2016，第6页。

如分裂的时代或是中古早期——但前者默认统一在单一政权下的中国是常态，可事实并非如此；而后者则把西方的时间表加于中国历史之上。[①]

这段话恰如其分地体现了陆威仪中国史研究的基本态度和方法。首先，他对历史研究的对象有着自己的认识：如果说传统历史研究的首要关注点在于政权，那么他的关注点则更为广泛，历史对他来说是城市和农村的生活，是家庭内部的关系，是宗教、思想、文学与艺术。这并不是说之前的断代史没有涉及这些内容，而是说在陆威仪眼中这些内容与政权更迭有着同等甚至更为重要的位置。其次，他暗示自己不仅与中国学者的研究视角不同，也摆脱了传统西方对中国历史的研究视角：中国的"统一"并不在于疆域，而在于文化。因此，当他否认在中国历史上政权统一是常态时，却承认中国的存在——一种基于文化认同的存在。最后，他明确反对用西方的术语来套用中国历史，medieval 一词带有强烈的宗教色彩，而中国古代社会的发展并没有像西方社会那样受到了基督教文化的巨大影响，因此要研究中国历史，必须从中国文化的主要载体——文本——出发，来寻找特有的研究视角与规律。

上述三点事实上形成了陆威仪研究框架的主线：文本、文化与历史——文本记载着文化，而文化是历史的主体，包含了社会生活的方方面面。本文将围绕着这一条主线对陆威仪的中国史研究展开论述，并考察其核心观点和研究方法，进而讨论陆威仪的研究对我们的借鉴意义。

一、历史是什么：历史即生活

在"哈佛中国史"系列的三册断代史《早期中华帝国：秦与汉》、《分裂的帝国：南北朝》与《世界性的帝国：唐朝》中，陆威仪向我们展示了他对于历史的整体认识。换言之，当我们在讲述一个时代的历史时，我们应该讲的是哪些内容，应该怎么讲这些内容。

作为开卷之作，《早期中华帝国：秦与汉》可谓奠定了基调。全书共十章，分别是："帝国版图""一个备战中的国家""矛盾重重的帝国""帝国的城市""农村社会""外部世界""宗族""宗教""文学""法律"。从内容上看，政治占据了很小的比例，生活本身成为了历史的主体。从形式来讲，陆威仪摒弃了传统从秦、西汉到东汉的"时间"纵向主线，代之以贯穿生活各方面的横向主线。用陆威仪自己的话来说，秦汉时代主要有五个特征：

① 在帝国秩序之下式微、但并未被完全抹除的地域文化之分野；② 以皇帝个人为中心的政治结构之强化；③ 建立在表意文字基础之上的文化教育，以及

---

① Mark Edward Lewis, *China Between Empires: The Northern and Southern Dynasties* (Cambridge: The Belknap Press, 2009), p. 1.

由国家操控的、巩固帝国存在的文学经典；④ 帝国内部的去军事化，和对国家边境的边缘族群所开展的军事活动；⑤ 农村地区富裕的豪强大族的兴旺。[①]

不可否认的是，这五个特征与政治皆有着千丝万缕的联系，但与统治者直接相关的只有②与④。无论是地域文化、文学创作还是农村豪族，都在相当程度上具有自主性。或者说，尽管它们是帝国精神的反映[②]，但是它们的发展变化也有着自身的动力和规律。

以法律为例，陆威仪认为：在古代中国，法律是一个多边的词汇，与生活的很多方面联系在一起。[③] 在他的描述中，法律源于宗教，首先是在家族之中用于确保长辈的权威，然后才被政权借用以管理社会，因此法律并非仅仅是理性的行政管理的工具或野蛮的实用政治需要，而是深深根植于这个社会所赖以生存的宗教信仰和礼仪制度[④]。易言之，陆威仪认为文化——而不是政治——方是产生法律的土壤。在这种观念下，政治在其描述的历史中所扮演的角色地位无疑有所下降。陆威仪只用了很小的篇幅概述了从秦朝到西汉，再到东汉的朝代更迭过程，而用更多的笔触来阐述生活的其他方面。相反，翦伯赞、吕思勉与林剑鸣等中国史学巨擘各自所著的《秦汉史》均以时间为主线，以政治层面的发展变化为主要内容[⑤]。

陆威仪对南北朝和唐朝的描述也与此类似。在《分裂的帝国：南北朝》中，甚至只有一章"军事统治"的内容直接涉及政权，门阀、城市和农村的生活、外部世界、家族、佛教、道教和书写则占据了主要的篇幅；在《世界性的帝国：唐朝》中，其阐述格局也大同小异[⑥]。或许，陆威仪通过这样的结构想告诉读者的不仅是历史的内容，更是历史发展的动力。在他的架构中，城市、农村、宗教和家庭中的每一个人都在推动着历史的发展，都是当时历史的一部分。就南北朝来说，最具特色的是名士阶层的兴起。陆威仪认为汉代的豪门是基于财富和政治权力来区分，相反，南北朝的精英则通过他们所追求的文化和文学活动而得以区分[⑦]。与此同时，名士们在通过文学创作、书法、清谈等方式为人所知的同时，也以此跻身于统治阶层。在这一过程中，政治并非唯一的、主导的推动力量，"生活"本身占

① 陆威仪：《早期中华帝国：秦与汉》，王兴亮译，中信出版社，2016，第 2-3 页。

② 陆威仪：《早期中华帝国：秦与汉》，王兴亮译，中信出版社，2016，第 209 页。

③ 陆威仪：《早期中华帝国：秦与汉》，王兴亮译，中信出版社，2016，第 227 页。

④ 陆威仪：《早期中华帝国：秦与汉》，王兴亮译，中信出版社，2016，第 227 页。

⑤ 参见翦伯赞：《秦汉史》，上海人民出版社，2019；吕思勉：《秦汉史》，江苏人民出版社，2020；林剑鸣：《秦汉史》，上海人民出版社，2019。

⑥ 陆威仪：《世界性的帝国：唐朝》，张晓东、冯世明译，中信出版社，2016。

⑦ Mark Edward Lewis, *China Between Empires: The Northern and Southern Dynasties* (Cambridge: The Belknap Press, 2009), p. 3.

据着主导的地位。与之形成鲜明对比的，是吕思勉的《两晋南北朝史》——从晋初形势、西晋乱亡一直到周齐兴亡，每一章都讲的是政权的更迭和发展①。

需要指出的是，把历史理解成生活并非陆威仪的创造。事实上20世纪后半叶以来，这种观念就颇具影响力。其代表人物之一是欧洲著名马克思主义思想家阿格妮丝·赫勒(Agnes Heller)。在《历史理论》(*A Theory of History*)中，赫勒反复强调了"意识"(consciousness)一词，这一概念可以帮助我们理解陆威仪所阐述的历史的内容②。赫勒所说的意识有两层含义：第一是身处某个时代的人对这一时代的观念；第二是当我们去看那个时代的历史时所拥有的观念。她强调，当我们去了解并阐述一段历史时，得到的是对当时历史整体的意识和观念，但这些意识是通过对个体的了解而产生的。在这样的历史观中，"人"(human being)不再等同于一个特定国家的公民……而是意味着每一个人，也就是人性本身③，研究历史的要点也就在于思考什么样的生活可以更好地使人性得到发展，特定时代的生活又在何等程度上满足了人性。"哈佛中国史"中陆威仪所采用的历史架构正是体现了赫勒的观点。在"哈佛中国史"系列的三本断代史中，其所讲述的历史是某特定时期中国人的生活，而这样的生活是从个体的"人"中得以展现的，从而"人"替代政治成为历史的主角。卜正民(Timothy Brook)在"哈佛中国史"的《中文版总序》中说："我请他们(作者们)仔细考虑在他们所写的那个时代生活到底意味着什么，并从这个角度来进行写作。"④这表明对这些汉学家而言，历史即生活已是他们的共识。

在这种共识的指引下，即使在对南北朝历史中政治方面的描述中，陆威仪也另辟蹊径地通过着重描写桓温这个"人"来阐明东晋军事与政治之间的关系。毫无疑问，传统历史学家在讲述东晋历史时也会提及桓温，但陆威仪着重讲述了桓温，而王导、谢安这些人物则简略带过。这样的选择凸显了陆威仪对"人"的分析，他浓墨重彩所强调的是桓温的"性格"：一方面好战而爱逞英雄，另一方面则对学术与文化充满了热爱⑤。因此，桓温一方面积极北伐，另一方面又推行去军事化的政策。行文至此，读者已经从桓温身上看到了东晋的结局。

在讲述唐朝的都市生活时，他甚至详细介绍了长安的花街柳巷。这绝不是为了迎合低俗的喜好，而是陆威仪认为这里是当时年轻人成为朋友、发展社交的

---

① 吕思勉：《两晋南北朝史》，江苏人民出版社，2020。

② Agnes Heller, *A Theory of History* (London: Routledge and Kegan Paul, 1982).

③ Agnes Heller, *A Theory of History* (London: Routledge and Kegan Paul, 1982), p. 16.

④ 卜正民：《中文版总序》，载陆威仪：《早期中华帝国：秦与汉》，王兴亮译，中信出版社，2016，第16页。

⑤ Mark Edward Lewis, *China Between Empires: The Northern and Southern Dynasties* (Cambridge: The Belkap Press, 2009), p. 67.

绝佳场所。风月场所的聚集不仅是科举考试的第一步[①],还是包括诗歌和小说在内的唐代文学的主要话题之一。陆威仪采用孙棨的《北里志》作为史料,指出很多容貌欠佳的妓女可以通过自己的谈吐和诗赋获得他人的青睐,并认为妓女和诗人官员之间的联系是整个晚唐社交的特征之一[②]。私人生活就这样与社会、政治、文学和艺术产生了关联。

事实上,由荣新江等国内十位知名学者合著的《唐:中国历史的黄金时代》也从十个文化层面来讲述唐代的历史[③],这表明国内的学者也开始重视历史中非政治性的因素。然而,这部关于唐代的历史是由十位学者共同完成的,各个部分的描述虽然深入,却缺乏陆威仪一以贯之的主线和独有的视角。尽管历史即生活是不少汉学家的共识,但是陆威仪研究的独特之处,在于能寻找到新颖的视角,从社会生活的某一方面入手来诠释当时的历史。

二、中国文化的特性:人与人的关系

陆威仪剖析中国文化的视角颇为独特,不但与传统的中国学者存在着差异,而且和其前辈的西方汉学家相比也有着显著的不同。如前所述,陆威仪首先认为历史的主体是一个时代人们的生活,而人们的生活凝聚成文化。因此,陆威仪的历史叙述一直试图寻找中国文化的特性,并以此出发来建构中国文化与中国社会的关系。他所选择的视角看似并无直接关联,却都紧扣一个主题:古代中国人与人之间的关系。

他第一本关于中国的专著是出版于1990年的《古代中国所许可的暴力》(*Sanctioned Violence in Early China*)[④],在其中他选取了"暴力"这一角度来诠释先秦中国的发展。西方汉学家在解读中国历史之时,不可避免地受到西方社会学和历史学理论的影响。现代西方学者在分析战国到秦汉的发展时,主要有两派:一派是西方马克思主义,认为这是一个从奴隶社会到封建社会的过渡;另一派则是源于韦伯,主张这一时期是共有关系(communal relations)到联想关系(associative relations)的转型,是从传统权威向理性法制的转型。这两派的主张虽然各异,但是都强调了经济是历史发展的决定性因素。

陆威仪并没有尝试否定经济的地位,但他认为经济因素是普遍性的,而古代中国发展的特性则要从中国文化中来寻找。陆威仪把"暴力"作为了切入点,以

① 陆威仪:《世界性的帝国:唐朝》,张晓东、冯世明译,中信出版社,2016,第91页。

② 陆威仪:《世界性的帝国:唐朝》,张晓东、冯世明译,中信出版社,2016,第93页。

③ 荣新江、辛德勇、孟宪实等:《唐:中国历史的黄金时代》,生活·读书·新知三联书店,2021。

④ Mark Edward Lewis, *Sanctioned Violence in Early China* (Albany: State University of New York Press, 1990).

此来重新思考战国社会和政治的转型。他所说的暴力，是当时社会所许可的暴力——包括战争、打猎、祭祀、惩罚和复仇等多种形式。在陆威仪看来，一个社会鼓吹使用哪些暴力形式，授权谁使用这些暴力，这既体现了社会组织层面的权威，也表现了统治阶层的权威。或者可以认为，从战国到秦汉的政治转型，是基于如何使用暴力的观念的转变。而人与人之间的关系则随着暴力观念的转变而发生了变化。

陆威仪指出：在春秋时期，政治权威来自对祖先神灵和各地神祇的崇拜过程中。[①] 统治者和百姓的区分来自前者在祭坛的权力，而这些权力与祭祀、战争和狩猎密切相关，因此，贵族首先是一位武士和祀者，他攫取别人的生命，以奉养神祇，从而从神祇那里获得权力[②]。为了确保自己的权力，就必须依靠战争，从而战争也就成为从春秋、战国到秦汉的最基本发展动力。最主要的转变，则是从春秋时的盟约变成了最后帝王的个人绝对统治。陆威仪认为，“约”标志着统治者愿意和他人相对平等地分享使用暴力的权力，而这种依附于礼仪的暴力最终在战国时期式微[③]。如果说春秋时城市是政治社会的基本单位，那么战国时诸侯国已经取而代之。相应地，拥有被许可的暴力权力的人逐渐减少，权力也就随之而逐渐集中。到战国末期，暴力的目的不再是为了向祖先祭祀，并为家族获得荣耀，而更多的是用于区分社会等级——使用暴力的权力大小决定了社会等级的高低，反之亦然。在陆威仪看来，战国社会发展转型的核心在于使用暴力的权力集中化，从而产生了不可置疑的个人权威——皇帝。换言之，古代中国的祖先崇拜文化中天然地蕴含着对暴力的许可，而这一观念的发展最终导致了帝制的诞生。由此可见，先秦的政治结构依赖于操纵来自神灵世界的力量，以及如何制造并展示这种力量。

用中国文化中的“暴力”观来阐述从春秋到战国的发展过程会引发一个问题：古希腊和古罗马的历史也不断地伴随着暴力，那么古代中国的独特之处究竟如何？事实上，陆威仪对暴力的诠释绝不局限于暴力本身，“被许可的”一词准确地定义了暴力的文化内涵：陆威仪所谈的暴力是被礼仪许可的，礼仪则来自祖先的崇拜，而对祖先的崇拜是中国文化的主要特征之一。在《战国的礼仪之源》(*The Ritual Origins of the Warring States*)一文中，陆威仪明确指出现代西方

---

① Mark Edward Lewis, *Sanctioned Violence in Early China* (Albany: State University of New York Press, 1990), p. 17.

② Mark Edward Lewis, *Sanctioned Violence in Early China* (Albany: State University of New York Press, 1990), p. 17.

③ Mark Edward Lewis, *Sanctioned Violence in Early China* (Albany: State University of New York Press, 1990), p. 71.

学者在研究战国历史时，主要探讨的是法律制度、军事措施、行政机构等现代制度性元素的发展，而他则认为这一时期最主要的制度下发展事实上来自——或依赖于——对周代社会所采用的礼制[①]。为了更好地理解战国时的礼仪，陆威仪把它限定为一种程式化的交流性行为，它可以使参与者通过某种方式与超越人类的力量相连，在周朝时的中国，这可以包括宗教仪式与朝廷的礼仪[②]。在他看来，战国时期诸侯们的各种改革，都是对周代礼制的继承和发展。如果把这一观点和"暴力"联系在一起，那么"暴力"与礼仪的关系就一览无余了。的确，单纯就暴力来说，古希腊也充斥着战争和暴力，西方学者对此也多有论述[③]，只有将暴力和礼仪合二为一后，陆威仪的研究方才凸显了中国文化的特性——对人与人之间关系的重视。或者可以说，暴力是他的切入点，而礼仪才是他的落脚点。

陆威仪发掘中国文化特性的第二个突破点是"空间"。2006 年，陆威仪出版了专著《古代中国的空间构建》（*The Construction of Space in Early China*）[④]，从微观到宏观，探讨了中国对个人、家庭、城市、国家至天下、宇宙的观念。陆威仪的论述首先是从西方的视角出发的，在借鉴了诸如亨利·列斐伏尔（Henri Lefebvre）等西方思想家的空间理论的基础上，陆威仪还考察了从牛顿到康德的思想中对空间的论述。但是，这并非是要用西方的理论来诠释中国文化，而是为凸显中国文化的特性作了铺垫。陆威仪指出：无论是讨论宇宙论、社会或政治，他们（中国人）预设在有一个最初未曾分裂的整体，在人世中谓之混沌。万物通过各种顺序分裂和重新组合，从这个浑元的最初状态涌现。[⑤] 他认为这种万物从混沌中来，又要经过努力回到混沌中去的观念是中国空间观的特性所在，而这种观念绝不停留在形而上的层面，个人、家庭、城市、地区、国家和天下，都是这种观念的产物；都要通过人们的努力，回到混沌的无差别的状态之中[⑥]。

---

① Mark Edward Lewis, "The Ritual Origins of the Warring States," in *Bulletin de l'Extrême-Orient*, Tome 84(1997), pp. 73-98.

② Mark Edward Lewis, "The Ritual Origins of the Warring States," in *Bulletin de l'Extrême-Orient*(1997).

③ David Cohen, *Law, Violence, and Community in Classical Athens* (Cambridge: Cambridge University Press, 1995).

④ Mark Edward Lewis, *The Construction of Space in Early China* (Albany: State University of New York Press, 2006).

⑤ Mark Edward Lewis, *The Construction of Space in Early China* (Albany: State University of New York Press, 2006), p. 307.

⑥ Mark Edward Lewis, *The Construction of Space in Early China* (Albany: State University of New York Press, 2006), p. 307.

因此，当陆威仪在剖析中国文化观念的特殊性时，并没有脱离具体的生活。分裂是不断发生的，每一层面都具有自我分裂的必然性。从宏观来说，这种空间观念使得分裂与统一成为国家层面的主题；而从微观来说，即使是人体内部也有骨肉之分，但是它们又联合在一起组成了整体。这种空间观念与中国的“阴阳”观、“和而不同”以及“一生二”等观念紧密相关。可以看到，陆威仪对分裂与统一的诠释颇具辩证性。

陆威仪进一步指出，个体/整体这一主题也影响了中国的建筑，并由此构建了古代中国人与人之间的关系。在他看来，中国人利用空间和界限表达了对公共/私人、父系/母系、男/女之间相互关系的看法。陆威仪着重指出在家庭内外的“分裂”中，看似处于较低地位的女性实则在家庭内部掌握着重要的权力，而女性“内在”的权力在中国社会的各个层面都存在，但是在国家层面女性权力过大则会被视为不祥①。值得注意的是，陆威仪对中国女性的地位有着自己独特的见解。在《中国古代的母子》(*Mothers and Sons in Early Imperial China*)一文中②，陆威仪也强调母亲在家庭内部的权力。他认为家庭是一个情感共同体(emotional community)，在其中人们的关系和等级在相当程度上是由情感纽带决定的，而母亲在其中起到了举足轻重的作用。

由此引出了陆威仪古代空间观念的第二个要点。不断分裂的个体为何不会彻底分离呢？陆威仪认为这是古代中国空间观念的另一个特色：对空间内“中心”的寻找和渴求。为了避免彻底的分裂，每一层面的社会组织都需要一个中心，并以此为基础将分裂的个体有机地联系在一起。母亲正是家庭内部的中心，而君王则是天下的中心。这很好地解释了古代中国的政治体制与家族制度。就这样古代中国的空间观念支配着各个层面的生活。

从被许可的暴力到空间，两个看似并无直接关联的话题其实都指向了中国文化的一个核心问题：人与人之间的关系。无论是人与人之间如何分配暴力的权力，还是空间中个体与群体的相处，都体现了对人与人之间关系的思考。这也是陆威仪所真正关注的要点。值得注意的是，如果说对“暴力”的考察还停留在较为传统的历史层面，那么对空间的探讨则已经进入到思想史的范畴。

标志着陆威仪在思想史上最新成果的是其于2020年出版的专著《古代中国

---

① Mark Edward Lewis, *The Construction of Space in Early China* (Albany: State University of New York Press, 2006), p. 113.

② Mark Edward Lewis, "Mothers and Sons in Early Imperial China," in *Extrême-Orien Extrême-Occident* (Hors-serie, 2012), pp. 245-276.

的荣与辱》(*Honor and Shame in Early China*)①。在书中,他第一次从看似中国人喜闻乐见的视角来探讨中国文化与社会。但值得注意的是,荣辱同样是人与人关系的体现。陆威仪在"导论"中明确告诉我们:通常一个人的荣誉被理解成自我和群体对其价值的肯定②,因此他通过考察荣辱观的变化,探讨了战国时期对新的社会角色与关系的阐述③。

举例来说,未出仕的群体对荣辱观的影响甚至超过了官方。学者、隐士、勇士、作家和地方豪强虽然都不属于正式的统治阶层,但是他们所扮演的角色与他们所推崇的语言,为非官方的公共领域打下了基调,而这一领域和朝廷之间保持了持久的张力④。既然这些人对荣辱的阐述可以对当时的社会造成重要的影响,那么在将他们的荣辱观与官方的意识形态作比较后,就可以发现统治者、非官方精英与民众之间的关系,也可以更好地理解不同群体的行为——人与人的关系这一主题再次得到了凸显。陆威仪指出:对那些非官方的人士来说,荣誉是刺激他们为公共利益付出的重要因素。⑤ 反之,耻辱感则是扼制人们恶行的工具。对官方的人士而言,官员的荣辱和统治者的荣辱是相互依赖的整体;而对于像司马迁这样的史官来说,历史人物的荣辱都取决于他自己的判断,他自己的荣辱则来自于他的文字⑥。

可以看到,陆威仪通过荣辱观所试图找寻的,依然是文化观念和整个社会之间的关系:文化观念如何引导人们的社会生活,人们又如何通过社会生活发展相应的文化观念。古代中国荣辱观的特色,在于从春秋到秦汉,基于武力的荣辱观逐渐淡化,战争的胜利不再是主要的荣耀或耻辱的来源。学者、诗人、哲人都可以通过著述、写作、清谈来获得属于自己的荣誉。对他们来说,拒绝入世成为最高的荣誉象征,使他们相信自己是最高贵的人⑦。至此我们可以发现,关于荣辱

① Mark Edward Lewis, *Honor and Shame in Early China* (Cambridge: Cambridge University Press, 2020).

② Mark Edward Lewis, *Honor and Shame in Early China* (Cambridge: Cambridge University Press, 2020), p. vi.

③ Mark Edward Lewis, *Honor and Shame in Early China* (Cambridge: Cambridge University Press, 2020), p. vi.

④ Mark Edward Lewis, *Honor and Shame in Early China* (Cambridge: Cambridge University Press, 2020), p. 218.

⑤ Mark Edward Lewis, *Honor and Shame in Early China* (Cambridge: Cambridge University Press, 2020).

⑥ Mark Edward Lewis, *Honor and Shame in Early China* (Cambridge: Cambridge University Press, 2020), p. 123.

⑦ Mark Edward Lewis, *Honor and Shame in Early China* (Cambridge: Cambridge University Press, 2020), p. 220.

的探讨在很大程度上是对“暴力”话题的回应。随着古代中国发展到中古中国，在决定社会生活的因素中，暴力的地位在不断下降，而非官方的文人们的地位则在持续上升。如果说统治者可以通过所许可的暴力来控制文人，那么文人可以通过对荣辱话语权的控制来约束统治者，于是官方和非官方人士之间的关系就构成了双向的制约——人与人的关系就不断地随着荣辱话语权的变化而变化。而文人之所以开始具有这样的力量，是因为在陆威仪看来，在中国文化中“书写”（writing）和文本拥有了越来越高的地位。

三、书写的力量

如前所述，陆威仪的中国史研究有三个要素：历史、文化和文本。三者中文本是基础，一切的解读都基于文本。或者可以说，我们所能构建和描述的历史，都源于前人所创作的文本。他们所记录的内容为我们提供了了解历史的可能性。因此，在后现代主义的史学家看来，我们是无法探求所谓历史真相的，文本决定了后人的想象和解读空间，决定了我们所能看到的历史。在其研究中，对文本力量的强调主要体现在两个方面：

第一是对历史人物的评判。以《秦汉史》为例，陆威仪从不确然描述秦始皇是一个什么样的人。在描述和评论之前，他都严谨地指出：最早的历史文献把秦的征伐、统一描述成秦始皇的一种个人野心，贾谊描述了秦始皇“振长策而御宇内”[①]，或是早期的诗歌视秦始皇为自大狂，而后来的诗歌则视其为一个“王中之王”[②]。陆威仪对史料的态度颇有孔子“述而不作”之风：首先，我们可以把这种态度视为对文本本身的尊重，陆威仪让读者知道前人通过文本所传达的态度，让大家明白具体观点的出处；其次，通过引用介绍不同文本中秦始皇的形象，他把判断的权力留给了读者；最后，他并非没有自己的态度，当他用多种文献来展示秦始皇形象的多样性时，无疑在暗示读者秦始皇的残暴只是其中的一种说法，我们不应当毫无保留地相信这一种描述。

第二是他将文本的书写视为影响或推动某一时代历史发展的重要动力。在《南北朝》的第一章中，陆威仪就讲述了曹植写“七步诗”的著名故事，但是他并非要揭示曹氏兄弟内斗的凶残或是曹植的才华——他甚至直言这个故事和这首诗歌都是杜撰的。他认为像这样的故事之所以成为经典，是因为它用夸张的方式戏剧性地展现了当时的真相[③]，而所谓的真相则是在魏晋写诗具有了极强的社

① 陆威仪：《早期中华帝国：秦与汉》，王兴亮译，中信出版社，2016，第 73 页。

② 陆威仪：《早期中华帝国：秦与汉》，王兴亮译，中信出版社，2016，第 74 页。

③ Mark Edward Lewis, *China Between Empires: The Northern and Southern Dynasties* (Cambridge: The Belknap Press, 2009), p. 20.

会性，甚至可以决定人的生死。可以看到，陆威仪在意的并非诗歌本身，而是诗歌在社会生活中所具有的影响。在他看来，这一时期的诗歌主要用于表达个人感情，它的流行使社会中人与人之间的交往更为密切，从而推动了新的士人阶层的形成。同样，他以唐太宗诗句"秦川雄帝宅，函谷壮皇居"为例，指出：唐代诗人在其作品中反复将唐朝的首都比作秦汉国都，这显示了把唐朝视为重生的统一帝国的愿望[①]。换言之，唐代诗人的创作在意识形态层面具有强大的力量，让经历了长期分裂的中国能够重新相信统一所带来的荣耀。因此，写作的方式和内容不再是政治或经济发展的产物，相反，它本身就具有促使后者发展的能力。

陆威仪对文本与书写的探讨集中体现在其《古代中国的写作与权威》(*Writing and Authority in Early China*)一书中[②]。在书中，他对古代中国各种形式的写作所产生的影响作了别开生面的阐发。其主要论断在于古代中国的写作控制着人与人之间的交流和关系，今举其所阐述的先秦时期的四个方面为例，以展现陆威仪如何揭示写作和文本在古代中国所具有的力量：

第一，书写国家。陆威仪指出，中国最早的写作无论是形式和内容都与宗教和礼仪有关——与此相对应的是西亚和地中海地区的早期写作与经济关系更为密切。因此在国家层面，写作的功能是为了加强政权的权威性。尽管当时的统治者们并非文本的作者，却是文本背后的真正权威。即使他们拥有使用暴力的权力，可依然需要通过文本来巩固和捍卫这种权力，让民众意识到国家的重要性。这一类型的书写关键在于突出百姓的地位，从而反过来可以使政权更为稳固。陆威仪认为从宗教性的写作转变成政治性写作的最重要调整在于写作的内容具有了新的元素，延伸到了民众。在新的诸侯国的行政性文献中，对周代贵族的书写减少了，关于百姓的书写增加了[③]。当文献中统治者的形象弱化时，写作才真正地具有了社会意义，可以让更多的百姓自发地维护君王的权威。

第二，书写诸子。陆威仪认为诸子百家是分裂的、相对独立的社会团体，而他们的写作则是为了结束纷乱重回统一[④]。吊诡的是，他们的写作是为了回到和谐统一，可是却具有颠覆性，因为他们试图改变分裂的现有局面。和以往研究不同，陆威仪认为诸子写作的目的绝不是为了做官，而是在和统治者保持区别的

---

① 陆威仪：《世界性的帝国：唐朝》，张晓东、冯世明译，中信出版社，2016，第75页。

② Mark Edward Lewis, *Writing and Authority in Early China* (Albany: State University of New York Press, 1999).

③ Mark Edward Lewis, *Writing and Authority in Early China* (Albany: State University of New York Press, 1999), p. 13.

④ Mark Edward Lewis, *Writing and Authority in Early China* (Albany: State University of New York Press, 1999), p. 72.

前提下，提出治国平天下的建议。但他们也从来不会亲自撰写或编辑文本。因此，诸子在一定程度上总是文本的产物[①]。也就是说，我们所看到的诸子的形象和思想本身也依赖于并非他们亲自创作或编辑的文本，那么严格来说，并非诸子创作了文本，而是文本创造了诸子。陆威仪认为：这使得在后世的传播中诸子成为全然虚构性的人物。[②] 在这一过程中，作为诸子代表的孔子成为文本意义中的“王”，而关于诸子的文本则成了另一个独立的王国。

第三，书写历史。古代中国在对历史的描述中创造了理想化的过去，塑造了周文王、周公等身兼圣人与统治者双重身份的榜样。这为批评当下的政治提供了理论依据，也为学术独立提供了基础。在陆威仪看来，古代中国历史书写的代表是《春秋》，它通过对礼的强调，把古代社会与当前社会连接在一起，从而在褒贬历史人物的过程中为当下树立道德规则，因而在后人看来，《春秋》本身就成了“王”。

第四，书写自己。如果说书写过去是为了在历史中寻找评论他人的依据，那么书写自己则是为了给作者本身寻找不朽的可能性。对此，陆威仪主要以《诗经》为依据展开讨论。他认为应该对《诗经》作寓言性的解读：在描述了忠贞的消解和王朝的崩溃后，这些诗歌为忠作了背书，礼制已从现实生活中消失，忠却保存了相关的记忆……[③]诗歌与忠的结合在屈原身上得到了最完美的体现，忠臣和诗人的双重身份使屈原成为战国晚期或西汉早期“作者”观念产生过程中的里程碑[④]，屈原正式标志着“诗人”的诞生。从此，人们可以选择成为诗人，通过写作来实现自己的不朽。当然，陆威仪对屈原本人存在的真实性也存有胡适似的置疑。对他来说，“创造屈原”的过程比屈原究竟是否存在更能说明文本和写作的力量。

陆威仪把古代中国视为一个“写作的帝国”：写作在从春秋战国到秦汉统一的过程中扮演了重要的角色，是帝国最终形成的原动力之一，并且在帝国形成之后依然发挥着独特的作用。司马迁、司马相如、刘向父子等作者继续通过写作形成力量，影响两汉生活的方方面面。古代中国的文人通过写作，可以改变自己与

---

① Mark Edward Lewis, *Writing and Authority in Early China* (Albany: State University of New York Press, 1999), p. 95.

② Mark Edward Lewis, *Writing and Authority in Early China* (Albany: State University of New York Press, 1999).

③ Mark Edward Lewis, *Writing and Authority in Early China* (Albany: State University of New York Press, 1999), p. 176.

④ Mark Edward Lewis, *Writing and Authority in Early China* (Albany: State University of New York Press, 1999), p. 186.

自己、自己与他人甚至自己与世界的关系，这大约也是陆威仪如此重视书写与文本的原因所在。如前所述，在陆威仪看来，历史意味着生活的各个方面，生活的各个方面结晶为文化，而文化的主要载体之一就是前人通过写作而流传至今的文本。因此，“写作的帝国”之名既是陆威仪方法论和历史观的体现，也是他对古代中国文化的定性。

四、余论

综上所述，我们可以看到“哈佛中国史”体现了陆威仪历史即生活的历史观；在这观念的指引下，陆威仪把人与人之间的关系视为古代中国的研究重点；而“书写”则赋予了处于统治阶层之外的普通人改变人际关系的力量；古代中国的历史也就随着书写形式和内容的变化而不断地发展。

值得注意的是，陆威仪的研究紧扣四个字——“古代中国”(early China)，主要指的是从春秋战国到秦汉这一历史时期的中国。这意味着从最早的“暴力”到最近的“荣辱”，其研究的切入点虽然不同，但其所解剖的文献却基本一致。必须指出的是，陆威仪和不少汉学家一样采用了最新的出土文献，不过最核心的原始文献还是以《左传》《诗经》《论语》等传统上的古文献为主。他在寻找切入点时，通常不是切入某一部文献，而是试图找出一个切入点以贯穿所有文献。这意味着他相信所有古代中国的文本有着共同关注的问题，而这样的问题不止一个。这些问题构成了中国文化的特性，是解读中国历史的钥匙所在。如果说把中国历史当作一团“浑沌”，那么这些问题可以被视为分裂后的各个组成部分，而把这些问题有机地组合在一起后，也许就可以重新回到统一，发现中国文化的整体特征。从这个意义来说，陆威仪的研究本身就应和了古代中国的空间观。因此，其研究就整体而言是在求同——发现文献之间的相通之处。

那么，如何在这些文献中找到求同的切入点呢？事实上，无论是暴力、空间还是荣辱，陆威仪都是从西方哲学、历史学和社会学的理论与视角出发，再从古代中国的文献中找寻答案的。但是在把西方理论用于中国历史研究时，陆威仪怀着明确的“求异”之心。他并不认为西方理论能原封不动地适用于中国研究；相反，中国文化在他看来有着独特性。无论是礼、暴力、写作还是其他文化元素，陆威仪都强调中国与西方的不同。

有学者批评以陆威仪为代表的西方学者在“哈佛中国史”中滥用西方的概念，例如“帝国”——他认为帝国带有殖民扩张的贬义色彩，因此汉学家用帝国一词指代从秦汉到清代的中国是不妥的①。事实上，陆威仪非常清晰地定义了中

① 魏孝稷：《汉学主义范式的空间结构——以〈哈佛中国史〉为中心的考察》，《全球史评论》2017 年第 13 辑，第 183-198 页、第 304 页。

华帝国的内涵：疆土辽阔、族群多元；皇帝的出现；统一表意文字的使用；农村与城市人口的非军事化；豪强大族的出现。他明确指出这种帝国的形式是中国独有的，这意味着帝国二字在他看来绝没有后世殖民的含义。因此，他在用西方的相关术语描述中国时，绝非生搬硬套。可以说，在（中西）求异的基础上求（中国文化之）同正是他一以贯之的研究方法，也是值得我们借鉴之处。

纪念德国汉学家君特·德博[①]

[德]罗德里希·普塔克 著 刘 璐 杜卫华 译

2005年12月1日,在海德堡附近的内卡尔格明德,德博于他的长期居所中逝世。他是德国汉学界最重要的代表人物之一,对汉学在二战后的发展作出多方面的贡献。他的离世对于汉学学科是一个令人痛心的损失,对于那些几十年来跟他学习过知识和领略过他智慧的人而言亦是如此。

德博出生于慕尼黑,也在那里上大学。除了汉学,他对日语和满洲语兴致盎然。对远东抱有热情,这在当时并不是顺理成章的事情,他对自己的选择作出了这样的解释,在英国当战俘时他便开始了解和掌握汉学。另外,他很可能在英国结识了亚瑟·威利(Arthur Waley,1888—1966)和沃纳·斯伯瑟(Werner Speiser,1908—1965)。后来的同事鲍吾刚(Wolfgang Bauer,1930—1997),在一篇短文中记录了这一点,鲍吾刚当时也是慕尼黑的一名学生。

鲍吾刚还回忆了与德博的第一次见面:有一点客套,同时伴有一种特殊形式的幽默,令他印象深刻。认识德博多年的人都懂得欣赏这些品质。这些品质长久不变、不可动摇地存在着,几乎就像他的生命支柱。与之相映生辉的还有他的宽宏大度、善良和可靠。他并不是那种激昂热情的人。

1953年,德博以司马迁的《史记》为主题撰写了博士论文,完成这一论文需要语文学检索和资料来源检索的技能,这两点他从埃尼希·海尼士(Erich Haenisch,1880—1966)那里都学到了。接下来的几年,他在科隆进行科研和教

---

① 译者按:本文出处为 Roderich Ptak,"Günther Debon (1921-2005)" *Zeitschrift der Deutschen Morgenländischen Gesellschaft*,1(2007),pp. 7-12。作者罗德里希·普塔克(Roderich Ptak)是德国慕尼黑大学汉学教授,是著名的中西交通史专家,著有《中国、葡萄牙与南洋:海洋与商路,宗教与贸易》等书,发表各类文章近300篇,书评200余篇。本文是发表于2007年《德国东方学会学报》杂志的文章,纪念2005年去世的德国海德堡大学汉学教授德博(Günther Debon,1921—2005)。德博先后在慕尼黑大学、科隆大学学习和工作,1968年出任海德堡大学汉学讲座教授,一直到1986年退休。德博是著名的翻译家,翻译了《唐诗选》《道德经》等中国文化典籍;他同时也是著名的汉学家和日本学学家,出版了各类书籍70余种(不同版本记为不同种),《德国东亚自然与人文学会会刊》2006年总结了德博的著述名录,长达23页。

学。1959 年他在科隆大学获得大学教授资格，德国汉学家傅海波（Herbert Franke，1914—2011）给予了他决定性的支持。德博在获得大学教授资格之后，成为大学的学术人员，1968 年他出任海德堡大学汉学讲座教授，此后便一直定居在海德堡。

海德堡大学的汉学系一直由德博领导，直到他退休。汉学系最初位于一栋桁架结构的别墅内，在那里汉学系构造了一个自己的小世界。整栋房子内的图书室和教室都可以自由出入，大部分都配备了木质书架，没有现代房屋的冷硬钢铁质感。德博经营着这个世界，讲究分寸，步调稳当，从不急切。后来搬迁到老大学广场后面更为简朴的混凝土建筑里，这种风范丝毫未变。

汉学系的大楼是一座全年向学生和教师开放的房子，而大学例行常规的压力和工作也层出不穷。时间消磨在日益繁复的工作中，行政负担不断加重，博德对此感到不是很高兴，但他总是耐心友好地处理一切，这种过度的行政压力如今早已成为一种负担、折磨。我还对他以前的警告记忆犹新：过于行政化会对研究和教学贻害无穷。他言之有理……

20 世纪 70 年代初跟随德博进行学习的大学生通常首先要学习四个学期的古典汉语课程，之后还需要上阅读课和研讨课。不久之后他们便会明白，德博这个名字意味着什么：意味着研究中国古典文学，特别是诗词；意味着钻研同书画有关的文章。有时候研究的触角也会探到哲学或者其他历史社会领域，但是基本方向是中国古典文学。

不可忽视的是，德博同时也倾心于德国文学，倾心于“自在”的诗歌以及语言之美。读过他在雷克拉姆（Reclam）出版社、皮柏（Piper）出版社或汉泽尔（Hanser）出版社发表的译作的话，就会对此深有感触，并且会认识到，这种译作并不能一蹴而就。实际上，此后有很多人尝试进行汉语的翻译，但大多数都深陷哲学阐释的泥淖，不能将“目的语”的可能性为己所用。

截至 1986 年退休，德博所创作的汉学作品不胜枚举。在为他出版的纪念文集《渐渐》（*Ganz Allmählich*，1986）中公布了一份清单，其中只列举了一些留下不可磨灭印记的作品：他的《道德经》译本（1961）为人广泛称道，也许是最美的德语译文，同时也几乎没有其他译者能像他一样尽量保持原文的相互表达和纯洁思想。《沧浪诗话研究》（1962）是他的教授资格论文，在西方汉学史上首次提出所谓的“诗话”文本，也就是一种从技巧、形式、美学细节上进行诗歌鉴赏、诗歌批评的作品。1969 年他与周春山共同出版的《忠实自然》一书涉及了著名的“画谱”，以此美术成为关注的焦点。对在中国学界中习以为常的事物，通过 1978 年的小册子《中国书法理论的基础概念及其与诗画的联系》进行了完善，这一成功的著作很快便成为一本畅销的参考书。在德博主编的综合性手册《东亚文学史》

(1984)中,话语的艺术性再次凸显出来。

大概在这个时候,德博开始了新的尝试,他发表了以德中文学为主题的作品。相应精妙的文章可以在《尤福里翁》、《歌德年鉴》和《海德堡公报》中找到。不久之后出版了两本关于席勒与中国的书。1985 年与夏瑞春共同主编的会议论文集《歌德与中国》指明了新的研究道路。

德博创办了“欧华丛书”,并与另外一名同事从 1980 年起共同主编了影响深远的“海德堡东亚学丛书”。在丛书中,德博以其一贯的耐心和慷慨负责出版了大量博士论文,其中一些文章直到今天还享有国际盛名。

他自己的一些文章和演讲是写给平民大众的,他总是善于用清楚明了的语言来鼓舞他们,如《与歌德在海德堡》(1983)、《中国做客欧洲》、《17 和 19 世纪的艺术文化漫游》等。1986 年,面临退休后的岁月时,他希望能有好的时机可以继续深化他所从事的研究。退休并不在他的考虑范围内……

在纪念文集中,德博的长篇文献清单仅仅是限于他退休前的研究。在退休后,还有一个几乎同样长的研究清单,同样令人肃然起敬。首先发表的是至关重要的手册《中国诗学:历史,结构,理论》(1989),该手册收录在博睿出版社出版的《东方学手册》中,已然成为当前引用频率最高的汉学参考书之一,是罕见的具有权威性的德语作品之一,这实在不必多说。还有一些带有译文的诗选需要提及。粗略浏览一下由德国汉学家施寒微(Helwig Schmidt-Glintzer)创作的影响深远的《中国文学史》(第一版 1990 年)的索引部分,便会发现没有人像德博一样被如此多次地提及。

但是在德博的全部文集中,也有诸如《歌德与海德堡的邂逅》(1990)、《德国浪漫主义中的道家思想》(1993)、《中国做客魏玛》(1994)、《东方西方》(1996)等其他作品。这位勤劳的学者不仅迷恋着文学中的人物,而且深深眷恋着海德堡这座城市。在过去的十到十二年里,人们在逛书店的时候一定会发现橱窗里有一些德博关于海德堡的作品,仅举几例:《对你微笑,海德堡诗选》(*Ein Lächeln Dir. Heidelberg Gedichte*,1994),《葡萄酒神和蓝花,诗人做客海德堡》(*Der Weingott und die Blaue Blume. Dichter zu Gast in Heidelberg*,1995),《艾兴多夫的海德堡岁月》(*Das Heidelberger Jahr Joseph von Eichendorffs*,1996)。

活跃的精神永不止息,但却会安于自身。在德博生命最后的几年里,《声音的功效,关于西方和东方的声音词》(*Die Leistung der Sprachlaute. Zum Klangwort im Westen und Osten*,2001)和其他作品陆续发表。他自己本身就是话语的大师:他喜欢打油诗,不知不觉创作了很多打油诗。在荀子的作品中他找到了可比的诗句,多亏德博,中国的古老作品中的一些韵文的面纱才被揭开。

最后他还是法比安·恩斯特(Fabian Ernst)的支持者。法比安将五行打油诗（幽默短诗，起始两长句押韵，中间两短句押韵，最后一长句与开头两句押韵）赋予新的、几乎是哲学维度的思想深度。曾有人对我说，法比安一定是吸取了德博的经验思想，因为：

谁不将所想写成诗，
便被后世所遗弃，
反之亦不错：
若追寻创作，
便需双倍思绪。

读者对法比安的了解来自德博创作的《从前有个男性教师》（*Es gab einen Lehrer in Lehrte*，2004）。法比安不想过多地强调自己的人生简历，这与中国人的特征不谋而合。人们看到的硬币其实只有一面，即使的确是双面的。是的，在未来创作的学术和艺术的众多作品中，一定会有不少前人的作品永垂不朽：

若因智慧欢欣
在明天昨日还是现今
阅读昨日
自千年起
赢得现今作为战利品

17世纪法国传教士与中法贸易关系的建立

傅楠欣
（加拿大拉瓦尔大学历史系）

摘　要：法国从17世纪中叶起开始关注对华贸易，并于1698年成功派遣首艘赴华商船“海神号”（L'Amphitrite）①，中法贸易关系正式建立。在整个中法通商的过程中，不论是巴黎外方教会还是耶稣会，法国的传教士们从始至终扮演着参与者和推动者的角色。他们不仅为法国在华贸易开创了良好的政治环境和社会条件，而且在公司的建设和经营上成为法国商人们不可替代的“中国专家”，在中法贸易的建立和早期的发展中发挥了重要作用。

关键词：法国耶稣会士；白晋；海神号；儒尔丹公司；中法关系

引言

一直以来，法国来华传教士在宗教、语言、文化、哲学、艺术和科技领域的影响，海内外的研究成果较为丰富。同时，法国传教士为开启中法两国海上贸易所作的努力也引起了学界的关注。② 本文以传教士和法国远东贸易的重要史料为

① L'Amphitrite是希腊神话中海洋女神的名字，关于该船的中文译名有：安菲特利特号、安菲特里忒号、昂菲特利特号、海后号等，本文统一使用“海神号”。

② 海内外有关早期中法商贸关系的研究可参阅：Henri Cordier, *La France en Chine au dix-huitième siècle, documents inédits/publiés sur les manuscrits conservés au dépôt des affaires étrangères, avec une introduction et des notes* (Paris: Ernest Leroux, 1883); Claudius Madrolle, *Les premiers voyages français à la Chine: la Compagnie de la Chine*, 1698-1719 (Paris: Librairie Maritime et coloniale, 1901); Paul Pelliot, *L'Origine des relations de la France avec la Chine. Le premier voyage de 《l'Amphitrite》 en Chine* (Paris: Libraire Paul Gautheur, 1930)；维吉尔·毕诺：《中国对法国哲学思想形成的影响》，耿昇译，商务印书馆，2000；耿昇：《从法国安菲特利特号船远航中国看17—18世纪的海上丝绸之路》，《西北第二民族学院学报（哲学社会科学版）》2001年第2期，第3-11页；严锴、吴敏：《贸易与宗教同行——以“安菲特里忒”号中国之行为中心》，《法国研究》2013年第3期，第83-88页；谢子卿：《中国礼仪之争和路易十四的法国（1640—1710）：中国天主教史钩沉》，博士学位论文，上海师范大学哲学学院，2016；Fu Nanxin, *Les missionnaires français et les premiers contacts commerciaux sino-français aux lisières des 17ᵉ et 18ᵉ siècles*（《17世纪末18世纪初的法国传教士与早期中法贸易往来》），Thèse doctorale (Québec: Université Laval, 2020)；梅谦立：《康熙年间两广总督石琳与法国船“安菲特利特号”的广州之行》，《学术研究》2020年第4期，第112-125页、第178页。

参考①,以巴黎外方传教会(Missions Étrangères de Paris,M. E. P)传教士陆方济(François Pallu 1626—1684)、乘坐“海神号”赴华的耶稣会士白晋(Joachim Bouvet 1656—1730)和洪若翰(Jean de Fontaney 1643—1710)等法国传教士为例,着重分析他们在中法贸易建立的不同时期所发挥的作用,回溯 17 世纪末 18 世纪初中法商业交流的发展过程。

一、陆方济与法国对远东贸易的早期探索

其实,法国早在 16 世纪中叶便开始关注远东的海上贸易。法国国王弗朗索瓦一世(François I,1494—1547)于 1537 年和 1543 年分别颁布了两道关于发展亚洲贸易的敕令,鼓励法国人前往印度洋经商。1604 年,亨利四世(Henri IV 1553—1610)特许一家商贸公司在东印度洋地区 15 年独家贸易权。② 1642 年,其继承人路易十三(Louis XIII 1601—1643)以红衣大主教黎塞留(Richelieu 1585—1642)的名义,组建了远东贸易公司,业务范围包括沿途的非洲东海岸、马达加斯加岛和印度洋地区。路易十三还授予这家公司为期 10 年的独家远东贸易权和代表法国建立海外殖民地的权力。③ 不过这项眼看即将成型的远东贸易计划却因黎塞留的去世而被搁置。路易十四继位后,进入鼎盛时期的法国加快了海外扩张的步伐。经济上,财政大臣科尔贝(Jean-Baptiste Colbert 1619—1683)大力推行重商主义,引导法国从农业大国转为像荷兰和英国一样拥有广阔海外市场和殖民地的商业帝国。④ 宗教上,为了打破葡系传教团的垄断,法国对建立亚洲传教区产生了强烈兴趣。1652 年,首位入华传教的法国神父罗历山(Alexandre de Rhodes 1591—1660)从中国回法,呼吁法国人积极参与东方的传

① 17 世纪末到 18 世纪初,中法贸易往来的史料主要分为两类,第一类以《耶稣会士中国书简集——中国回忆录》和巴黎外方教会档案为主,即通过法国传教士日记和书信,从而发现他们在中法贸易发展中的作用:杜赫德:《耶稣会士中国书简集——中国回忆录》第一卷,郑德弟、吕一民、沈坚译,大象出版社,2001;和巴黎外方传教会档案:Archives des Missions Étrangères de Paris (A. M. E)。第二类史料主要来源于法国国家海外档案馆里关于远东贸易和对华贸易的官方资料,以及法国在华贸易公司职员的日记:François Froger,*Relation du premier voyage des François à la Chine fait en* 1698,1699 *et* 1700 *sur le vaisseau “l' Amphitrite”*, éd. E. A. Voretzesch (Leipzig: Verlag der Asia Major, 1929); Bouvet de la Touche:*Journal du voyage de la Chine fait dans les années* 1701-1703,参见 Claudius Madrolle,*Les premiers voyages français à la Chine:la Compagnie de la Chine*,1698-1719(Paris:Librairie Maritime et Coloniale,1901),pp. 61-267.

② Philippe Haudrère,*La Compagnie françaises des Indes au XVIII*e *siècle*,T. 1,2e édition(Paris: Les Indes Savantes,2005),p. 20.

③ Joseph du Fresne de Francheville,*Histoire de la Compagnie des Indes:avec les titres de ses concessions et privilèges:dressée sur les pièces authentiques*(Paris:Chez de Bure l'aîné,1746),p. 17.

④ 康波:《法国东印度公司与中法贸易》,《学习与探索》2009 年第 6 期,第 234-236 页。

教工作,他认为这是法国海外扩张的重要组成部分。[①] 最后,巴黎外方传教会成为了这一主张的实际推动者,其教会条例明确规定,教会发展旨在中华帝国、东京王国及交趾支那布教和建立贸易关系。[②]

1658年,巴黎外方传教会创始人之一,赫里奥波里斯(Héliopolis)领衔主教陆方济被传信部提名为中国和其邻国宗座代牧。次年,他和朗贝尔(Mgr de la Motte Lambert)被教宗亚历山大七世(Alexandre VII,1655—1667在任)任命为远东东京(越南北圻),中国云贵川、湖广、广西,老挝传教区主教。[③] 对于路易十四来说,由法国传教士出任远东教区的主教,不仅意味着法国教会在海外影响力的提升,而且也为法国发展远东贸易带来了机会。但如何摆脱葡萄牙"保教权"的管制,保障传教士和商人畅通无阻地往返于法国和亚洲,成了亟待解决的难题。陆方济认为,法国若想与葡萄牙、英国和荷兰争夺在亚洲地区的宗教和经济利益,当务之急应该开辟一条直通中华帝国的海上航线:

首先,我们必须尽最大努力,以勘查和开辟一条通向中国、交趾支那与交州的安全道路,要不顾葡萄牙人、英国人和荷兰人的反对。现在可以说是它们掌握着通向印度所有地区和亚洲极东这片辽阔海洋的钥匙。其次,我们应以同样的勤奋精神,在这些道路上建立可靠的通讯联络,以寄发和接受书简、领取维持传教区生活的最基本的必需品,此外还必须拥有某些在被迫屈从暴力的不利条件下,能够退避的地方。[④]

为了实现这一目标,陆方济提出法国教会和从事远洋贸易的公司展开合作的想法。虽然宗教利益和商业利益看似毫不相干,但在遥远陌生的东方,在远离母国军事保护的情况下,商人和传教士只有团结一致,相互帮助,共同建设并发展法国在远东的商业据点和教区,这样才能够打破葡萄牙、英国和荷兰的垄断。因此,传教与贸易共举符合国王、教会和公司三方的利益。[⑤]

陆方济最先与法国马达加斯加贸易公司创建了一家专营远东贸易的公司。据巴黎外方教会的历史档案记载,陆方济参与并主导了公司的建设。在财政方

---

① 谢子卿:《17世纪法国入华传教士东西交通路线初探——早期法国远东扩张和天主教入华传教的相互关系》,《海交史研究》2016年第1期,第105-121页。

② 叶理世夫:《法国是如何发现中国的》,载谢和耐、戴密微等著《明清间耶稣会士入华与中西汇通》,耿昇译,东方出版社,2011,第50页。

③ 谢子卿:《中国礼仪之争和路易十四的法国(1640—1710):中国天主教史钩沿》,博士学位论文,上海师范大学哲学学院,2016,第64页。

④ 维吉尔·毕诺:《中国对法国哲学思想形成的影响》,耿昇译,商务印书馆,2000,第20页。

⑤ 维吉尔·毕诺:《中国对法国哲学思想形成的影响》,耿昇译,商务印书馆,2000,第21-22页。

面，他提出了一份高达 42 万利弗尔[①]的总预算，其中 28 万利弗尔用于采购货物，购买的中国商品约占总数的 1/3；在人事方面，陆方济要求公司配备 200 名经验丰富的船员，其中包括两名外科医生；在船舶运输方面，陆方济建议公司至少装备两艘 200 吨以上吨位的大型舰船。为了支持陆方济的计划，巴黎外方教会会计师、来自鲁昂的大船商费马内（Pierre Fermanel de Favery，1632—1688）自费从荷兰订购了一艘名为"圣路易斯号"（Saint Louis）的军舰。在具体的合作章程上，陆方济提出宗教事业应作为本贸易公司的第一大要务优先于商业利益，商人有义务和责任为传教士提供帮助。在陆方济的积极推动下，合作协议为传教士赢得了较多的实惠和权益。比如，传教士赴华旅程中的所有开销约 8 万利弗尔，将由公司和宗座代牧平摊，而且后者有权出席公司的各项会议，参与公司航行和靠岸后的商业事务。由此可见，陆方济虽然不是公司的股东或职员，但他已然成为法国远东贸易的直接参与者，他不甘只做一名"搭顺风车"的普通旅客。

然而，"圣路易斯号"最终未能启程东行，陆方济的第一次远东计划无疾而终。[②] 不过，他的努力不仅提振了法国工商界的信心，让他们看到了拓展远东贸易的可能性，而且引起了包括红衣主教马扎然（Mazarin 1602—1661）和海军国务大臣科尔贝在内法国宫廷上下对亚洲尤其是中国的重视。1660 年，重整旗鼓的法国大商人们组建了一个专营中国、越南和交趾支那地区的贸易公司，取名"中国公司"（Compagnie de Chine），旨在"在中华帝国、东京和交趾支那王国及毗邻岛屿宣扬教义和发展贸易"[③]，法国历史上第一家对华贸易公司由此诞生。

"中国公司"沿用了陆方济倡导的"传教士与商人联盟"的策略，并在公司总经理、费马内之子卢卡 · 费马内（Lucas Fermanel）的领导下，这种合作关系变得更为紧密和深入。一方面，在"中国公司"的大股东名单上，宗教人士赫然在列，成为与公司实际利益直接相关的决策者：巴黎外方远东宗座代牧朗贝尔以持有 1 万利弗尔的股份成为公司第二大股东，仅次于总经理小费马内。持有 4 000 利弗尔股份的红衣主教马扎然也位列股东名单之上。[④] 另一方面，根据公司章程第十三条的规定，"中国公司"的宗旨是为传教服务，便于教皇陛下任命的主教大

① 利弗尔，又译作"里弗尔""锂""法镑"，法国古代货币单位名称之一，一利弗尔相当于一磅白银。

② 当荷兰人得知法国人订购"圣路易斯号"的目的是前往远东进行贸易，立刻解除了合同并拒绝交付。

③ 严锴、吴敏：《贸易与宗教同行——以"安菲特里忒"号中国之行为中心》，《法国研究》2013 年第 3 期，第 83-88 页。

④ "中国公司"其他大股东分别是艾古永公爵夫人（持股 3 000 利弗尔），蓬庞纳侯爵（持股 10 000 利弗尔），拉加纳什侯爵（持股 3 000 利弗尔）等。参见 Henri Cordier，*Histoire générale de la Chine et de ses relations avec les pays étrangers：depuis les temps les plus anciens jusqu'à la chute de la dynastie Mandchoue*（Paris：Librairie Paul Gauthner，1921），T. 3，pp. 305-306。

人们前往上述地区宣扬主的荣光并皈依当地民众，因此，公司将无偿搭载主教和其他传教士以及他们的仆人随从和吃穿用度等物品至东京、交趾支那或中国的任何一个港口。作为回报，传教士将以公司的“中国专家”的身份帮助商人们进入亚洲开设商行，双方将共同协力在亚洲站稳脚跟，拓展法国在远东的经济、政治和宗教势力。

不过，由于马扎然在“中国公司”成立的第二年就去世了，赴华贸易的计划再次搁浅，但路易十四的远东计划仍然继续推进。1664 年，法国政府效仿荷兰东印度公司的模式，并结合“中国公司”的经验，成立了“法国皇家东印度公司”(La Compagnie Royale des Indes Orientales，以下简称皇家东印度公司)，该公司享有好望角以东所有东印度和南海区域 50 年的独家贸易权。科尔贝在致信公司大股东时明确指出，传播福音是国王关心的头等要事①。因此，和“中国公司”一样，皇家东印度公司依然把宗教事业作为公司发展的重要任务。但与“中国公司”不同的是，皇家东印度公司的股息分配由国王掌握，公司成立前三年 1/5 的开支也由国王负担。在远东开展贸易活动时，皇家东印度公司可以代表法国占领该地区的土地，享有司法权、军权和外交权等。由此可见，皇家东印度公司和其他东印度公司的性质完全不一样。后者是由商人自发组成、以商业盈利为唯一目的的私营公司，而皇家东印度公司虽然看似拥有商业自主权的企业形式，但本质上受制于王权②，带有强烈的政府色彩，是一家代表法国抢夺印度洋至太平洋地区的海上霸权、殖民领地、贸易市场和宗教影响力的商业机构。

通过皇家东印度公司和“宗教和贸易共行”的策略，法国作为最后进入亚洲的欧洲国家，在 17 世纪后半叶把远东的宗教和商业势力范围从无到有东进至了暹罗王国。1670 年，陆方济作为法国国王特使，携带路易十四致暹罗国王的国书抵达暹罗，两国正式建立邦交关系，法国在暹罗的商行和教区也在此深深扎根，快速发展，不仅在地理上成为法国前往中国的“前哨站”③，也为中法贸易的建立提供了宝贵的“暹罗经验”。

二、白晋与儒尔丹中国公司的建立

为了打破葡萄牙对亚洲教务的垄断，路易十四令科尔贝精心挑选了六名精通天文地理和数学的耶稣会士，以“国王数学家”(Mathématiciens du Roi)的身

---

① BnF：*MS. Mélanges de Colbert* 125 (*cote*)，“les présidents et trésoriers généraux de France *à* Bourges，”*Correspondance de Colbert de novembre* (1664)，folio. 717.

② Jules Sottas，*Histoire de la compagnie royale des indes orientales* 1664-1719［Rennes：La Découvrance，1994(1905)］，p. 13.

③ 谢子卿：《17 世纪法国和暹罗邦交过程中的巴黎外方传教会》，《南洋问题研究》2015 年第 1 期，第 90-98 页。

份前往中国。① 1685年3月3日，白晋(Joachim Bouvet 1656—1730)、洪若翰(Jean de Fontaney 1643—1710)、张诚(Jean-François Gerbillon 1654—1707)、李明(Louis le Comte 1655—1728)、刘应(Claude de Visdelou 1656—1737)和塔查尔(Guy Tachard 1648—1712)②携带着大量科考仪器和送给康熙皇帝的礼品，从法国布雷斯特(Brest)港口启程。虽然他们的目的地是中国，但实际上"国王数学家"只是随同法国驻暹罗(今泰国)外交使团搭乘皇家东印度公司的商船"飞鸟号"前往亚洲，再途径"桥头堡"暹罗自行前往中国。换句话说，从暹罗到中国的路程不再属于法国官方派遣，因此法国政府没有为成行的五名传教士提供该段行程的经费和外交保护，一切由传教士们自行解决。③

1687年7月23日，"国王数学家"几经周折在宁波港登陆，第二年2月7日抵达北京，法国耶稣会正式登上中国传教的历史舞台，拉开了中法交流的序幕。④ 作为第一个法国国王派遣赴华传教团，五位博学多才的"国王数学家"不负所托，很快赢得了清廷上下，特别是康熙皇帝的信任，用了不到十年的时间成功脱离了葡系传教团，作为独立的传教力量在中国教区占有一席之地。⑤ 出于对"国王数学家"的欣赏和喜爱，康熙命白晋以钦差的身份赴法招募更多"数学家"传教士来华，以便日后在宫中建造一所"法国科学院。"⑥1693年7月8日，在朝廷三品要员的陪同下，白晋带着康熙赠送路易十四的礼物，以"钦差"的身份从北京出发⑦，只用了一个月左右的时间便抵达了广州，并受到两广总督石琳(任期1689—1702)的热情接待和关照。⑧ 然而，由于当时法国尚未和中国通商，广

---

① 李晟文：《明清之际法国耶稣会士来华过程研究》，载黄时鉴主编《东西交流论谭》第2集，上海文艺出版社，2001，第77页。

② 塔查尔神父留在了暹罗，没有随其他五人北上前往中国。

③ Isabelle Landry-Deron, "Les Mathématiciens envoyés en Chine par Louis XIV en 1685," *Archive for History of Exact Sciences*, 55(2001), p. 427.

④ 李晟文：《明清之际法国耶稣会士来华过程研究》，载黄时鉴主编《东西交流论谭》第2集，上海文艺出版社，2001，第74页。

⑤ Li Shenwen, *Stratégies missionnaires des jésuites français en Nouvelle-France et en Chine au XVIIe siècle*, Thèse de doctorat(Québec: Université Laval, 2001), pp. 216-217.

⑥ Li Shenwen, *Stratégies missionnaires des jésuites français en Nouvelle-France et en Chine au XVIIe siècle*, Thèse de doctorat(Québec: Université Laval, 2001), p. 209.

⑦ Jean Baptiste Du Halde, *Description géographique, historique, chronologique, politique, et physique de l'Empire de la Chine et de la Tartarie chinoise, enrichie des cartes générales & des cartes particulières du Thibet, & de la Corée; & ornée d'un grand nombre de Figures & de Vignettes gravées en Taille-douce*(La Haye: Henri Scheurleer, 1736), p. 95.

⑧ 石琳在就任两广总督期间，负责广州地区与传教士的关系，安排传教士的出入境事务，以及调度运送献给康熙的外来珍品。参见梅谦立：《康熙年间两广总督石琳与法国船"安菲特利特号"的广州之行》，《学术研究》2020年第4期，第112-125页、第178页。

东沿海皆无商船可以直返法国，白晋花费了近四年的时间才从广州回到法国[①]，这让白晋意识到建立中法直通航路的必要性和紧迫性。从短期利益出发，如果有法船直航中国，当他带领为康熙征召的传教士返华时将不必绕到葡萄牙，否则回程又将沿途辗转耗费数年。从长远的角度看，这将有利于法国教务未来在华的发展。正如白晋在自己撰写的《康熙帝传》中所强调的：

> 如果法国人能在中国自由地进行贸易活动，在主的庇护下，我们的商船今后能够每年定期地接送传教士往返法国和远东地区；同时，在陛下的支持下，这些商船还能为我们每年从那里带回大量关于中国人皈依上帝的好消息。[②]

白晋在回程途经印度苏拉塔时，就与当地皇家东印度公司取得联系，鼓励商人们开展中国贸易，但该公司因财务不济作罢。为了尽快让更多的法国人了解和支持中国传教事业，1697 年 3 月，一回到法国的白晋就立刻展开宣传和游说工作。首先，他很快出版了自己著写的《中国现状》和《康熙帝传》。[③] 为了激发法国人，尤其是路易十四对中国的兴趣，白晋在《康熙帝传》里特意描写了许多康熙皇帝和路易十四的相同之处，而且用大量笔墨记述了康熙对“国王数学家”的喜爱和恩宠。这两部作品在法国乃至欧洲引起了巨大反响，在此舆论基础上，白晋把游说目标锁定在了路易十四和皇家东印度公司。1697 年 4 月 3 日，白晋进宫觐见路易十四，力陈开展对华直接贸易的重要性，恳请法国国王向中国定期派遣皇家东印度公司的商船，以此支持在中国的法国教会。他还禀报路易十四，康熙不仅希望每年都有像“国王数学家”一样的法国传教士进入中国，而且欢迎法国的商船每年来华贸易。一些学者认为此言有言而不实的嫌疑，质疑白晋为了打动路易十四，故意夸张吹嘘了他和康熙的关系以及法国传教士在中国的影响。[④] 但从结果看，白晋成功说服了路易十四，后者愿意抓住这次千载难逢的机会发展中法关系[⑤]，路易十四很快为康熙精心挑选了一批科学能力出众的耶稣

---

① 白晋先从广州前往澳门，于 1694 年 1 月 10 日在澳门港乘坐一艘英国商船离开。周功鑫：《清康熙前期款彩“汉宫春晓”漆屏风与中国漆工艺之西传》，台北：故宫博物院，1995，第 79 页。

② Joachim Bouvet, *Portrait historique de l'Empereur de la Chine, présenté au Roy* (Paris: Estienne Michallet premier Imprimeur du Roy, 1697), pp. 261-262.

③ 学者耿昇认为，《康熙帝传》实则为白晋呈奏法国国王的一份有关康熙时代中国国情的秘密报告。参见耿昇：《从法国安菲特利特号船远航中国看 17—18 世纪的海上丝绸之路》，《西北第二民族学院学报（哲学社会科学版）》2001 年第 2 期，第 3-11 页。

④ Jean-Paul Desroches, "Joachim Bouvet et le Premier voyage de l'Amphitrite," Sino-Western Cultural Exchange in the Seventeenth and Eighteenth Centuries (1662-1722), The Third Academic Symposium Organized by the Palace Museums across the Strait(2011), p. 18.

⑤ 转引 Claudia von Collani, *Journal des voyages du Joachim Bouvet* (Taibei: Taipei Ricci Institute, 2005), p. 36。

会士，并拨给白晋 1 万利弗尔的资金用于购买赠予康熙的礼品。[①]

然而，白晋的“中国贸易计划”的进展并不如预期的顺利。由于白晋没有出示康熙亲致路易十四的国书，路易十四的大臣们对他“钦差”的身份产生了质疑，拒绝以皇家的名义为他派遣御船赴华。在法国政府面前碰了壁，白晋只好转向皇家东印度公司。虽然后者一直想开展中国贸易，但整个皇家东印度公司在 17 世纪末期债务缠身，不再具备拓展暹罗以东的新市场的能力。不过，白晋却得到了皇家海军国务卿兼皇家东印度公司主席蓬查特兰伯爵（Pontchartrain 1674—1747）的帮助。通过蓬查特兰的引荐，白晋结识了一位对中国贸易非常感兴趣的大商人儒尔丹（Jean Jourdan de Groueé）。[②] 两人一拍即合，儒尔丹决定全资成立一家中国贸易公司，向中国派遣一艘商船，向中国出口总价值约 25 万利弗尔的法国商品。[③]

1698 年 1 月 4 日，在蓬查特兰的鼎力支持下，儒尔丹以 2.5 万利弗尔获得了皇家东印度公司出让的特许权。[④] 1 月 22 日，儒尔丹与皇家东印度公司正式签订协议，儒尔丹中国公司正式成立（以下：儒尔丹公司），并从皇家东印度公司手里购买了一艘名为“海神号”的快速三桅帆船。从双方协议上看，儒尔丹公司的销售、财务、人事等方方面面均受皇家东印度公司的约束和管制，可以说是以接受极其苛刻的条件为代价，从皇家东印度公司手里“租用”了在华贸易的权限。[⑤] 1698 年 2 月 8 日，路易十四在“海神号”起航前向船长德·拉·罗克（De la Roque）颁布了一道敕令[⑥]。由于从未有过和中国贸易的经验，路易十四对“海神号”的中国首航持谨慎态度。他在该敕令明确指出，“海神号”是一艘商船，而非皇家派遣的御船，所派遣人员赴华的目的和任务是：在中国的旅行途中为法国搜

---

① 许光华：《法国汉学史》，学院出版社，2009，第 36 页。

② Paul Kaeppelin, *La Compagnie des Indes orientales et Francois Martin, étude sur l'histoire du commerce et des établissements français dans l'Inde sous Louis XIV* (1664—1719) [New York: Burt Franklin, 1967(1908)], p. 363.

③ Erik Wilhelm Dahlgren, *Les relations commerciales et maritimes entre la France et les côtes de l'Océan Pacifique (commencement du XVIIIe siècle)*, T. 1 (Paris: Librairie Ancienne Honoré Champion, 1909), p. 115; ANOM. Col., C¹8, folio. 81.

④ *Articles conuenus entre les directeurs de la Compagnie royale des Indes orientales et Monsieur Jourdan pour le voyage de la Chine*（《皇家东印度公司经理与儒尔丹先生的中国之行协议》），ANOM. Col., C¹8, folio. 95-96, 101-102.

⑤ 协议规定，儒尔丹中国公司只能往返中法两次，在途中不得经停其他港口贸易，船上必须有两位皇家东印度公司监察员随行，抵达中国后，只能在广州和宁波活动。另外，商船返航后，货物的销售地点和定价等需由东印度公司决定，儒尔丹公司需向东印度公司支付 5%的利润。

⑥ *Minute d'instructions au sieur de La Roque, commandant une frégate armée pour le voyage de la Chine avec permission du Roi*, ANOM. Col., C¹8, folio. 88-91.

集所有关于中国的详细经济政治文化情报,包括气候、水文、地理、港口地图、海岸线、航行图、海关、城防、法律、风俗。当返回法国之时,船员需向法国政府递交在华期间的一切活动报告,特别是中国和其他欧亚国家的贸易情况。① 由此可见,儒尔丹公司是以"半国有半私营"的形式,作为皇家东印度公司的"代理"前往中国探寻与大清帝国的通商之路。

三、法国传教士:儒尔丹公司的"中国专家"

1698年3月6日,配备了30门大炮和150名船员的"海神号"从法国西部的拉罗谢尔港(La Rochelle)起航驶向中国。儒尔丹公司同意白晋和他为康熙新招募的11名传教士免费乘船同行。② 由于儒尔丹公司的商人和船员对中国的一切一无所知,他们非常依赖和倚重在中国生活了十年的"钦差"白晋。尽管身为神职人员,但白晋与船长德·拉·洛克、大副杰拉尔丹(Géraldin)、公司经理德贝纳克(De Bénac)一起组成了商船的经理委员会。当船行至中国海后,全船上下几乎完全听令于白晋的指挥。根据"海神号"海军军官弗罗热(François Froger)的记载,整段航行途中,如果没有白晋的帮助和指挥,"海神号"很难避免恶劣天气和航道偏离的问题,平安抵达中国广州。③

除了对中国的地理水文熟稔于心,在华十年间,白晋还与上至总督巡抚,下至县衙的广东官员们建立了良好的关系,为中法贸易关系的建立提供了良好的政治和社会条件。1698年10月6日,经过7个月的海上航行,"海神号"抵达中国上川岛。第二天,白晋离开只身前往广海镇,为大船进入珠江口寻求广东本地官员的导航帮助。④ 得知白晋奉康熙皇帝之命从法国带回传教士,广海的官员立刻为法国人提供了最好的引水员和一位千总前去上川岛迎接"海神号"。⑤ 随

---

① *Minute d'instructions au sieur de La Roque, commandant une frégate armée pour le voyage de la Chine avec permission du Roi*, ANOM. Col., C¹8, folio. 88-91.

② "海神号"首航的传教士有:雷孝思(Jean-Baptiste Régis)、马若瑟(Joseph-Marie de Prémare)、翟敬臣(Charles Dolzé)、南光国(Louis Pernon)、巴多明(Dominique Parrenin)、利圣学(Jean-Charles de Broissia)、颜理伯(Philibert Geneix)、卫嘉禄(Charles de Belleville)修士,还有在好望角登船前往印度的孟正气(Jean Domenge)和卜纳爵(Ignace-Gabriel Baborier)。

③ "海神号"原本打算在宁波登陆,但白晋告知该地区正遇季风,不宜逆风北上,因此选择了广州作为目的地。参见 François Froger, *Relation du premier voyage des François à la ChineFait en* 1698, 1699 *et* 1700 *sur le vaisseau "l'Amphitrite"*, éd. E. A. Voretzesch(Leipzig: Verlag der Asia Major, 1929), p. 51; Claudius Madrolle, *Les premiers voyages français à la Chine: la Compagnie de la Chine*, 1698-1719 (Paris: Librairie Maritime et coloniale, 1901), p. 21。

④ 杜赫德:《耶稣会士中国书简集——中国回忆录》第一卷,郑德弟、吕一民、沈坚译,大象出版社,2001,第144页。

⑤ 杜赫德:《耶稣会士中国书简集——中国回忆录》第一卷,郑德弟、吕一民、沈坚译,大象出版社,2001,第137页。

后，白晋前往广州，一方面是向两广总督和朝廷报告自己从法国平安归来，另一方面也为“海神号”的登陆和儒尔丹公司的商业活动与当地官员疏通关系。[①] 两广总督令粤海关为法国人增援经验丰富的引水员，并获准法国人可沿珠江上溯行驶，距离不限，在任何港口靠岸，它还享有免受海关官员检查和计量的荣誉，不必缴纳任何税款，甚至可免缴计量费和锚地费——这两笔款项是任何船只均须向皇帝缴纳的。[②] 不得不说，和“国王数学家”十年前首次登陆宁波时被官兵搜查软禁、孤立无援的窘境相比[③]，“海神号”上的法国人享受到了高规格的优待和礼遇。马若瑟神父在日记里写道：

白晋神父前来与我们会合了。他搭乘了一条长度几乎与我们三桅船相当的二桅船，佩戴着该帝国通常由钦差享用的全副荣誉标志。我们这些法国人见到他时委实吃惊不小……我们住在一所类似旅馆的房子里，或者说这是皇帝出资官办的驿站。白晋神父让人给德拉洛克先生和法国军官们找了相似的房子，中国人把这类专门接待宫廷使者的驿站称为公馆。[④]

1698 年 11 月 6 日，“海神号”抵达广州。由于两广总督石琳是白晋和洪若翰的老相识，对法国传教士敬重有加[⑤]，因此他为初次来华的“海神号”和儒尔丹公司提供了许多便利。弗罗热在他的旅行日记中提到，石琳非常慷慨热情，对法国人友好，多亏了石琳，法国人才可以得到如此多的优待和方便，受到当地官员的照顾，他尽可能地帮助来华经商的法国人。[⑥] 石琳安排白晋、船长和高级船员入住广州的公馆，其他船员驻扎在黄埔港附近的仓头村(Cangteng-tchuën)的一

---

① 杜赫德:《耶稣会士中国书简集——中国回忆录》第一卷，郑德弟、吕一民、沈坚译，大象出版社，2001，第 137 页。

② 杜赫德:《耶稣会士中国书简集——中国回忆录》第一卷，郑德弟、吕一民、沈坚译，大象出版社，2001，第 145 页。

③ 1687 年，五位“国王数学家”由于没有入境中国的许可，藏身在甲板下躲避宁波海关的搜查。在被海关发现后，传教士行李被收缴查验，人员被禁止下船数星期之久，下船后又遭到当地官员的严苛审讯，差点因礼部反对而被浙江巡抚驱逐出境。傅楠欣:《17 世纪末 18 世纪初的法国传教士与早期中法贸易往来》，博士学位论文，加拿大拉瓦尔大学，2020，第 110-112 页。

④ 杜赫德:《耶稣会士中国书简集——中国回忆录》第一卷，郑德弟、吕一民、沈坚译，大象出版社，2001，第 138-139 页。

⑤ 据弗罗热的记述，石琳和白晋相识于宫中。参见 François Froger, *Relation du premier voyage des François à la ChineFait en* 1698, 1699 *et* 1700 *sur le vaisseau "l'Amphitrite"*, ed. E. A. Voretzesch (Leipzig: Verlag der Asia Major, 1929), p. 82。

⑥ François Froger, *Relation du premier voyage des François à la ChineFait en* 1698, 1699 *et* 1700 *sur le vaisseau "l'Amphitrite"*, éd. E. A. Voretzesch(Leipzig: Verlag der Asia Major, 1929), p. 105。

处祠堂里休整疗伤[①]，同船的耶稣会士则居住在广州的法国教堂(现广州新城东南清水濠)[②]，该教堂于1692年由刘应和洪若翰购买，用于接待将来来华的传教士和欧洲旅行者。[③] 广东巡抚和其他官员设宴款待了“海神号”全体船员，并决定免除船上所有货品价值约1万利弗尔的税收。[④] 在得知白晋成功返回的消息后，康熙派出法国耶稣会士刘应、葡萄牙耶稣会士苏亚雷斯(José Suarez)和武英殿总监造赫世亨(约1645—1708)三名钦差携谕旨前去广州迎接“海神号”：

> 皇帝很高兴我(白晋)和教友们顺利到达；陛下希望我率其五人赴宫中效力，其余人可去帝国各地自由传播基督教；他要求免除昂菲特利特号所有计量税和锚地税，允许随船到来的商人依其所请在广州购置房屋、设立商行。[⑤]

传教士在法国对华贸易的起步阶段还扮演了至关重要的“老师”的角色，帮助儒尔丹公司的商人们了解中国文化、融入中国社会。“海神号”起航后，白晋在船上为商人和船员开设了满文课和中文课。[⑥] 白晋专门为负责公司货物商品主管的Francia取了中文名“方柔发”，方便他与中国海关沟通交流。[⑦] 1701年，“海神号”第二次前往中国时，船上的商人和船员除了每天两小时跟随洪若翰学习中文外，洪若翰还向他们介绍中国的社会文化，传授在中国生存的技巧以及和中国人打交道的经验。[⑧] 传教士对商人们的中国文化启蒙并非纸上谈兵，更多的是言传身教，授之以渔，帮助法国商人逐渐了解和熟悉中国，特别是中国的官

① 伍玉西、张若蓝：《宗教利益至上：传教史视野下的“安菲特利特号”首航中国若干问题考察》，《海交史研究》2012年第2期，第34-47页。

② 梅谦立：《康熙年间两广总督石琳与法国船“安菲特利特号”的广州之行》，《学术研究》2020年第4期，第112-125页、第178页。

③ 杜赫德：《耶稣会士中国书简集——中国回忆录》第一卷，郑德弟、吕一民、沈坚译，大象出版社，2001，第286页、第328页。

④ 杜赫德：《耶稣会士中国书简集——中国回忆录》第一卷，郑德弟、吕一民、沈坚译，大象出版社，2001，第146页。

⑤ 杜赫德：《耶稣会士中国书简集——中国回忆录》第一卷，郑德弟、吕一民、沈坚译，大象出版社，2001，第146页。

⑥ François Froger, *Relation du premier voyage des François à la ChineFait en* 1698, 1699 *et* 1700 *sur le vaisseau “l'Amphitrite”*, éd. E. A. Voretzesch(Leipzig: Verlag der Asia Major, 1929), p. 3.

⑦ François Froger, *Relation du premier voyage des François à la ChineFait en* 1698, 1699 *et* 1700 *sur le vaisseau “l'Amphitrite”*, éd. E. A. Voretzesch(Leipzig: Verlag der Asia Major, 1929), p. 87.

⑧ Bouvet de la Touche, “Journal du voyage de la Chine fait dans les années 1701-1703,” in *Les premiers voyages français à la Chine: la Compagnie de la Chine*, 1698-1719, Claudius Madralle(Paris: Librairie Maritime et coloniale, 1901), p. 62.

场文化。白晋在介绍中国礼仪习俗时告诉经理们拜访中国人不能空手拜访①，并亲自为儒尔丹公司挑选了进献广东高官和皇亲国戚的礼品。② 在"海神号"二航时，法国商人不仅懂得向地方官员"送礼"，而且会根据官员的等级高低和个人喜好挑选不同的礼品。比如，送给总督、巡抚和学政提督的礼物清单里一定会有镜子、卡宾枪、军刀、烈酒、水晶等物品。③ 为了获得中国人的好感和信任，法国商人们也学会了耶稣会士的"利玛窦规矩"，与中国人会面时非常注重穿着和排场，从头到脚、从马匹到坐轿，一切按照儒家文官的模样打扮自己。④

对于首次来华的儒尔丹公司来说，法国传教士不仅是他们语言上的老师和文化礼仪方面的"中国顾问"，还是帮助公司与当地官员牵线搭桥和解决冲突的"外交官"。其中，最广为人知的"外交危机"要属"海神号"船长的"单膝礼事件"。白晋在给拉雪兹神父的信中对这件事有详细记述：在一次官方活动上，中国官员要求在场的法国人向皇帝磕头谢恩，船长德·拉·罗克表示拒绝，在场的白晋和刘应神父立刻站出来化解矛盾：

> 由于谢恩时需跪拜并举行类似臣服和效忠的仪式，我和刘应神父便说明，昂菲特利特号船长作为最伟大最强盛的西方君主的官员，他无法按中国方式完成仪式；因为伟大的西方君主接受臣服而不臣服于任何人。⑤

经过传教士的解释和调和，中国官员表示理解：只要仪式依对两国体面的方式举行即可，也就是说部分依华俗、部分按礼法。⑥ 最后双方折中同意让德·拉·罗克船长用法式的单膝礼完成谢恩，并意外赢得了在场中国官员的欣赏和

---

① Bouvet de la Touche, "Journal du voyage de la Chine fait dans les années 1701-1703," in *Les premiers voyages français à la Chine: la Compagnie de la Chine*, 1698-1719, Claudius Madralle(Paris: Librairie Maritime et coloniale, 1901), p. 103.

② 参见 François Froger, *Relation du premier voyage des François à la ChineFait en* 1698, 1699 *et* 1700 *sur le vaisseau "l'Amphitrite"*, éd. E. A. Voretzesch(Leipzig: Verlag der Asia Major, 1929), p. 52；沈洋：《法国在中欧海上丝绸之路的历史地位—以"海后号"两航广州为线索的考察》，《中国南海研究》2016年第1期，第117页。

③ François Froger, *Relation du premier voyage des François à la ChineFait en* 1698, 1699 *et* 1700 *sur le vaisseau "l'Amphitrite"*, éd. E. A. Voretzesch(Leipzig: Verlag der Asia Major, 1929), p. 191.

④ François Froger, *Relation du premier voyage des François à la ChineFait en* 1698, 1699 *et* 1700 *sur le vaisseau "l'Amphitrite"*, éd. E. A. Voretzesch(Leipzig: Verlag der Asia Major, 1929), p. 71, p. 108.

⑤ 杜赫德：《耶稣会士中国书简集——中国回忆录》第一卷，郑德弟、吕一民、沈坚译，大象出版社，2001，第146页。

⑥ 杜赫德：《耶稣会士中国书简集——中国回忆录》第一卷，郑德弟、吕一民、沈坚译，大象出版社，2001，第146页。

尊敬。[1] 在传教士的指点和帮衬下，在广州的儒尔丹公司的商人们也逐渐了解了中国人的习惯和脾性，与中国人打交道时越来越如鱼得水。他们甚至总结了一套在华经商的要义：和中国人打交道一定要保持耐心和礼貌，准备好礼物，否则他们会把你当作野蛮人看待而冷落你，切记"欲速则不达"。[2]

法国传教士不仅在人际关系、文化语言和礼仪习俗等方面为初来乍到的儒尔丹公司提供了切实的支持和帮助，还为公司实现首次在华贸易盈利作出了贡献。1699 年 1 月 20 日，粤海关批准儒尔丹公司在广州自由贸易。白晋遂将商品价格提高了 50%，并向公司经理德·贝纳克保证第一个月的销售额可达 2.15 万利弗尔。[3] 白晋之所以如此信心满满，原因是"海神号"运抵广州大量的镜子和玻璃制品，而此类商品正是最受中国人喜爱的。其实，在参与"海神号"的筹备工作时，白晋就曾将"法国玻璃制品在中国大受欢迎"这一商业情报告知儒尔丹公司，并建议大玻璃品商人出身的儒尔丹发挥自身优势，在广州建立一个玻璃制品厂，自产自销。因此，"海神号"首次赴粤时装载了大量玻璃制品和八名玻璃工匠。[4] 不出所料，玻璃制品很快就被官府专营的外贸商行订购一空[5]，儒尔丹公司也因为纷至沓来的中国商人，在短短 15 天内就采购了一整船销往法国的中国商品。[6]

1700 年 1 月 26 日，满载着丝绸、铜器、茶叶、瓷器等中国商品的"海神号"起锚离粤返回法国。康熙派洪若翰"接棒"白晋，随船监运赠予路易十四的礼品，并赴法招募新的传教士。7 个月后，"海神号"顺利抵达法国圣路易斯港，成为中法历史上第一支成功往返于两国的船只，打通了两国直航的海上交通，正式拉开了中法贸易往来的序幕。1701 年，"海神号"在德·拉里戈迪埃(Froger de la

---

① 杜赫德:《耶稣会士中国书简集——中国回忆录》第一卷，郑德弟、吕一民、沈坚译，大象出版社，2001，第 146 页。

② Bouvet de la Touche, "Journal du voyage de la Chine fait dans les années 1701-1703," in *Les premiers voyages français à la Chine : la Compagnie de la Chine*, 1698-1719, Claudius Madralle (Paris: Librairie Maritime et coloniale, 1901), p. 105.

③ François Froger, *Relation du premier voyage des François à la ChineFait en* 1698, 1699 *et* 1700 *sur le vaisseau "l'Amphitrite"*, éd. E. A. Voretzesch (Leipzig: Verlag der Asia Major, 1929), p. 54, p. 91.

④ 耿昇:《从法国安菲特利特号船远航中国看 17—18 世纪的海上丝绸之路》,《西北第二民族学院学报(哲学社会科学版)》2001 年第 2 期，第 3-11 页。

⑤ 杜赫德:《耶稣会士中国书简集——中国回忆录》第一卷，郑德弟、吕一民、沈坚译，大象出版社，2001，第 340 页。

⑥ 耿昇:《从法国安菲特利特号船远航中国看 17—18 世纪的海上丝绸之路》,《西北第二民族学院学报(哲学社会科学版)》2001 年第 2 期，第 3-11 页。

Rigaudière)船长和洪若翰的指挥下第二次往返法中两国[①],此后中法贸易进入常态化,每年均有法国商船来华贸易。[②]

四、在华法国传教士和商人们的矛盾

不过,传教士和儒尔丹公司的合作并非一帆风顺。双方的主要矛盾集中在争论“公司是否进入内地”和争夺对公司的控制权。在入华初期,儒尔丹公司以广州法国教会为依托,发展稳定后再借助法国教团在其他开埠口岸的势力逐渐扩大贸易范围至中国其他城市。[③] 例如,法国宁波商行正是在卜文气(Louis Porquet,1671—1752)神父修建法国教堂时一齐建造的[④];而洪若翰则为以购买船锚为由,帮助儒尔丹公司拿到了两广总督的批准,成功进入厦门。[⑤] 不过,法国商人并不满足于仅在开埠口岸发展商业活动,他们希望能够跟随可以在全中国自由传教的神父们进入内地。1698 年,“海神号”的船长德·拉·罗克、公司经理杰拉尔丹和德·贝纳克以给康熙献礼的理由提出前往北京,但遭到了白晋的反对,理由是恐人生地不熟的商人们莽撞冒失,破坏法国教会在中国信徒和官员们心中的良好形象。[⑥] 但公司不顾白晋的意见,派了两名商务专员北上进京。[⑦] 1701 年,“海神号”二航广州时,儒尔丹公司赠予洪若翰 2000 利弗尔的酬

---

① “海神号”二航时,随船来了八位耶稣会士,同时带来了进献康熙的礼品和价值 36 万利弗尔的欧洲商品。主要商品有钟表、烈酒、羽纱、兰斯、挂灯、挂毯、眼镜、鼻烟盒、水晶器皿等。1703 年,“海神号”满载着瓷器、屏风、漆器、铜器、生丝、茶叶、扇子、刺绣等价值超过 140 万利弗尔的中国商品回到了法国。前引傅楠欣:《17 世纪末 18 世纪初的法国传教士与早期中法贸易往来》,博士学位论文,加拿大拉瓦尔大学,2020,第 188 页、第 199-200 页。

② 伊夫斯·德·托玛斯·德·博西耶尔夫人:《耶稣会士张诚——路易十四派往中国的五位数学家之一》,辛岩译,大象出版社,2009,第 100 页。

③ 1684 年,康熙取消了《海禁令》,并于第二年在四座城市设立海关作为对外贸易的口岸。四大海关分别为:松江的江海关,宁波的浙海关,厦门的闽海关和广州的粤海关。

④ Bouvet de la Touche, “Journal du voyage de la Chine fait dans les années 1701-1703,” in *Les premiers voyages français à la Chine*: *la Compagnie de la Chine*, 1698-1719, Claudius Madralle (Paris: Librairie Maritime et coloniale, 1901), p. 133.

⑤ Bouvet de la Touche, “Journal du voyage de la Chine fait dans les années 1701-1703,” in *Les premiers voyages français à la Chine*: *la Compagnie de la Chine*, 1698-1719, Claudius Madralle (Paris: Librairie Maritime et coloniale, 1901), p. 200-201.

⑥ François Froger, *Relation du premier voyage des François à la ChineFait en* 1698, 1699 *et* 1700 *sur le vaisseau* “*l'Amphitrite*”, éd. E. A. Voretzesch (Leipzig: Verlag der Asia Major, 1929), p. 51, p. 194.

⑦ Bouvet de la Touche, “Journal du voyage de la Chine fait dans les années 1701-1703,” in *Les premiers voyages français à la Chine*: *la Compagnie de la Chine*, 1698-1719, Claudius Madralle (Paris: Librairie Maritime et coloniale, 1901), p. 140.

金，拜托他在建造宁波法国教堂的同时增设一处法国商行。[1] 此后儒尔丹公司多次提出资助法国传教士在内地修教堂，以宗教的名义跟随传教士进入中国内地，寻找更低廉的进货渠道[2]，但传教士始终拒绝与之合作。

"海神号"二航后，双方关于"进入内地"的矛盾逐渐升级。1702年，儒尔丹公司计划去饶州和南京采购更便宜的瓷器和丝绸，但两广总督以"除五大开埠口岸以外，外国人不得进入中国内地"为由，拒绝批准法国人离开广州。于是商人求助于传教士洪若翰，却遭到了后者的劝阻。在数篇长信中，洪若翰提出了11条反对理由，并与其他教团一同写了反对该计划的联名信，劝告儒尔丹公司切勿因公司利益一意孤行，触犯大清法律，让传教事业在中国陷入危机。[3] 迫于教会的压力，儒尔丹公司不得不放弃他们的计划，损失金额达10万～20万两白银，法国商人对传教士颇有怨言。[4] 以布韦·德·拉图什(Bouvet de la Touche)为代表的商人认为，传教士之所以阻拦商人前往中国内地，是因为他们想成为法国在中国唯一的官方代表，独揽关于中国的一切信息情报来源。[5] 另外，随着对中国的不断了解，商人们发现法国传教士笔下的中国和在华传教事业存在夸张杜撰的情况。因此，他们怀疑传教士千方百计阻拦他们进入内地和北京的原因是担心被揭发信息造假，尤其是有关他们与康熙的关系的信息。[6]

实际上，从"海神号"首航起，传教士和儒尔丹公司为了彼此的"权威性"已经开始了明争暗斗。为了裁断"海神号"入境的关税，广东巡抚曾多次询问抵达广州的白晋"该船属于商船还是贡船"。白晋告知巡抚"海神号"不是商船也不是贡

---

① 杜赫德：《耶稣会士中国书简集——中国回忆录》第一卷，郑德弟、吕一民、沈坚译，大象出版社，2001，第313页。

② Bouvet de la Touche, "Journal du voyage de la Chine fait dans les années 1701-1703," in *Les premiers voyages français à la Chine: la Compagnie de la Chine*, 1698-1719, Claudius Madralle (Paris: Librairie Maritime et coloniale, 1901), p. 133.

③ Bouvet de la Touche, "Journal du voyage de la Chine fait dans les années 1701-1703," in *Les premiers voyages français à la Chine: la Compagnie de la Chine*, 1698-1719, Claudius Madralle (Paris: Librairie Maritime et coloniale, 1901), pp. 167-171.

④ 梅谦立：《康熙年间两广总督石琳与法国船"安菲特利特号"的广州之行》，《学术研究》2020年第4期，第112-125页、第178页。

⑤ Paul Pelliot, L'Origine des relations de la France avec la Chine. Le premier voyage de l'Amphitrite en Chine (Paris: Libraire Paul Gautheur, 1930), pp. 52-53.

⑥ Bouvet de la Touche, "Journal du voyage de la Chine fait dans les années 1701-1703," in *Les premiers voyages français à la Chine: la Compagnie de la Chine*, 1698-1719, Claudius Madralle (Paris: Librairie Maritime et coloniale, 1901), pp. 151-153, p. 203.

船，而是法国国王的御船，船上的商人是搭船来中国贸易的乘客。① 同样，1701年，当洪若翰带领“海神号”二航来华时也宣称是法国国王派遣的船只。② 然而，船长德·拉·罗克却坚称“海神号”只是普通商船而非传教士所说的御船，因为国王在“海神号”出发前颁发的敕令中已明确表示：此船为私人商船而非皇家御船。③ 除了拒绝与传教士统一口径，德·拉·罗克船长还在许多官方场合向中国官员强调自己的船长身份，告知中方官员法国国王的代表是自己而不是白晋。④ 当“海神号”途径停靠澳门时，由于商人们坚称“商船”，法国人被海关征收了高昂的关税，这让白晋十分生气，严厉抨击商人们“不怀好意”⑤，破坏了法国的经济利益。最后，在进入粤海关时，儒尔丹的经理们不得不听从于白晋，被迫承认“海神号”是法国国王派遣来华进行贸易的御船。⑥ 虽然白晋和洪若翰的“御船”说辞与路易十四的谕旨不符，但让儒尔丹公司前后两次在粤海关获得关税特惠，受到了外交礼遇，“海神号”也成为唯一一艘被全免计量税和锚税的洋船。⑦ 由此可见，在中法贸易发展初期，传教士在双方合作关系里占据主导地位。尽管时有矛盾，但“海神号”能够得到史无前例的特殊优待，公司能够快速在中国开展商业活动，对于儒尔丹的商人们来说，与传教士的合作利大于弊。

五、结语

纵观整个中法贸易建立的过程，不难发现，从以陆方济为核心的早期探索时期，到以“国王数学家”为主导的发展时期，传教自始至终是法国对华贸易计划中不可分割的重要组成部分，这符合法国海外扩张政策中宗教利益高于商业利益

① François Froger, *Relation du premier voyage des François à la ChineFait en* 1698, 1699 *et* 1700 *sur le vaisseau* “*l'Amphitrite*”, éd. E. A. Voretzesch (Leipzig: Verlag der Asia Major, 1929), p. 51, pp. 82-83, p. 194.

② Bouvet de la Touche, “Journal du voyage de la Chine fait dans les années 1701-1703,” in *Les premiers voyages français à la Chine: la Compagnie de la Chine*, 1698-1719, Claudius Madralle (Paris: Librairie Maritime et coloniale, 1901), p. 143.

③ Paul Pelliot, *Instruction au sieur de la Roque, le* 8 *février* 1698 (《1698 年 2 月 8 日致德拉罗克先生守则》), p. 31-33.

④ François Froger, *Relation du premier voyage des François à la ChineFait en* 1698, 1699 *et* 1700 *sur le vaisseau* “*l'Amphitrite*”, éd. E. A. Voretzesch (Leipzig: Verlag der Asia Major, 1929), p. 96.

⑤ Bouvet de la Touche, “Journal du voyage de la Chine fait dans les années 1701-1703,” in *Les premiers voyages français à la Chine: la Compagnie de la Chine*, 1698-1719, Claudius Madralle (Paris: Librairie Maritime et coloniale, 1901), p. 205.

⑥ ANOM, C^1 17, folio 174.

⑦ Bernard Brizay, *La France en Chine: du XVIIe siècle à nos jours* (Paris: Perrin, 2013), p. 49.

的特点。[①] 正如魏源所言，法国与中国贸易的目的并不是牟利，而是通过商业宣扬法兰西文明和基督教文化。[②] 因此，传教士是整个中法关系的核心人物，也自然成了中法贸易建立过程中的直接参与者和推动者，而两国商贸海路的开通也使得法国传教团成为最大受益者：在这条法国商船频繁往来的交通线上，法国耶稣会士不绝于途，纷至沓来[③]，法国传教区在华势力不断壮大，打破了葡系教团对中国教区的垄断。同时，通畅稳定的中法航路也加快了通邮效率，大量的有关中国的书信报告得以及时传回法国，为18世纪中法两国文化交流的发展和欧洲"中国热"的掀起奠定了重要基础。

① 傅楠欣：《17世纪末18世纪初的法国传教士与早期中法贸易往来》，博士学位论文，加拿大拉瓦尔大学，2020，第211页。

② "盖其国物产丰盈，制作精巧，葡萄酒、大呢、绸缎之类，售之欧罗巴各国，即已利市十倍，不必远涉数万里而谋生。其航海而东来也，意在于耀声名，不专于权子母。"魏源：《海国图志》（中）卷42《佛兰西国总记下》，岳麓书社，1998，第1228页。

③ "海神号"之后，传教士的来华旅行时间从过去单程三到四年缩短至五六个月。参见：欧阳哲生：《十八世纪法国耶稣会士的"北京经验"：以〈耶稣会士中国书简集〉为中心讨论》，《中国文化》2011年第34期，第58-87页。

《大地》与《白鹿原》中农民形象的比较

郝雪晴
（河南大学文学院）

摘　要：美国作家赛珍珠的《大地》和中国作家陈忠实的《白鹿原》自问世以来广受赞誉，许多专家学者对这两本书分别进行研究，但对之进行比较研究者并不多见。两部小说的叙事时间相近，都描述了清末民初时期中国农村的生活风貌，同时小说主要角色的身份地位、行为思想、人生轨迹都具有很强的相似性和可比性。本文拟对赛珍珠在《大地》中和陈忠实在《白鹿原》中所塑造的具有代表性的王龙、阿兰、白嘉轩、吴仙草等农民形象进行比较，分析两位作家对中华传统农耕文明认识的异同。赛珍珠的作品呈现的是美国文化可接受的中国形象，她对于中国文化的描写无法达到中国土生土长的陈忠实那样深刻，这是外国作者在塑造异国形象时不可避免的局限性。

关键词：《大地》；《白鹿原》；农民形象；比较

引言

赛珍珠的《大地》与陈忠实的《白鹿原》都是广受赞誉的描写中国农民生活的长篇小说，但将《大地》和《白鹿原》进行比较研究的学术论文在海内外都很少见。在赛珍珠相关研究中，比较的研究方法极其常见，《大地》中的人物形象常被拿来与鲁迅、茅盾、老舍、莫言等作家笔下的人物形象进行比较。《白鹿原》中的人物形象研究在国内也很多见，而在海外则寥寥无几。

1. 相关文献

在对赛珍珠的研究中，海内外学者普遍认为，中华传统文化对其创作有着深刻影响，她的作品很大程度上改善了当时西方对中国的刻板印象。近年来，海外研究者仍较多地使用比较的方式来研究赛珍珠及其作品，罗赫麻特·布迪·桑陶萨（Rochmat Budi Santosa）在论文《赛珍珠〈大地〉的社会学视角下语用分析》（*A Pragmatic Analysis and Sociological Perspective on Pearl S Buck's The Good Earth*）中从社会学角度比较了中国农民与印度尼西亚人生活方式的异同。

李蕊的《赛珍珠与茅盾的中国乡土小说的比较研究》(*A Comparative Study of Pearl S. Buck's and Mao Dun's Chinese Rural Works*)将赛珍珠的《大地》与茅盾的《水藻行》进行比较,分析由作者文化取向和政治取向的差异所导致的他们对中国农村地区道德问题的不同理解。① 国内研究赛珍珠作品中中国形象的题目不在少数。倪筱燕在《论赛珍珠〈大地〉中的中国农民形象》中表明《大地》作为中国文化的产物,塑造了一大群个性鲜活的中国农民形象,改变了西方人心目中的刻板印象。赛珍珠对中国农民怀有深切的同情,但她始终是"冷静的旁观者"。② 高鸿的《赛珍珠〈大地〉三部曲里的中国形象》指出,赛珍珠在《大地》中构造的"中国形象"本质上是西方"社会集体想象物"在叙事文本上的投射。③

《白鹿原》通过对角色命运的描写来反映动荡时代下民族命运的演变。在小说人物身上发生的悲剧体现了陈忠实对"民族命运的思考"的创作初衷。海外对于《白鹿原》的研究并不多,且主要结合小说的时代背景展开研讨。高原在《完成新的正史〈白鹿原〉的意义》中研究了《白鹿原》中的儒家传统及区域意识,并将其与国家背景和时代历史相结合。孟羽中在《熟人社会的恩惠与权力:解读〈白鹿原〉中的冲突》中通过社会学方法分析小说中理想的熟人社会中发生的冲突,为解决中国农村地区的冲突提供了参考。国内对《白鹿原》的研究较多。董炜的《〈白鹿原〉人物悲剧命运研究》中提到白嘉轩有民族精神,也有固执迂腐的一面,在新旧交替的时代,他所代表的阶级必然走向衰落。④ 吴成年在《论〈白鹿原〉中三位女性的悲剧命运》中从女性批评的视角解读《白鹿原》中的女性角色,他认为女性角色的悲剧命运展现了生命与意志在中国传统礼教与现代政治的阴暗面下受到的蔑视和践踏。⑤

不论是赛珍珠的《大地》,还是陈忠实的《白鹿原》,"人物形象"都是这两部小说文本研究中的高频关键词,但对这两位作家的比较研究却很少。这其中张秀英的《横看成岭侧成峰,只缘身在此山中——〈大地〉与〈白鹿原〉中的中国传统孝道伦理》从作品展现出的孝道伦理入手,比较两位作家在观察中国传统宗法社会时的不同角度及构建故事时的不同感情倾向。⑥ 贾俊民的《王龙和白嘉轩:中华农业文明的最后一代精英——赛珍珠和陈忠实文化观念同质性研究》主要研究

① 李蕊:《赛珍珠与茅盾的中国乡土小说的比较研究》,硕士学位论文,南京大学外国语学院,2007。

② 倪筱燕:《论赛珍珠的〈大地〉中的中国农民形象》,《农业考古》2010年第6期,第382-384页。

③ 高鸿:《赛珍珠〈大地〉三部曲里的中国形象》,《中国比较文学》2005年第4期,第153-166页。

④ 董炜:《〈白鹿原〉人物悲剧命运研究》,硕士学位论文,延边大学人文社会科学学院,2007。

⑤ 吴成年:《论〈白鹿原〉中三位女性的悲剧命运》,《妇女研究论丛》2002年第6期,第39-44页。

⑥ 张秀英:《横看成岭侧成峰,只缘身在此山中——〈大地〉与〈白鹿原〉中的中国传统孝道伦理》,《作家》2015年第6Ⅹ期,第176-177页。

的是两部作品的主人公在行为方式、情感方式和思维方式上的相似性所呈现出的两位作家的相似文化理念。[①] 王仲生的《两株大树的召唤:〈白鹿原〉与〈大地〉比较研究》则是从两部小说所体现的作者"精神还乡"、人与土地关系的审美观照,以及小说理念与文化立场三个层面进行比较研究。[②]

2.《大地》和《白鹿原》中的农民形象

《大地》的主人公王龙与《白鹿原》的主人公白嘉轩出身于不同的社会阶层,一个是勉强维持生计的穷苦农民,一个是富有的地主。

《大地》的开篇是王龙结婚的日子。王龙很穷,娶老婆的时候只有"六个银元和两把铜钱",但这并不妨碍他结婚生子。有个财主想把他厨房打杂的粗使丫鬟嫁给一个诚实能干的年轻农民,而王龙正好符合这个条件。于是,王龙没花一个铜板就娶到了妻子阿兰。阿兰在 20 岁时嫁给王龙,正是作为劳动力的黄金年龄。然而,富人宁愿花钱买一个还不能做工的小女孩来代替阿兰,也不愿意耽误这个年轻女人的婚姻。阿兰的主人这样做,是因为这是中国传统社会"礼"的要求。正如费孝通在《乡土中国》中所说:"礼是社会公认合式的行为规范……维持礼这种规范的是传统。"[③]王龙与阿兰的婚姻正是建立在中国传统社会"礼"的基础上。

《白鹿原》的主人公白嘉轩是地主白秉德的独子,16 岁时,父母为他迎娶了当地财主的女儿,一年后财主的女儿因难产而死。之后几年,白嘉轩陆续结了五次婚,他的妻子无一例外都死了,多次娶亲把他父亲留下的财产耗掉大半。白鹿原上盛传他"命硬克妻",即使聘礼再多,附近人家也不愿意把女儿嫁给他。白嘉轩的第七任妻子是白家在偏远山区设立的中药材收购点负责人的女儿吴仙草,吴父这么做是为了报答已故老板白秉德的信任和知遇之恩。这桩婚姻的基石是中国传统社会所倡导的"仁义"。

在小说的开头,两位作家不约而同地让自己的主人公首先承担起结婚生子、繁衍后代的使命。因为在中国传统文化中,生育子嗣是家族的首要大事。发生在王龙和白嘉轩身上的故事反映了当时中国农村所信守的传统道德伦理。无论是"礼""仁义"还是"繁衍",这些广泛存在于农耕文明时代的民间伦理,是中华文明绵延传承的重要力量。

---

① 贾俊民:《王龙和白嘉轩:中华农业文明的最后一代精英——赛珍珠和陈忠实文化观念同质性研究》,《时代文学(下半月)》2010 年第 1 期,第 5-6 页。

② 王仲生:《两株大树的召唤:〈白鹿原〉与〈大地〉比较研究》,《当代文坛》2008 年第 1 期,第 173-177 页。

③ 费孝通:《乡土中国》第 3 版,北京出版社,2011,第 72 页。

一、《大地》和《白鹿原》中农民形象的相似之处

《大地》与《白鹿原》中的农民形象大体分为两类：一类是以主人公王龙、白嘉轩为代表的男性农民形象，他们身上体现出中国农民骨子里的纯朴、勤劳，以及对土地深厚的情感；另一类是以主人公妻子阿兰、吴仙草为代表的女性农民形象，她们身上体现的是封建社会要求女性为家庭奉献一切的无私精神。

1. 对土地根深蒂固的感情

在《大地》中，赛珍珠以“土地”为主题来描述中国农民的生活。王龙生活中的吃、住以及信仰都与土地息息相关。王龙的房子是用土砖砌的，土砖是用自家田里的土烧的，屋顶是用田里长的麦秸秆铺的，灶台是祖父年轻时用田里的泥垒的。王龙的祖先在自家田里建了一座小土地庙，每逢婚姻、生育、收获等大事，都会去祭祀。在他们看来，土地爷掌管着土地，因此也掌管着他们的命运。

土地是王龙最重要的财富。王龙知道强盗和小偷可以夺走他的银子和其他财产，但夺不走土地，所以他一有能力就买田。即使在饥荒时期，他与家人饿得奄奄一息，宁可到南方乞讨，也不愿卖掉土地。在流落南方的日子里，他始终对故乡的土地魂牵梦绕，相信只有回到故乡的土地上才有希望。王龙临死前，要求孩子们把他埋在辛勤耕耘了一辈子的自家土地里。王龙从出场到死去，始终离不开土地。

在《白鹿原》中，白鹿两家相争的根源是土地。当鹿泰恒父子和白嘉轩换过地、第一次踏上梦寐以求的那块天字号好地时，父子俩支开帮工，亲自挖掉界石，享受拥有最好土地的快乐。白家和鹿家的繁荣源于他们拥有的土地和他们对土地的精心管理。无论白嘉轩或是鹿子霖，最熟悉的可能不是自己的手掌而是他们的土地。① 当白嘉轩被土匪打折腰杆，在床上躺了三个月养伤，走出家门后第一件事就是从长工手中接过犁，放开喉咙吆喝牲畜，到田里看翻卷的土壤，感受新鲜的泥土气息。在土地上耕作令他心情畅快，他一直到棉田的尽头掉过犁头，背着霞光朝东头翻耕过来的时候，吼起了秦腔……②

在王龙和白嘉轩心目中，土地不是简单的生产资料和物质财富，而是他们最终的精神家园。他们视土地为命根子，把自己的全部生命、精力和情感都投入到土地上。亲近土地时产生的快感和愉悦，超过了拥有金钱、权力的快感。土地是他们的宗教，是他们的图腾。他们身上带着中国农民以农为本、以土为根的传统文化心理。

---

① 陈忠实：《陈忠实集·长篇小说卷·白鹿原》，长江文艺出版社，2012，第 27 页。

② 陈忠实：《陈忠实集·长篇小说卷·白鹿原》，长江文艺出版社，2012，第 235 页。

2. 平静而顽强的女性

辜鸿铭在《中国人的精神》中说:“中国女性的理想是,作为一个妻子,要绝对地、无私地为丈夫而生活。”[1]在《大地》和《白鹿原》中,主人公命运的改变都与他们的妻子密切相关,但是在他们眼里,更看重妻子传宗接代、勤俭持家的能力,妻子是丈夫的附属品。

王龙的妻子阿兰勤劳、勇敢、坚强。当村子遭受旱灾时,一家人逃到南方。在陌生而艰难的环境中,她比王龙更快地适应了环境,成为全家人实际的精神支柱。然而,王龙发迹后,开始享乐挥霍,认为阿兰不够漂亮,爱上了年轻妓女荷花。曾与他共患难勤劳善良的阿兰受到冷落,伤心死去。阿兰是封建社会中国农村妇女的缩影,她身上具备封建社会要求女性的良好品德。小时候她因饥荒被父母卖作家奴,成家后她少言寡语,对丈夫和长辈任劳任怨。当丈夫想纳妾,并拿走她心爱的珍珠时,她也只能逆来顺受。在家庭生活中,她果断坚定,在饥荒最严重、全家人都要吃泥巴的时候,她不得不亲手扼死了刚出生的婴儿;当丈夫不忍心宰杀家里的耕牛时,她勇敢地拿起了尖刀;在南方发生动乱时,她依靠敏锐的感觉和经验找到珠宝,从此改写王家的命运。

吴仙草是白嘉轩的第七任妻子。吴仙草父亲为了报答白嘉轩父亲的恩情,把女儿嫁给白家。娶她之前,白家男丁凋零。婚后,她先后生育了三个儿子和一个女儿,自此白家子嗣兴旺,改变了多代财旺人稀的局面。瘟疫期间,她送家里人去娘家避难,自己则坚持留下来陪白嘉轩,后因染上瘟疫,病重去世。作为妻子,吴仙草恪守妇道,热爱自己的丈夫;作为母亲,她满怀慈爱,照顾子女无微不至;作为家庭的女主人,她勤劳、能干、肯吃苦。吴仙草抚养孩子,管理家务,纺纱织布,为白家默默奉献,从无怨言。直至她染上瘟疫,日益病重,仍像往常一样给白嘉轩、鹿三做饭,亲手缝好自己的丧服,不给家人添一点麻烦。

阿兰与吴仙草都是封建社会培养出的标准妻子。她们完美地奉行着“三从”“四德”的戒条:她们从父、从夫、从子,孝顺长辈,忠诚于丈夫,尽心于子女;她们拥有“女德”,身家清白,操行良好,面对穷苦生活依然不屈不挠;她们懂得“女言”,懂得什么该说,什么不该说;她们具有“女容”,虽不漂亮,但干净得体;她们明白“女工”,一刻不停地忙碌于劳作和家务。在《大地》和《白鹿原》所营造的封闭农村社会环境中,阿兰和吴仙草的使命和荣耀在于繁衍后代,在于为家庭付出。她们如同厚重的土地,无论别人如何践踏,始终默默地支撑着家族的和谐兴盛。

① 辜鸿铭:《中国人的精神》,王晋华、黄永华注译,青岛出版社,2020,第92页。

二、《大地》和《白鹿原》中农民形象的差异

《大地》中王龙原本是一个与父亲相依为命的穷苦农民，而《白鹿原》中白嘉轩出生在一个富有的大户人家。二人出身的不同导致了他们的思想、眼界和行为处事的差异。

1. 获取财富的途径不同

《大地》讲述了王龙的发家史。他本是贫穷自卑的农民，他命运的改变是从娶妻开始。王龙和妻子阿兰努力劳作，逐渐改善家庭生活条件，但由于饥荒，他们被迫举家到南方谋生。在一次暴乱中，王龙通过抢劫一个大户发了财，阿兰也凭借着曾在大户人家做过佣人的经验搜到不少贵重珠宝。回到家乡后，王龙立即拿这笔意外之财买下了落魄富户黄家的土地，并雇佣长工帮他耕种，经过数年财富积累后，最终成为一个受人尊敬的地主。

《白鹿原》的故事发生在陕西关中平原上被称为“仁义之乡”的白鹿村。扎根农村的白家和鹿家的祖先，靠着自己的勤劳和智慧，一点一点地积累财富，购买土地。他们相信，必须拥有土地，他们的后代才能过上好日子。白嘉轩原本家底丰厚，但经历六娶六殇后，家道中落。他的第七任妻子吴仙草嫁入白家时，为他带去了罂粟种子。“金子多贵鸦片就多贵”，种植罂粟能带来高额的回报。白嘉轩将家里的十余亩水地都种满了罂粟，他用这些罂粟赚得的收益翻新旧屋，扩建马号，将白家重新壮大起来。

在封建社会的农村，人们拥有的最重要的财富就是土地。《白鹿原》中，白嘉轩的财富基础来自白家几代人的积累。正是因为有祖上留下的原始财富，白嘉轩才有机会在自己那片丰饶的土地上东山再起。而《大地》中王龙的财富，少部分是由他和阿兰的勤劳和节俭攒下的，更多的是由偶然抢劫带来的。夫妻俩的勤俭远不足以让他们大富大贵，那笔突如其来的意外之财，让王龙买到了大量的土地，成为当地显赫的地主。

2. 主角们的道德准则不同

王龙出生在贫困家庭，没有文化。他的父母没有能力送他去学校，也没有能力在家里对他进行良好的教育。一方面，王龙身上有着中国农民淳朴善良、吃苦耐劳的美德。他坚韧不屈，作为一家之主，不断谋求财富，让家人过上了富裕的生活；他知恩图报，在安定下来后，聘用曾借给他一把豆子的邻居作为管家。另一方面，王龙并不自律，他的道德要求只限于当时社会的一般标准。面对落难的富人，他虽有犹豫但还是选择了打劫；发家之后，王龙为自己的农民身份感到羞耻，逐渐开始追求享乐，花钱如流水；他嫌弃发妻阿兰，偏爱二太太荷花；在面对小儿子从戎的愿望时表示不解，对国家存亡和民族自由的思想无动于衷。

白嘉轩是受人尊敬的族长，在村里享有很高的社会威望和地位，是农耕文明、传统道德的守护者。他将“仁、义、礼、智、信”充分融入自己的日常生活，并以自己的行为为村民们树立典范。作为严父，他试图向儿子们灌输白家几百年来坚持的传统文化；作为族长，他对待与田小娥通奸的儿子白孝文，也同样毫不留情。白嘉轩一生都在追求体面与尊严，不愿意让祖先蒙羞，也不愿意愧对子孙。白嘉轩以族长的身份制定了“乡约”，规范白鹿原的乡村生活。虽然他的腰被土匪打折，不能再挺直腰板说话，但他从未放弃过自己的道德准则。

在《近代中国的乡土意识：清末民初江南的地方精英与地域社会》中，佐藤仁史提道：针对位于官民之间、地方社会关键人物的绅士阶层，其作用有维持治安、确保民众粮食、排纷解难、联络官民、慈善劝业、移风易俗六方面。[①] 在当时的农村，地主阶级显然属于佐藤仁史所指的乡绅阶层。王龙发迹后，小说更多地围绕着王龙的家庭生活展开。着力于描写他自身地位的改变、生活的改善和开销的增加，却不曾提到他主动为地方或国家作出的贡献。与王龙不同，白嘉轩一直以儒家道德标准要求自己，并作为族长维护着白鹿原的伦理秩序。他作为地方精英，有强烈的使命感，在白鹿原乡村自治中承担着领导者的责任。

三、异同的原因分析

《大地》和《白鹿原》均以土地为书名，反映清末民初的中国农村生活，叙述一个家庭几代人的历史，表现中国农民对土地的深厚感情。两部小说中的农民形象有着中国乡土社会居民的共性，这是其共同点。《大地》的作者和读者多是西方人，而《白鹿原》的作者和读者多是中国人，两位作者在创作中国农民形象时存在着思维和视角上的差异。

1. 两部小说的写作背景

美国作家赛珍珠的小说《大地》自 1931 年首次出版以来，一度成为当年的畅销书，在 1932 年获得了普利策小说奖，作者也因此在 1938 年获得了诺贝尔文学奖。这部小说跨越当时东西方文化的巨大鸿沟，改变了许多西方读者对中国“历史悠久而又软弱落后的神秘国家”印象，促进了东西方文化的交流。评论家们称赞这部小说规避了刻板印象，并将中国生活描述成能够被理解的普通人的生活。[②] 小说一问世，就在大萧条时期的美国人心中引起了强烈共鸣，向他们展示了中国农民顽强的生存意志。

---

① 佐藤仁史：《近代中国的乡土意识：清末民初江南的地方精英与地域社会》，北京师范大学出版社，2017，第 17 页。

② Peter Conn, *Pearl S. Buck: A Cultural Biography* (Cambridge: Cambridge University Press, 1996), p. 126.

赛珍珠出生于弗吉尼亚州，三个月大时被身为传教士的父母带到中国。她在镇江度过了18年的青少年时光，在中国生活了近40年。赛珍珠称中文为“第一语言”，镇江为“中国故乡”，她在这里完成了小说《大地》。赛珍珠在成长过程中同时受到中国和西方文化的影响，这使她的作品具有中国和西方的双重文化视角，也使她选择了西方作家鲜有尝试的中国农村题材。她亲切地描绘了她所见到的中国，但她潜意识中的西方思想在作品中亦有所体现。赛珍珠的美国思维帮助西方更好地接纳和理解她的作品，同时也使她的作品不能完全反映真实的中国社会。

中国作家陈忠实的小说《白鹿原》出版后受到读者的高度评价，获得了第四届茅盾文学奖，被认为是中国当代文学中最重要的作品之一。主要原因有：① 几千年来，中国文学中的农耕文明范式，已经成为中国人对乡村的审美理想和文化想象。② 陈忠实出生、成长在中国的黄土高原上。③《白鹿原》以乡村为描述对象。④ 主要人物的命运与他们生活的土地密切相关，字里行间可以感受到来自黄土地的生命脉搏和气息。

在写这本书之前，陈忠实查阅了地方志，采访了当地老人，小说中的许多人物都有真实原型。他的小说真实深刻地展示了中国乡村社会的面貌，深入分析了乡村社会中由家庭、宗族、政治、经济等因素交织的复杂关系，展示了儒家文化深深扎根于人们心中的乡村。

赛珍珠曾在中国南方生活了很长时间。尽管她比大多数外国人更了解中国文化，但她在看待中国时仍然无法摆脱西方思想的影响。赛珍珠创造的中国农民是根据她在中国南方的所见所闻而虚构的，这些形象的主要作用是介绍中国的习俗和文化，这使得人物形象显得片面单薄。而作为一个中国北方人，陈忠实则尽力让过去的生活重现。他用丰富的细节和史料支撑他笔下的人物形象，这也使得他笔下的北方农民形象更加复杂和真实，与中国观念中的农民形象更加一致。

2. 两位作者之间的文化差异

在美国，每个人都被视为拥有一套独特的才能和潜力。对自我实现的努力伴随着主观的正确性和个人的幸福感。[①] 美国人重视个人自由和平等，主张对人作为个体的尊重，相信个人主义，并乐于在个人主义的基础上以理想化的模式生活。个人主义强调自我奋斗，通过自我奋斗和努力工作获得成功，并在社会上得到尊重。这就是人们常说的“美国梦”。美国梦是个人主义价值观的集中体现。

① Alan S. Waterman, *The Psychology of Individualism* (New York: Praeger, 1984), p. 201.

清末民初的中国是一个以儒家思想为主流文化的国家，注重家庭关系和血缘关系。因为中国社会长期以来是一个农业社会，也是一个农村宗法氏族的共同体，是以家庭为主要形式的生活共同体。[①] 作为儒家文化最可靠的信仰者，乡绅阶层是农村社会文化的领导者，同时在农村社会的管理中也有话语权。乡绅阶层是中国封建社会特有的，一般在农村社会中扮演着朝廷和政府官员的角色，是封建统治者和下层农民之间的桥梁。他们稳定当地的人心，减轻政府的压力，维护村民和政府之间的经济关系。中国的农村社会是以宗法制群体为基础的。每个人都以自己为中心形成一个网络，并自觉遵守支持这种模式运作的相关礼仪和习俗。乡绅阶层积极履行凝聚民族、尊重祖先的责任。他们不仅是农村社会良好道德和诚信的示范和引导者，也是规范部落和村民行为的监督者和执行者。

美国文化重视个人利益，而中国传统文化重视集体利益。美国人崇尚个人自由，强调发挥个人潜能，实现个人目标，把个人利益放在首位，追求个人利益。现代西方社会的特点是非常强调个人权利。但在我们中国的思想中，特别是在儒家思想中，强调的是责任……责任先于自由；义务先于权利；集体先于个人。我认为这就是中国古代价值观的特点。中国文化强调家庭、阶级和集体主义。[②] 当个人的利益和集体的利益发生冲突时，中国人总是把集体的利益放在第一位。在《大地》中，王龙发财后首先选择提高自己的物质生活水平，却从未想过要做有利于其他村民的事情。而《白鹿原》中，作为乡绅，白嘉轩一直在维护集体主义，保护家族的声誉和村庄的利益。

四、结论

赛珍珠的《大地》和陈忠实的《白鹿原》都充满了对中国传统文化的感情，由于写作背景、审美取向、观察角度和表现手法的不同，作品中的中国农耕文明和农民形象也有各自的特点和审美价值。赛珍珠最重要的作品《大地》向西方社会展示了她眼中的真实中国，也传播了古老的中国传统文化。在《白鹿原》中，陈忠实书写了民族精神的秘史，是中国传统文化精神的回归。

中国传统文化的核心是儒家思想。在这两部作品中，儒家文化主要体现在人与自然、人与人、人与自身的三大关系上。儒家思想主张人与自然的统一，强调人与自然的和谐。两部作品中的主人公都对土地有着强烈的依恋，对“仁、义、

---

① 陈来：《中华文明的核心价值：国学流变与传统价值观》，生活·读书·新知三联书店，2015，第164页。

② 陈来：《中华文明的核心价值：国学流变与传统价值观》，生活·读书·新知三联书店，2015，第211-212页。

礼、智、信”等传统道德有着相似的坚持。然而，由于他们的背景和所处的环境、阶层不同，在传统的乡村伦理下，他们必然会呈现出不同的形象。

另外，我们不难看出，作为美国作家的赛珍珠与中国本土作家陈忠实在文化观念上有一定程度的相似性。这是因为赛珍珠在中国度过了40年的岁月，在生命的后期，她仍将中国视为自己的精神家园。她对中国传统文化的认同和热爱，甚至超过了许多在这里出生和死亡的中国文人。但与真正的中国作家笔下的乡村中国相比，即使是像赛珍珠这样了解中国的美国作家所描述的中国形象也是片面的。这是文化差异背景下一个不可避免的问题。

文化差异不可避免，每种文化都有自己的价值体系，这种差异是文化交流的主要障碍。赛珍珠之所以能够突破西方人对中国形象的偏见，创造出非常接近当时真实中国的形象，就是因为她完全没有偏见地接受了中国的文化价值体系。在跨文化交流的过程中，人们不应该以自己群体的价值标准来评价其他民族的文化，也不应该对其他文化的民风民俗和社会文化信息作出消极反应。文化是一个民族独特的历史经验和规范的积累，需要不断学习和理解。只有了解文化的起源和差异，才能有效减少文化差异，避免文化冲突，实现跨文化交流。

朝鲜王朝文人对江淹《恨赋》的接受与拟写

李　珂
（山东大学外国语学院）

摘　要：隋唐时期江淹的《恨赋》随《文选》传入朝鲜半岛后，被朝鲜王朝文人广泛接受，“恨赋”“恨人”等文学符号也出现在朝鲜王朝文人的创作之中。受朝鲜王朝中期党争的影响，朝鲜王朝文人拟作《恨赋》抒发情志，吊古凭今。迄今为止，文献中有五篇朝鲜《恨赋》拟作可考。这些作品在文风上因袭了江淹原作的特色，在题旨方面传承和延续了“恨”的基调，同时融入了个人情志、时代背景和民族精神，反映了朝鲜王朝文人在学习和接受汉赋过程中的文本实践及其创作特色。

关键字：《恨赋》；朝鲜王朝汉文学；域外汉文学；拟赋；汉赋接受

南朝江淹《恨赋》以其“通篇奇峭有韵，语法俱自千锤百炼中来，然却无痕迹”[①]，历来为文人墨客所称道。在中国，不仅有唐代李白、明代李东阳为之拟作，也对后世辞赋流衍、乃至诗词创作产生了深远影响。随着《文选》和汉文学在朝鲜半岛的传播，江淹与《恨赋》被朝鲜王朝文人广泛接受。朝鲜王朝中期以后，朝鲜王朝文人拟写《恨赋》，留下了优秀的拟赋作品：李荇（1484—1512）《续拟恨赋》[②]，申光汉（1484—1555）《续拟恨赋》[③]，金隆（1549—1594）《恨赋》[④]，吴光运（1689—1745）《恨赋》[⑤]和赵普阳（1709—1788）《拟恨赋》[⑥]。此前，朝鲜王朝文人的《恨赋》拟作已经引起了少数学者的关注。张佳在其博士学位毕业论文《朝鲜朝时代拟赋研究》[⑦]中指出，朝鲜王朝文人的《恨赋》拟作体现了儒家的义理精神，具有一种慷慨悲愤的格调，并在另一篇作品《古代朝鲜辞赋的摹拟性质及其

① 赵逵夫：《历代赋评注（南北朝卷）》，巴蜀书社，2010，第 281 页。
② 李荇：《续拟恨赋》，载《续东文选》卷二，韩国首尔太学社，1975，第 24 页。
③ 申光汉：《续拟恨赋》，《企斋集卷之一》，《韩国文集丛刊》22 辑，韩国民族文化推进会，1991。
④ 金隆：《恨赋》，《勿巖先生文集第 1 卷》，《韩国文集丛刊》38 辑，韩国民族文化推进会，1991。
⑤ 吴光运：《恨赋》，《药山漫稿卷之一》，《韩国文集丛刊》211 辑，韩国民族文化推进会，1998。
⑥ 赵普阳：《拟恨赋》，《八友轩集第 1 卷》，《韩国文集丛刊》续 79 辑，韩国民族文化推进会，2007。
⑦ 张佳：《朝鲜时代拟赋研究》，博士学位毕业论文，南京大学文学院，2014。

类型》[①]中指出，李膂的《续拟恨赋》及赵普阳的《拟恨赋》体现了对原作题旨的延伸。杨昊在《古代朝鲜文人拟次李白赋作论析》[②]中将申光汉的《续拟恨赋》与江淹的《恨赋》、李白的《拟恨赋》进行了对比分析。此外，韩国学者黄东权在《八友轩赵普阳的〈拟恨赋〉研究》[③]中对赵普阳《拟恨赋》的内容和主旨进行了分析和探讨。总的来说，既有研究往往集中于对某一位朝鲜王朝文人的《恨赋》拟作进行分析，或是将其纳入朝鲜对中国汉文学接受的宏观框架之中稍作提及，缺少对朝鲜王朝文人《恨赋》拟作的具体分析和系统归纳。本文以朝鲜《恨赋》拟作为对象，通过文献整理、文本细读、知人论世等方法考察朝鲜王朝文人在学习和接受汉赋过程中的文本实践及创作特色。

一、朝鲜王朝文人对江淹《恨赋》的拟写

江淹《恨赋》作为《文选》中抒情赋作的优秀代表，于隋唐时期随《文选》传入朝鲜半岛。《文选》是中国现存最早的诗文总集，高句丽和新罗的贵族子弟以此为文学教科书，高丽王朝则成为文学之典范而盛行。[④] 朝鲜明宗在位时，上层阶级为振兴文风，将《文选》定为科举考试的内容，引导文士从中学习四六的形式技巧和辞章典故。《文选》在朝鲜半岛被广泛地学习和接受，不仅被大量刊印，其中收录的辞赋诗句也被竞相诵记和引用乃至拟写次韵，推动了朝鲜半岛汉文学创作走向全面繁荣。[⑤]

朝鲜王朝中期以后，《恨赋》同题拟作的出现，成为朝鲜王朝文人对《恨赋》的学习进入文本实践阶段的标志。如今流传下来的《恨赋》拟赋尚有五篇，分别为李膂《续拟恨赋》、申光汉《续拟恨赋》、金隆《恨赋》、吴光运《恨赋》和赵普阳《拟恨赋》。那么江淹《恨赋》拟作为何会集中出现在朝鲜王朝中后期呢？要探讨这一问题，可以从文风转换、《文选》盛行与士祸频仍三个层面进行分析。

首先应注意到的是，明朝前后七子掀起的文学复古之风东渐，“文必秦汉，诗必盛唐”的观念也在朝鲜王朝文人之中传播开来。朝鲜王朝后期文人南克宽在《端居日记》中记载：王、李之波东渐。学诗而兼文者，上数子。专学文者，月汀、

---

① 张佳：《古代朝鲜辞赋的摹拟性质及其类型》，《辽东学院学报（社会科学版）》2017 年第 1 期，第 17-21 页。

② 杨昊：《古代朝鲜文人拟次李白赋作论析》，《河北科技师范学院学报（社会科学版）》2015 年第 2 期，第 63-71 页。

③ 黄东权：《八友轩赵普阳的〈拟恨赋〉研究》，《大东汉文学》2015 年。

④ 权赫子：《朝鲜朝中后期〈文选〉接受与辞赋创作》，《徐州师范大学学报（哲学社会科学版）》2012 年第 2 期，第 20-25 页。

⑤ 权赫子：《朝鲜朝中后期〈文选〉接受与辞赋创作》，《徐州师范大学学报（哲学社会科学版）》2012 年第 2 期，第 20-25 页。

玄轩、清阴、汾西，东淮、春沼、息庵也，溪谷亦略有染焉……诗主气，文主体。[①]佐证了当时复古文风的盛行。而在中国，唐朝诗人李白少年时曾作《拟恨赋》，思想情感却与江淹原作大不相同，以古人之“恨”，写今人之志，充分表达了自己积极旷达的心态。李白《拟恨赋》传入朝鲜，对他们拟写《恨赋》起到了助推作用。朝鲜王朝文人在拟作赋序中，无一例外地提及了李白的拟作，即可证明这一点：李胥《续拟恨赋》中有“昔江淹作恨赋，李白拟之”之言，申光汉《续拟恨赋》中有“梁江淹作《恨赋》……其后唐人李白拟而述”的表述，金隆《恨赋》云“江文通有《恨赋》，李太白拟之”，赵普阳《拟恨赋》中也提到了“昔江文通作《恨赋》，词极悲哀。李白又拟而和之”。

此外，如前文所言，朝鲜王朝中期《文选》文本广泛传播，朝鲜王朝文人学习《文选》中赋作写法，并争相记诵拟写。朝鲜王朝中期文人崔奎瑞记录科举时写道：读《诗传》时，依《诗传》作四言诗，读《文选》时，依《文选》诗作五言诗，且作四六赋……[②]可见《文选》之四六赋对朝鲜王朝文人影响之大。江淹《恨赋》作为《文选》中优秀的抒情赋作，势必成为朝鲜王朝文人学习拟写的对象。

最后，应当特别予以关注的是，朝鲜王朝中后期文人对《恨赋》所传达的题旨有了更加深刻和集中的感受。当时朝堂之上，主张改革的士林派与拥护已有秩序的勋旧派党争不断，导致15世纪末至16世纪中期的近五十年间发生了四次大规模的士祸。大量文臣被迫牵涉其中，成了政治的无辜牺牲品。这些文臣既忧谗畏讥，担忧自己的前途命运，又心系家国，担心社会混乱和国力衰微。因此他们能够更加深刻地体会到“文人之悲”，作《恨赋》以抒己愁。

二、朝鲜王朝《恨赋》拟作的文本特色

朝鲜王朝文人的《恨赋》拟作多沿袭了江淹原作的技巧与结构，并结合个人情志以抒发情感，既拟又变，具有鲜明的创作特色。下面将从丽辞之美、结构之法、引典化文三个方面对朝鲜王朝文人五篇《恨赋》拟作进行分析和探讨，以期展示朝鲜王朝文人《恨赋》拟作的文本特色。

1. 丽辞之美

朝鲜王朝文人的《恨赋》拟作充分学习和继承了江淹原作的句式特色，具体表现为重视骈俪而句式灵活。刘勰于《文心雕龙·诠赋》中有言：“情以物兴，故义必明雅；物以情观，故词必巧丽。丽词雅义，符采相胜。”[③]要求赋作应具备“丽辞”之美。

---

① 南克宽：《端居日记》，《梦呓集·乾》，《韩国文集丛刊》209辑，韩国民族文化推进会，1998。

② 崔奎瑞：《亡儿持平行状》，《艮斋集》卷十二，《韩国文集丛刊》32辑，韩国民族文化推进会，1991。

③ 刘勰：《文心雕龙译注》，王运熙、周锋撰，上海古籍出版社，1998，第64页。

何为丽辞？“丽辞”即骈俪之辞，讲究对偶，是中国文学中独有的艺术特色之一。刘勰特别注重语言的骈俪之美，他在《文心雕龙·丽辞》中指出：“故丽辞之体，凡有四对：言对为易，事对为难；反对为优，正对为劣。言对者，双比空辞者也；事对者，并举人验者也；反对者，理殊趣合者也；正对者，事异义同者也。”[①]在《恨赋》拟作中大量出现了上述四对丽辞之体。

其一，言对，即仅有文辞的对偶，无需用典。如李膂《续拟恨赋》中“素帷风凄，疏棂月斜”；申光汉《续拟恨赋》中“长夜漫漫，蔀室沈沈”“亲懿湮灭，骨肉消磨”；吴光运《恨赋》中“尔年方壮，尔学方儿”“新人兮如花，故人兮如玉”“苍天在上，江水在下。吾不负水，水不负吾”；赵普阳《拟恨赋》中“河山辽阔，井邑错落。郊原靡靡，有冢累累”“江边健儿，阵前壮士”“杜鹃啼兮山月低，寒猿啸兮白日西。繁华散兮龙凤殂，台馆虚兮乌鸟栖”；等等。

其二，事对，即用典故构成对偶。如李膂《续拟恨赋》中“悔轮台而莫追，图周公以示衷”，以“轮台诏”对“周公图”；吴光运《恨赋》中“嚭舌如簧，属镂如霜”，以“伯嚭谗言”对“属镂赐死”；申光汉《续拟恨赋》中“闻韶忘味，发愤忘食”则以“闻韶忘味”对“发愤忘食”；等等。

其三，反对，即对偶双方虽事理相反但主旨相似。如吴光运《恨赋》中“辞同辇兮如探汤，藏箧扇兮如甘饴”，用一盛一衰两种不同境遇体现了班婕妤为人谨慎的处世之道；“金台暖以景晏，蓟植飒而悲风”则用繁华之景与苍凉之景共同抒发了因谗见放的痛心与悲凉；等等。

其四，正对，即对偶双方意义相同、情感也相似。如李膂《续拟恨赋》中“昆明废兮石鲸寒，洛阳芜兮铜驼鸣”，以昆明池之废弃对洛阳城之荒芜，同抒繁华落尽之苍凉；“北伐南征，东封西祀”体现汉武帝志在天下的野心与功绩。吴光运《恨赋》中“东门眼兮如电，墓上梓兮如梁”以“东门眼”对“墓上梓”，表达了忠臣罹谗的愤恨与冤屈；“负衮衣兮已蹈海，卧小楼兮不履地”则讴歌了文天祥以身许国、舍生取义的豪迈精神。

此外，在骈文的写作原则上，刘勰还提出了“必使理圆事密，联璧其章；迭用奇偶，节以杂佩，乃其贵耳”[②]，也就是说，创作骈文时应当注重事理圆和、语言精妙、下笔自然，并且不必刻意使用对偶句，而使骈散相间，才能达到文章整体的和谐与流畅。以此为原则检视朝鲜王朝文人的《恨赋》拟作，则不难发现这些作品都因袭了江淹原作的句式特点，以四六言句为主，多用对偶，兼以骚体句作结，极有魏晋六朝之风，基本符合刘勰对“丽辞”的要求。其中，唯有金隆所作《恨赋》为

① 刘勰：《文心雕龙译注》，王运熙、周锋撰，上海古籍出版社，1998，第317页。

② 刘勰：《文心雕龙译注》，王运熙、周锋撰，上海古籍出版社，1998，第319页。

纯六骈赋，篇幅较短而句式整饬，与朝鲜王朝后期六言辞赋的兴盛不无关系。

2. 结构之法

就结构而言，朝鲜王朝文人的《恨赋》拟作整体上与江淹之作环环相扣，堪称对其作的踵事增华。江淹《恨赋》开篇写“试望平原，蔓草萦骨，拱木敛魂”，以萧条凄怆之景奠定了悲凉基调，其后列举六位具体历史人物之“恨”，进而又泛述了孤臣、孽子、迁客、流戍四类人物的悲凉命运，最后以骚体句作结，直抒胸臆。反观朝鲜王朝文人的拟作，亦多以借景抒情的方式开篇，如申光汉《续拟恨赋》“长夜漫漫，蔀室沈沈，孤灯照策”，吴光运《恨赋》“步出都门，丘原轇輵”和赵普阳《拟恨赋》“晨登太白，一望南北。河山辽阔，井邑错落。郊原靡靡，有冢累累”。主体部分都列举古人恨事以古证今，如李簣《续拟恨赋》中共列举六位人物，分别为汉武帝、刘备、祖逖、共姜、岳飞、文天祥。申光汉《续拟恨赋》也列举了六位人物，分别为轩辕黄帝、舜帝、姬昌、孔子、颜回、朱熹。金隆《恨赋》列举了孔子、孟子、二程（程颢、程颐）、朱熹五人。吴光运《恨赋》中列举了十四名人物，包括颜回、伍子胥、乐毅、屈原、班婕妤、臧洪、陈容、诸葛亮、关羽、祖逖、南霁云、岳飞、文天祥、杨邦乂。赵普阳则一连列举了十六位朝鲜历史中的人物。

值得注意的是，与江淹之作相比，朝鲜王朝文人的拟赋在结构上添加了“赋序”，五篇作品文本中有四篇包含赋序。“赋序这一体裁具有鲜明的文学性倾向，可以视为相对独立的美学对象进行观照”①，发挥着多种作用。

其一，点明创作动机。如赵普阳在《拟恨赋》序中自言：“首寓后王监戒之意。次示来人观感之道。终附史氏立传之意。”

其二，阐述主题思想。《文心雕龙·诠赋》中所言，“序以建言，首引情本”②，就指出了赋序的这一作用。如李簣在《续拟恨赋》的赋序中提到“古之恨者不止此也”，表明其作进一步深化了江淹原作“恨”的情感。而申光汉《续拟恨赋》序“死者，人之所共有。其为可恨，岂无大于向人之所称者哉”，则指出自己意在叹息圣人遗恨。

其三，对前作进行赏鉴与品评。如金隆《恨赋》中所言“江文通有《恨赋》，李太白拟之。其所恨，皆非丈夫所可恨”；申光汉《续拟恨赋》中有“昔，梁江淹作《恨赋》，恨及吕政、李陵之死。文虽胜，而意实乖。其后唐人李白拟而述，文之纤丽，殆若过之。然既谓思前贤，而恨李斯者奚。近世，东国人续而拟之者亦多，不过祖述江、李而已”；又有赵普阳《拟恨赋》中自言“昔江文通作《恨赋》，词极悲哀。

① 安生：《行人用赋与外交唱和：〈登楼赋〉在朝鲜朝的拟效与流衍》，《外国文学评论》2018 年第 4 期，第 87-99 页。

② 刘勰：《文心雕龙译注》，王运熙、周锋撰，上海古籍出版社，1998，第 60 页。

李白又拟而和之。其旨则不能一二,而雄健则过之"。

综上所述,朝鲜王朝文人几篇《恨赋》拟作的结构,整体上与江淹《恨赋》类似,同时又加入了"赋序",使其发挥出多重作用。

3. 引典化文

刘勰《文心雕龙·事类》曰:"事类者,盖文章之外,据事以类义,援古以证今者也。"[①]说明举例用典有增强说服力、援古证今的效果。江淹《恨赋》大量铺陈典故,具有极强的文学性。朝鲜王朝文人的五篇拟作也都继承并运用了这一手法,但就其具体内容而言,又各有其特点,也体现了各不相同的观点和态度,实现了对原作的创新求变。

表1 李瞀《续拟恨赋》用典与化用文辞

	拟赋原文	典故与对应文辞出处	
		典故与对应文辞	出处
1	金茎无效	抗仙掌以承露,擢双立之金茎	《文选·班固〈西都赋〉》
2	弓剑忽遗	何图一旦,弓剑莫追	《魏书·肃宗纪》
3	悔轮台而莫追	今请远田轮台,欲起亭隧,是扰劳天下,非所以优民也	《汉书·西域传》
4	茂陵秋风	茂陵刘郎秋风客	李贺《金铜仙人辞汉歌并序》
5	跨荆益而虎视	若跨有荆、益	陈寿《三国志·蜀志·诸葛亮传》
6	长星继陨	有星赤而芒角,自东北西南流,投于亮营,三投再还,往大还小,俄而亮卒	孙盛《晋阳秋》
7	至如士雅渡江,忠愤激烈,击楫誓天	仍将本流徙部曲百余家渡江,中流击楫而誓曰	《晋书·祖逖传》
8	枕戈未遑	吾枕戈待旦,志枭逆虏,常恐祖生先吾著鞭	《晋书·刘琨传》
9	恨怙恃之我昧	无父何怙?无母何恃?	《诗经·小雅.蓼莪》
10	之死矢兮靡他	之死矢靡它	《诗经·鄘风·柏舟》
11	昔者岳王精忠	帝手书"精忠岳飞"字	《宋史·岳飞传》
12	功垂成于羿彀	游于羿之彀中。中央者,中地也	《庄子·德充符》
13	此人但值良辰美景	天下良辰、美景、赏心、乐事	谢灵运《拟魏太子邺中集诗》序
14	骚人墨客漂泊海陬	骚人之文,自兹而作	萧统《〈文选〉序》
		墨客降席,再拜稽首	扬雄《长杨赋》

① 刘勰:《文心雕龙译注》,王运熙、周锋撰,上海古籍出版社,1998,第338页。

表 1(续)

	拟赋原文	典故与对应文辞出处	
		典故与对应文辞	出处
15	海波竭兮桑田青，桑田变兮海波惊	接待以来，已见东海三为桑田	葛洪《神仙传·麻姑》
16	昆明废兮石鲸寒，洛阳芜兮铜驼鸣	石鲸秋动昆明沼，玉虎宵吟金井阑	王廷相《明月篇》
		知天下将乱，指洛阳宫门铜驼，叹曰："会见汝在荆棘中耳？"	《晋书·索靖传》

如上表所示，李胥《续拟恨赋》引用了"金茎""弓剑""悔轮台""星陨亮卒""击楫誓天""枕戈""怙恃""精忠""羿彀""骚人墨客""桑田""昆明石鲸""洛阳铜驼"十三个典故，并化用了陈寿《三国志·蜀志·诸葛亮传》《诗经·鄘风·柏舟》及李贺、谢灵运诗文。整体来看，其引用典故大多来自史书记载，具有真实性，其次《文选》和《诗经》中各有两例。此外还有《庄子·德充符》、扬雄《长杨赋》等，甚至涉及了源自志怪小说《神仙传》中的典故，可谓旁征博引。

表 2　申光汉《续拟恨赋》用典与化用文辞

	拟赋原文	典故与对应文辞出处	
		典故与对应文辞	出处
1	龙驭忽乎鼎湖，弓剑遗坠，天下攀号	……百姓仰望黄帝既上天，乃抱其弓与胡髯号，故后世因名其处曰鼎湖……	《史记·封禅书》
2	琴南薰兮化远	昔者舜弹五弦之琴，造《南风》之诗	《孔子家语·辩乐》
3	苍梧云断	苍梧云断帝升遐	赵汝普《题舜帝庙》
4	泪血斑林	舜崩，二妃啼，以涕挥竹，竹尽斑	张华《博物志》卷八
5	鸟鸣岐山	周之兴也，鸑鷟鸣于岐山	《国语·周语上》
6	薰成麟趾	麟之趾，振振公子	《诗经·周南·麟之趾》
7	闻韶忘味	子在齐，闻韶，三月，不知肉味	《论语注疏·述而》
8	发愤忘食	发愤忘食，乐以忘忧	《论语·述而》
9	山颓梁折	泰山其颓乎？梁木其坏乎？	《礼记·檀弓上》
10	颜回陋巷，屡空亦乐	一箪食，一瓢饮，在陋巷，人不堪其忧，回也不改其乐	《论语·雍也》
		回也其庶乎，屡空	《论语·先进》
11	如愚终日	吾与回言终日，不违如愚	《论语·为政》

表 2(续)

	拟赋原文	典故与对应文辞出处	
		典故与对应文辞	出处
12	服仁三月	回也,其心三月不违仁	《论语·雍也》
13	高坚既竭	仰之弥高,钻之弥坚……既竭吾才,如有所立,卓尔	《论语·子罕》
14	道高德劭	年弥高而德弥邵者	扬雄《法言·孝至》
15	茫茫坠绪,式克远绍	寻坠绪之茫茫,独旁搜而远绍	韩愈《进学解》
16	易箦无施	曾子曰:"然。斯季孙之赐也,我未之能易也。元,起易箦!"	《礼记·檀弓上》
17	矧乎吟常棣。咏蓼莪	蓼莪老去仍追诵,常棣新来又废吟	马廷鸾《宿屺瞻夜赋》

如表 2 所示,申光汉引用了"鼎湖""五弦琴与《南风》诗""泪血斑林""鸟鸣岐山""麟趾""闻韶忘味""山颓梁折""颜回陋巷""屡空""易箦"十例典故,并化用《论语》、扬雄《法言·孝至》、韩愈《进学解》等作品中文句。其中引用及化用《论语》的次数最多,共六例,此外还有《论语注疏》《诗经》《礼记》《孔子家语·辩乐》等儒学相关的经典作品,体现了鲜明的儒家思想。

表 3　吴光运《恨赋》用典与化用文辞

	拟赋原文	典故与对应文辞出处	
		典故与对应文辞	出处
1	诸子抠衣	毋践屦,毋踖席,抠衣趋隅,必慎唯诺	《礼记·曲礼上》
2	颜氏之子兮	颜氏之子,其殆庶几乎	《周易·系辞下》
3	嚭舌如篁,属镂如霜	吴太宰嚭既与子胥有隙……乃使使赐伍子胥属镂之剑……	《史记.伍子胥列传》
3	东门眼兮如电,墓上梓兮如梁	必树吾墓上以梓,令可以为器,而抉吾眼悬吴东门之上,以观越寇之入灭吴也	《史记·伍子胥列传》
4	骑白马兮轰怒涛	……子胥因随流扬波,依潮来往,荡激崩岸	《吴越春秋·夫差内传》
5	蓟植飒而悲风	蓟邱之植,植于汶篁	《战国策·燕策二》
6	余马蜷顾	仆夫悲余马怀兮,蜷局顾而不行	屈原《楚辞·离骚》
7	灵琐既以邃远	闺中既以邃远兮,哲王又不寤	屈原《楚辞·离骚》

表 3(续)

	拟赋原文	典故与对应文辞出处	
		典故与对应文辞	出处
8	但回风之摇蕙	悲回风之摇蕙兮,心冤结而内伤	屈原《九章·回风》
9	木讷者谣诼	众女嫉余之蛾眉兮,谣诼谓余以善淫	屈原《楚辞·离骚》
10	望衣裳兮复何时	制芰荷以为衣兮,集芙蓉以为裳	屈原《楚辞·离骚》
11	新人兮如花,故人兮如玉	新人如花虽可宠,故人似玉由来重	李白《怨情》
12	辞同辇兮如探汤	近来谁解辞同辇,似说昭阳第一人	晁端礼《鹧鸪天》
13	藏箧扇兮如甘饴	弃捐箧笥中,恩情中道绝	班婕妤《怨歌行》
14	修正兮未蒙福	修正尚未蒙福,为邪欲以何望	《汉书·外戚传》
15	竖子成名	时无英雄,使竖子成名	《晋书·阮籍传》
16	清比延陵	唯有延陵逃遁去,清名高节老乾坤	范仲淹《吴岩寺》
17	大呼南八	睢阳临难气塞充,大呼南八男儿忠	汪元量《浮丘道人招魂歌》
18	断指飞动	因拔佩刀断指,一座大惊,为出涕	《新唐书·张巡传》
19	狗彘不若	人也,忧忘其身,内忘其亲,上忘其君,则是人也,而曾狗彘之不若也	《荀子·荣辱》
20	金牌飞来	一日奉十二金字牌	《宋史》卷 365《岳飞传》
21	卧小楼兮不履地	天祥留燕三年,坐卧一小楼,足不履地	《宋史·文天祥传》
22	人自靖兮献赵氏	独立兮慨陈,人自靖兮此身。宁为鬼兮赵氏,肯涅缁兮虏庭	游九言《杨忠襄墓》
23	发冲冠而泪沾缨也哉	王授璧,相如因持璧却立,倚柱,怒发上冲冠	《史记·廉颇蔺相如列传》
		雍门子以哭见孟尝君,涕流沾缨	《淮南子·缪称训》
24	彼其愁红恨紫	多少愁红恨紫尘	洪咨夔《南乡子·风雨过芳晨》
25	残山剩水	剩水沧江破,残山碣石开	杜甫《陪郑广文游何将军山林》
26	虽使竭精卫之海注砚水,补不周之天以为纸	有鸟焉……名曰精卫……常衔西山之木石,以堙于东海	《山海经·北山经》
		共工氏与颛顼争为帝,怒而触不周之山	《列子·汤问》
27	纸有尽兮水有涸,恨绵绵兮何时已	天长地久有时尽,此恨绵绵无绝期	白居易《长恨歌》

如表3所示，吴光运之作共享十四例典故，分别为“抠衣”“颜氏之子”“属镂”“东门眼”“墓上梓”“子胥弃江”“延陵”“断指”“十二金字牌”“坐卧一小楼，足不履地”“怒发冲冠”“流涕沾缨”“精卫填海”“怒触不周山”，并化用《战国策·燕策二》《楚辞·离骚》《九章·回风》《荀子·荣辱》《汉书·外戚传》《晋书·阮籍传》及李白、杜甫、范仲淹等人诗文。

吴光运拟作用典化文的特点有三：其一，化文时多用赋中所列举人物之作。如在介绍屈原恨事时，五次化用屈原《楚辞》和《九章》中的文句；在介绍班婕妤时，“藏箧扇兮如甘饴”化用自其作《怨歌行》中诗句，“修正尚未蒙福”则化用《汉书》中对班婕妤言论的记载。此种化用方式如同借所列人物之口自述其恨，营造出强烈的代入感，更易引人共鸣。其二，化用文句时多改成楚辞体。如将“蓟邱之植，植于汶篁”化为“蓟植飒而悲风”，将“新人如花虽可宠，故人似玉由来重”化为“新人兮如花，故人兮如玉”等。此外，后半篇赋中也出现了将前人诗文以四言句形式化用的现象，如将“剩水沧江破，残山碣石开”化为“残山剩水”，将“仆夫悲余马怀兮，蜷局顾而不行”化为“余马蜷顾”等，使句式更加工整简洁。其三，虽题为“恨赋”，引典却不侧重于体现人物的凄凉和遗恨，反而侧重于体现忠义之士的壮烈与气节。如写南霁云时用其“断指”典故体现他义薄云天的牺牲精神；写文天祥时用其“卧小楼兮不履地”之典赞美他的民族情怀和不屈气节；写杨邦乂时化用游九言诗句，讴歌其忠心不二、视死如归的伟大品格。

表4　金隆《恨赋》引典与化用文辞

	拟赋原文	典故与对应文辞出处	
		典故与对应文辞	出处
1	勤反复于王霸	大则以王，小则以霸	《孟子·滕文公下》
2	开太平于万世	为万世开太平	张载《张子语录·中》
3	昭治平之大道	国治而后天下平	《礼记·大学》

如表4所示，金隆共引“王霸”“治平”两例典故，分别出自《孟子》及《礼记》，此外化用一则大儒张载的语录。三处引典化用均为儒家经典，说明作者深受儒学思想影响。以“昭治平之大道”和“开太平于万世”来歌颂先贤的功绩，也足见金隆积极入世的人生态度及志存高远的胸怀气魄。

综勘朝鲜王朝文人的《恨赋》系列拟作，在其引典化文的类别上呈现出两种差异化的选择模式。一是顺承了江淹《恨赋》引典特色，以史书记载为主，不拘于某一思想流派，代表作品为李胥《续拟恨赋》和吴光运《恨赋》。二是在引典化文时偏重于选择儒学经典，体现了朝鲜王朝文人在文学创作时受到儒家思想的影响，代表作品为申光汉《拟恨赋》和金隆《恨赋》。此外值得关注的是，进入18世纪后，赵普阳创作的《拟恨赋》在引典化文上完全突破了前人之作，列举人物均为韩国历史人物，素材也均来源于韩国文化典故，体现了较强的民族性。

三、朝鲜王朝《恨赋》拟作的题旨探析

江淹的《恨赋》将动乱时代的人生无常在文章中表现得淋漓尽致，素以"备尽古今之情致"引起历代文人共鸣。"夫以草木之微，依情待实，况乎文章，述志为本"[①]，朝鲜王朝文人作同题拟赋，虽技巧与结构多有模拟，但由于受到个人经历与时代背景的影响，其作品题旨与原作相比多有新变，大致可分为三类。

1. 个人情志的抒发

李膂《续拟恨赋》于赋序中自言"古之恨者不止此也，遂续而拟"，与江淹"莫不饮恨而吞声"情感共通。但通过对具体恨事的叙述，李膂表达了与江淹不同的生死观。江淹写秦始皇之恨事，是恨其君临天下也难逃一朝魂断的结局，认为人生之终结可称大恨。相比之下，李膂对死亡的态度更显超脱豁达，他认为"若乃势炎火富薰天，珠贝星错，车轮雷阗，亦复水消云散，零落山颠"，死亡乃人生之必然归宿，繁华与名利终会归于平淡。因此在写汉武之恨时他指出"金茎无效，玉牒何功"，表达了对汉武帝为追求长生不老而寻仙问药、始终不能勘破生死之自然规律的否定；"悔轮台而莫追，图周公以示衷"则体现了李膂对其执着权利的不认可。这种观念贯穿了全文，开篇"浮生若寄，万化同沈"的议论呼应了结尾引典"昆明废兮石鲸寒，洛阳芜兮铜驼鸣"，昆明池已废，志在天下的汉武帝已成为历史；铜驼荆棘，醉生梦死的西晋王朝也化作云烟。作者遂进一步得出结论："咸与化而同尽，孰能后天地而长生"，虽有遗恨与悲凉，但生老病死、繁华落尽乃是必然，面对这些无法摆脱的恨事唯有释然与接受。

李膂对死亡的深刻认知，与本人的经历不无关系。史书上关于李膂其人的记载甚少，但其友李荇曾写悼词《李强哉哀辞》[②]，记载了他的生平。据李荇记载，李膂"就庚午科试，会围爲冠，及亲策又第一"，可见他年少有成，前途无量，然而世事弄人，及第后不久"患眼疾，不能赴经筵"，最终英年早逝，年仅二十九岁。江淹之恨，多来源于时代动荡、怀才不遇的人生境遇，李膂之恨，则透露着长期为病痛折磨下对命运和生死的透彻认知。李荇在《读强哉读拟恨赋》一诗中所言"生固不足喜。死亦何甚怜"[③]正是李膂思想的真实写照。"海波竭兮桑田青，桑田变兮海波惊"，李膂在完成对生死之变的超脱之后，将绵绵恨意融入了顺应自

① 刘勰：《文心雕龙译注》，王运熙、周锋撰，上海古籍出版社，1998，第287页。
② 李荇：《李强哉哀辞》，《容斋集第9卷》，韩国文集丛刊。
③ 李荇：《读强哉续拟恨赋》，《容斋集第9卷》，韩国文集丛刊。

然循环的规律之中，从这一角度上看，确实将“恨”字又加深化，开辟了新的格局。

金隆《恨赋》体现的情感倾向更为积极，表现了作者的入世态度和报国之志。虽然作品同样以“恨”为名，但与江淹赋中之恨有所不同，与儒家思想中所提倡的“怨而不怒”更为相近。孔子曾说“诗可以怨”，宋儒阐述其说为“怨而不怒”。“不怒”自然也就是“不言恨”了。屈原作楚辞，却公然宣称“惜诵以致愍兮，发愤以抒情”。“诵”即“赋”，“愍”即“伤”，“愤”即“怒”“恨”，显然与儒家诗教别树一帜。[①] 江淹极慕屈原宋玉之风，其作品也继承了屈原文学的悲愤色彩，《恨赋》文辞清丽哀婉，历来以其缠绵悱恻的情思动人。金隆在赋序中却直言其恨“皆非丈夫所可恨”，对文中表达的观点也不甚赞同。他在赋作中列举的人物都是儒家先贤：孔子、孟子、程颢、程颐与朱熹。在他看来，圣人往往在当世有怀才不遇、大志难酬的遗憾，但并不值得为之扼腕叹息，因为“矧当时之一屈，乃大伸于千古。纷相继而相发，昭治平之大道”。圣贤的“一时之屈”换来的是永垂不朽的千古功绩，字里行间践行着儒家“怨而不怒”的准则。作者积极入世、追慕儒家圣贤的态度由此卓然可见。

金隆是朝鲜王朝中期的文人、性理学者，十八岁拜入朝鲜王朝大儒李滉门下，成为李滉的关门弟子，潜心研读儒学经典。壬辰倭乱爆发时，他不顾自己久病缠身，毅然召集义兵，又通过创作檄文鼓舞百姓保家卫国。其作品中常常充溢着决心与倭寇背水一战的爱国主义情怀，又体现着忠、孝、义等传统儒家美德，这种思想在他的《恨赋》之中也有所体现。虽然金隆《恨赋》的笔力不及江淹、李白之作，但其作品很大程度上摆脱了前人消极、悲观的基调，在立意上可谓有青出于蓝之处。

2. 时代背景的隐喻

申光汉《续拟恨赋》中将“恨”的主体划定为“圣贤”。他认为“死者，人之所共有。其为可恨，岂无大于向人之所称者哉”，即死亡乃人所共有之事，并非可恨，而“圣贤同没”才是最大的恨事。申光汉难以认可江淹、李白之作中所列举的历史人物，对其文章所表达的思想也持有批评意见。他评江淹之作“恨及吕政、李陵之死。文虽胜，而意实乖”，又评李白之作“然既谓思前贤，而恨李斯者奚”。吕政有焚书坑儒之举，李陵诈降成真有违忠义，李斯曾禁私学、废百家之言，在申光汉看来，这些人物的行迹与儒家道德伦理相悖，其生平之事不足以“恨”。他在文中列举的都是践行儒家思想并且为古今儒士所推崇的仁君或贤士：轩辕黄帝一统华夏，慧能达天，一朝乘龙归去，则“天下攀号”；舜帝礼乐教化，四海吟讴，命断苍梧之时娥皇女英“泪血斑林”；姬昌贤名远播，六州归服，却难逃“末命凄绝”；孔

① 顾易生、孙克强：《试谈李东阳的辞赋》，《文史哲》1990年第5期，第80-84页。

子发愤忘食，闻韶忘味，最终也"山颓梁折"；颜回安贫乐道，大智若愚，却英年早逝，使人"哀哀流痛"；朱熹道高德邵，却也"易箦无施"。作者既讴歌了所举圣贤的历史功绩，同时也抒发了对其时运不济的同情与遗憾。

申光汉作为朝鲜王朝中期文坛的"文章四大家"之一，深受儒学思想的影响，终身践行儒学所提倡的"积极入世"的思想和"忠孝节义"的君子精神。朝鲜王朝中宗十四年(1519)，申光汉因被卷入己卯士祸而被罢职，惨遭流放，十八年后才得以被重新启用。朝堂的黑暗与政治斗争的残酷使得申光汉仕途和人生际遇颇为坎坷，渴求入世的政治抱负得不到施展，使其不由借"圣贤之恨"抒发不得志的苦闷。他在文章结尾处写道："天地久兮古今长，岁月疾兮乌兔忙。动静异兮吉凶乖，善恶混兮丘陇荒。"在这里他将自己所叹之恨定位为对时光易逝、吉凶莫测、善恶混沌的不满与无奈，完成了一次"圣贤之恨"与"自我之恨"的情感共振。

吴光运《恨赋》中将"恨"的内涵进一步丰富，名为抒"恨"，实则言志，表达了强烈的忠义精神和爱国之情。他在选材上没有类同前作选择帝王或儒家先贤，其列举的历史人物主要分为五类：品行高洁的士夫，如颜回；身死报国的烈士，如关羽、文天祥、南霁云、杨邦乂；受谗见疑的忠臣，如伍子胥、乐毅、屈原、班婕妤、祖逖；舍生取义的英雄，如臧洪、陈容；鞠躬尽瘁的栋梁，如诸葛亮、关羽。这些人物大多以惨死告终，壮志难酬，心有遗恨，但无不坚守个人的高尚情操，以忠义之名流传千古。在列举叙述历史人物事迹时，吴光运侧重于将忠臣良将的个人悲剧与民族危亡联系起来。诸葛亮鞠躬尽瘁但出师未捷身先死，其后蜀国被灭；伍子胥罹谗见戮，其后吴国亡国；燕惠王受反间计挑拨追杀大将乐毅，从而将人才拱手让给赵国；岳飞北上抗金却遭奸臣陷害，南宋从此陷入危亡境地等。

吴光运通过这些历史悲剧隐喻了自己所处的动荡时局：朝鲜王朝后期党争激烈、士祸频繁，致使大量文臣被害，政局始终处于混乱的状态。朝鲜英祖、正祖统治时期推行"荡平政策"，吴光运作为清南势力的领导人开展活动，积极主张"消除朋党，崇尚名节"，强调无论党派出身，任用贤能之人。他在《恨赋》中对忠臣被害的叹惋和民族命运的忧思无疑是对现实的投影，隐含着对王朝和国家命运的深深忧虑。

3. 民族精神的塑造

赵普阳《拟恨赋》中赋予了"恨赋"更为鲜明的功能色彩，并非仅仅是借古伤今，而是倾向于通过讴歌本民族历史人物的事迹和德行实现教化百姓、传示后人的作用。作者在《拟恨赋》序中言明了其创作目的："首寓后王监戒之意。次示来人观感之道。终附史氏立传之意。"他通过《拟恨赋》先叹亡国之深恨，希望后世君主以史为鉴、反躬自省；再叹忠臣、节士、文人、将帅、烈女之恨，希望后人能据此获得"观感之道"，勿让悲剧重演。同时，对于前作在拟江淹、李白作品时只列举中国历史人物、而只字不提朝鲜人物的做法，他持强烈批判态度，并在序中直言道："窃恨夫东方文士之拟作此篇者，例皆胪列中国之人，不冒略及于东方。此庾安西所谓贵野鹜而厌家鸡之病也。"为一改此风，他在《拟恨赋》中一连列举十六名朝鲜的历史人物，述其恨事，其中包括古朝鲜开国始祖箕子、百济末代国王义慈王、新罗末代国王敬顺王、敬顺王之子麻衣太子、命丧日本的忠臣朴堤上、慷慨赴死的将军昔于老、为刺杀百济王而牺牲的刺客黄昌、因谗言被流放的郑叙、因受排挤而流放自尽的李永、客死异国的金九容、因见诋而遭处死的忠臣柳淑、壬辰外乱中殉国的申砬、民族英雄李舜臣、壬辰外乱中牺牲的刘克良、以死守节的烈女香娘、含冤的孝女朴孝娘。与前人作品不同的是，赵普阳在创作中选取的素材并非都是家喻户晓的英雄人物，其中不乏籍籍无名的历史角色，但他们身上都深刻体现了"忠孝节义"等儒家所推崇的道德风尚，以及杀身成仁、舍生取义的伟大精神。此外，这些人物涵盖了古代朝鲜社会各个阶级、各个群体，体现了作者本国历史的主体意识和强烈的民族情感。

综上看来，朝鲜王朝文人的五篇拟作整体延续了江淹《恨赋》的基调，同时在题旨方面融入了个人情志、时代背景和民族精神，在"恨"的格局、主体、内涵、情感、功能等方面表现出鲜明的创作特色。

钱德明笔下的诗人乾隆形象[①]

龙 云

（外交学院）

摘　要：钱德明是18世纪后半叶法国来华耶稣会士汉学家，在华生活期间共翻译三篇乾隆御制诗文：《盛京赋》《三清茶》《志事诗》。在选择解释性翻译策略的同时，他放弃了诗文的格律形式，但较为忠实地传达了原诗的意义和色彩。通过译文形式，钱德明向西方塑造了充满"慎终追远"、"闲情雅致"和"爱民如子"情怀的诗人乾隆形象。这一形象契合了启蒙思想家伏尔泰和狄德罗关于东方"哲学家"皇帝的想象，因而乾隆也成为他们哲学言说的工具。乾隆作为诗人和"哲学家"君主的形象被不断言说，并在西方世界得到较为广泛的传播，从而成为比较文学意义上的一段"神话"。

关键词：钱德明；乾隆；诗歌翻译；诗人形象；文学神话

钱德明（Joseph-Marie Amiot，1718—1793）是18世纪后半叶法国汉学家，也是来华耶稣会士的代表人物之一。他1750年抵达中国，在北京生活四十余年，毕生致力于翻译、著述，曾寄回法国大批通讯作品。钱德明对中国文化怀着炽热的情感，努力向西方传递正面、积极、美好的中国形象，在中西文化大辩论中不遗余力地批判各种有关中国的成见和负面言论。启蒙思想家伏尔泰、狄德罗等人正是通过阅读钱德明的作品才建构起自己心中的中国形象，进而在知识界产生广泛影响，催生出"崇华"的学术思潮。从这个意义上来说，钱德明在传播中国文化方面作出了卓越贡献。

在华期间，钱德明通过"文学通讯"[②]不断向西方报道中国形势现状，塑造出

① 本文为国家社科基金冷门绝学研究专项学者个人项目"18世纪法国来华汉学家钱德明未刊手稿整理与研究"（项目编号：ZIVJXG0457）的阶段性成果。

② 1765年，法国国务大臣贝尔坦（Henri Bertin，1720—1792）与法国在华耶稣会士建立通信联系。次年，钱德明给贝尔坦寄出首封信函，此后他们的通信关系不间断持续了数十年，直到双方去世。钱德明通信手稿大部分保存在法国学士院图书馆：《贝尔坦通讯》（*Correpondance de Bertin*），手稿编号1515—1517。

多维度的中国形象。身处清朝乾隆时期的钱德明，笔触较多关乎当朝文治武功、上谕政令，而作为爱好风雅的文人和作品数量最多的诗人，乾隆自然也逃不过他敏锐的眼光。正是钱德明将诗人乾隆的形象传递到西方世界，并使之在文化圈风靡一时。本文拟对钱德明翻译的乾隆诗歌及其笔下塑造的诗人乾隆形象进行系统考察，梳理这一形象形成的前缘后续，以及相关影响。

一、《盛京赋》的翻译

1743年秋，乾隆首次盛京祭祖，并创作《盛京赋》。赋文旨在歌颂祖先的文治武功，盛京的天宝物华，这是乾隆作品中唯一聚焦都市题材的大赋。盛京即沈阳，满语为穆克敦，取兴盛之意。明代系沈阳中卫城，清天命十年(1625)迁都于此，天聪八年(1634)更名为盛京，清朝定鼎中原之后为陪都。[①]《盛京赋》全文近四千字，分序、赋、颂三部分。序言述及东巡祭祖的缘起，漫谈祖宗功业、历史旧事。赋文描述盛京地区的山川形胜、丰饶物产，歌颂开基立国的功臣，描绘狩猎的万千气象以及安居乐业的盛世场景。颂属于韵文，乃压轴部分。

1768年，钱德明完成《盛京赋》的翻译，连同其他图书一起寄给法国国家图书馆馆长比尼翁(Armand-Jérôme Bignon，1711—1772)。负责出版工作的东方学家德经(Josephe de Guignes，1721—1800)在前言中说，钱德明搜罗各种图书寄往法国，其目的在于丰富国家图书馆藏书。这批图书在广州海关被查扣，但是法国皇家东印度公司管事认为，应先期将《盛京赋》译文转交比尼翁，其他图书则于1770年运抵法国。[②]

作为译者，钱德明开宗明义地指出《盛京赋》具有两大重要功能：作为诗歌，其目的在于娱情悦性，其意境生动，描写铺陈，比兴细腻，文采华丽，美轮美奂；作为历史，其目的在于教化，满族之要义，重要之风俗，辅助之事件，悉数详加评介。[③] 这直截了当地反映出他的翻译动机，以及选择将这部作品介绍到西方的深层心理。他同时指出，三十二体篆文《盛京赋》是带给文学共和国[④]的重要典籍。这里的言辞涉及有关周朝和汉朝创立者的古书，甚至表达方式都已经融入皇帝御制赋文之中。只有了解古代的历史与诗文，才可以感受到此类诗文的悦

---

① 爱新觉罗·弘历：《盛京赋》，孙丕任译，沈阳出版社，2010。

② 爱新觉罗·弘历：《御制盛京赋(法汉对照本)》，龙云译，外语教育与研究出版社，2015，第1页、第22页。据此推算，钱德明从北京寄出译文时间当为1768年，比尼翁在法国收到译文时间为1769年，同年转交德经，后者撰写前言，次年以单行本在巴黎刊行。

③ Le P. Amiot，op. cit.，p. a.

④ 文学共和国指欧洲范围内跨国界的虚拟空间，它以共同语言拉丁语集合了所有欧洲文人，通信和旅行是其联系的纽带。

情怡性。[①] 钱德明强调需要掌握丰富的中国历史文化知识才能更好地理解“文以载道”的宏旨。不管如何，跟前辈耶稣会士相比，钱德明在译介中国诗歌和文学层面走得更远。

钱德明在翻译《盛京赋》过程中对中国的赋与颂有了更准确的理解。钱德明认为，颂是歌颂上古王朝创立者的赞词，如周颂旨在颂扬周朝的开基之祖文王，《诗经·周颂·天作》：“彼徂矣，岐有夷之行”。赋属于崇高文体，常常用以描写伟大、宏大、高贵、雅致的对象，善于鲜活、生动地表现事物所指的意象，充满激情活力和生动形象。一般而言，赋文文采飞扬，恣意浩荡，意象生动，节奏奔腾，浓墨重彩，讲究主题。钱德明翻译《盛京赋》也正是基于对文学体裁的准确理解和把握。中国人所谓的赋极尽可能地渲染场景。最喜欢运用的手法就是排比和对偶；也就是将描写之地与某个著名场所关联对比。诸凡气候、环境、殿宇、原野、森林、山脉，等等，尽可加以比附。如某些赋文已经赞扬之地尚有不足，则会借机指出，有时还会严厉批评，尤其是关涉道德、政治或人文之时。[②] 钱德明还对赋和颂进行细微区分：事功之彰显，颂之特质；物产之歌咏，赋之要旨。[③] 另外，他还结合西方文学知识将赋归为类似于品达(Pindare)[④]体的颂歌。

多年之后，钱德明又谈起《盛京赋》的体裁问题，并强调散文并非被排除在“诗”之外，“诗”可以独立于整齐的格律形式。“诗意”可以通过观念和词汇的选择、整体的协和与意象来体现。在单音、象形、表意、生动的汉语中，可以突破形式上的约束，选择符合层级的思想、意象和词汇来加以组合，以凸显庄重、高雅的气氛色彩。与遵循严谨的诗歌形式相比，这种选择更加微妙，也更加可靠，且不论其节奏如何。中国人比法国人更喜欢整齐的诗句，这种艺术可以变化无穷，但更多用来抒写不甚宏大的主题，如颂歌、赞歌、哀歌等，总之，常常是应景之作。钱德明认为，中国人在这方面的做法完全有道理，对汉语的理解越深刻，也更加懂得做到这一点并不容易。最后，他指出中文版《盛京赋》和满文版原文都并非整齐划一的诗句。[⑤]

钱德明翻译《盛京赋》也是基于对汉语和满语语言特性的内在把握和透彻理解。关于汉、满双语参照文本以及对赋文美感的传达，钱德明认为读者可以通过

---

① 爱新觉罗·弘历：《御制盛京赋(法汉对照本)》，龙云译，外语教育与研究出版社，2015，第122页。

② 爱新觉罗·弘历：《御制盛京赋(法汉对照本)》，龙云译，外语教育与研究出版社，2015，第104页。

③ 爱新觉罗·弘历：《御制盛京赋(法汉对照本)》，龙云译，外语教育与研究出版社，2015，第51页。

④ 品达(约前518—约前438)，被认为是古希腊九大抒情诗人之首。其诗风格庄重，辞藻华丽，形式完美，诗中多爱国热情和道德说教。品达对后世欧洲文学影响较大，17世纪古典主义时期被认为是“崇高颂歌”的典范。

⑤ 参见钱德明1780年7月26日致贝尔坦的书信，《中国杂纂》第9卷，1783，第1-2页。

译本来加以判定，因为呈现出来的最终法文文本要尽量忠实于满文原文，译者本人也更喜欢从满文入手翻译。因为满族皇帝在表达思想观点时，使用满语表达似乎更为自然，对于译者来说理解和翻译或许相对容易些。钱德明在翻译时，尽量用宏富驳杂的学识来为译本增加详尽的说明或注释，以便让普通读者领会到赋文的特殊效果，并期望在跨语言交流中传递出作品的全部美感。此外，钱德明之所以选择这个文本，其初衷也是希望对法国文学界有所作为，正如他所说：我有理由相信，某些学者会阅读这部作品。我希望他们能够从中找到值得关注的内容，他们也会感激我的整理工作。①

总之，钱德明对乾隆的作品评价甚高，认为其赋文涵盖了各类文学知识。除了乾隆本人的文学才华之外，其身边有一群出类拔萃的词臣学士，都希望为御制之作润色添彩，因此乾隆的作品绝不会落于俗套与平庸。基于这种评价，为了再现原文优雅细腻的色彩，钱德明承认自己也同样需要文人学士的帮助，但即便如此，译文中也存在某些遗憾。翻译时他始终坚持忠实原则，当然这里指的是较高层次的忠实，即文体、修辞、色彩、效果等层面的忠实。“很多东西本应该解释得更加清楚；有些本来应该言说的内容未能穷尽其意，抑或常常削弱文气，背离原文；很多时候，由于缺少恰当的词语，或者法语词汇太过低级，不适合庄重典雅的语境，我的表达尚欠准确。我知道还有很多其他问题。”他还表示，“如果时间更加宽裕，可能会做得好点；或者我太想尽善尽美，结果却事与愿违。我始终尽可能地跟随原文：一页一页，一句一句，一行一行，我几乎什么都不落下。”②

基于对中文、满文和文体知识的了解，钱德明深谙赋文善于铺陈、喜欢排比、多用比拟的特质。他多次提示，赋文所涉内容并非实指，而更多的是虚指，涉及诸多历史关联，包含内涵丰富的隐喻效果，尤其是典故蕴含的象征意义和互文性效果。在涉及譬喻的修辞手法时，他指出“恍然邠岐之地，桥山之陵”应该作为譬喻来看。③ 翻译“青天在顶，九光之辉映”时，他认为这是诗体隐喻，据《尚书纬·考灵曜》：日照四极九光。④ 言及“始之以歌，末之以颂”时，他称：文中所有这些说辞都是暗喻各王朝开创者在成功控制帝国发祥地之后奉行的古老习俗。⑤ 解读“文祖神宗，下界受用”时，他认为这里都是暗指上古诗文⑥。论及“乐以九奏，飨以八珍”时，他补充道：当藩属来皇宫朝贺之时，皇帝要设宴款待，其中弥漫着

① 爱新觉罗·弘历：《御制盛京赋（法汉对照本）》，龙云译，外语教育与研究出版社，2015，第 277 页。
② 爱新觉罗·弘历：《御制盛京赋（法汉对照本）》，龙云译，外语教育与研究出版社，2015，第 21 页。
③ 爱新觉罗·弘历：《御制盛京赋（法汉对照本）》，龙云译，外语教育与研究出版社，2015，第 50 页。
④ 爱新觉罗·弘历：《御制盛京赋（法汉对照本）》，龙云译，外语教育与研究出版社，2015，第 112 页。
⑤ 爱新觉罗·弘历：《御制盛京赋（法汉对照本）》，龙云译，外语教育与研究出版社，2015，第 112 页。
⑥ 爱新觉罗·弘历：《御制盛京赋（法汉对照本）》，龙云译，外语教育与研究出版社，2015，第 113 页。

仪礼、喻义或神秘色彩。[1]

在处理文学意象时，钱德明指出应关注此类文辞的想象色彩，而不是专注实际的文字。钱德明的注解则可以帮助体悟和深化中国诗歌的美学效果，如中国传统诗文尚含蓄留白，不喜直截了当地穷尽意义。在翻译“凤凰之扈从，翔龙之威仪”时，钱德明注释说：这里所有关于凤凰、龙……的说法都别有深意，常常言其主旨，而不及其他，因为不可能一一涉及。另外，所有这些形象都出自中国古诗。[2] 古代诗文喜欢借用典故来指涉现实中的具体事件，借古喻今，借古讽今，从而达到直指现实、传递情感、凸显意象之目的。《盛京赋》中意像繁多，含义深远，不一而足。钱德明基本都采用注解的方式，帮助读者进一步理解赋文的色彩与效果。如翻译“纵王良、纤阿之驭术，何当我武士之优雅简约”时，他注解说，这里的王良和纤阿是古代驾驭马车之高手，意在颂扬军士非凡的功力。[3] 同样，子虚、上林的用典在于暗指汉代奢侈的皇家建筑和园囿，君王奢靡无度的生活作风，从而凭借曲折委婉的说法达到含蓄而不失本意的目的。翻译“辇乘俱备，铺陈锦绣于外，装饰软缎于里，龙凤之纹，云霞之灿，华彩炫丽以极，舒适高雅兼具”时，他知道这是中国人耳熟能详的意象，特意在注解中指出：我不想太多赘言，以给出御辇御马的概念。汉语版本只用了几个字，满语版本也只用了几个字。原因非常简单。说到御辇和御马的时候，汉族人或满族人先就有了概念，他们可以如实地展示出来，因为他们已经多次看到，或者读过很多相关的描述。翻译“着吉服兮登辇，视黎民兮凛然”时，他解释道：我这里所说的吉服，一如上古帝王在类似场合所着的服装。再说，对御辇和御马等的描述不过是诗歌的铺陈，无非是让此次东巡契合上古帝王的巡游。诗歌中所有的想象都关涉上古风尚，尤其是周朝君主的仪礼。[4]

为了凸显崇高的文体和优美的文辞，钱德明有时刻意增加言辞，夸张地渲染色彩，使得法文比中文更有内涵，这也与当时推崇美文翻译的时代风尚不无关系。如赋文的“虎豹熊罴”四字，为了让文字摆脱平庸，他刻意营造典雅庄重的氛围，更偏重于描写与铺陈：虎，谁不知乃百兽之王？其力健灵敏，捷巧神气，炯炯双眼，均彰显无上威风。豹则次之，健壮机敏稍逊，益加威猛凶残。复有熊罴。熊者，冬季蛰伏，春来活动，冬眠数月，觅食解饥。其形类于野猪。罴者，猛兽也！让人战栗。体阔身壮，头长腿高；皮毛呈白棕之色；力大无穷，凶猛无双，与其他

① 爱新觉罗・弘历：《御制盛京赋（法汉对照本）》，龙云译，外语教育与研究出版社，2015，第 119 页。
② 爱新觉罗・弘历：《御制盛京赋（法汉对照本）》，龙云译，外语教育与研究出版社，2015，第 115 页。
③ 爱新觉罗・弘历：《御制盛京赋（法汉对照本）》，龙云译，外语教育与研究出版社，2015，第 117 页。
④ 爱新觉罗・弘历：《御制盛京赋（法汉对照本）》，龙云译，外语教育与研究出版社，2015，第 103 页。

动物相异。力大足以伐树碎木，过分凶暴，故常独处。不复描述，以免心寒。[①]虽然有这样刻意的处理方式，但总的来说，译文还是较为忠实地传达了赋文的要旨，尤其是在尽量贴近中文文体、修辞风格的同时，既体现了中文的微言大义，又基本符合御制之作的笔调与口吻。通过这个实例可以看出，钱德明对诗体翻译的效果与色彩进行了特别关照，这也客观反映出他对赋文文体的总体认识，以及在诗体翻译上的具体主张。

作为读者的德经至少已经部分体悟到赋文的色彩与效果，他在阅读之后认为，乾隆并没有将想象挥洒到浅薄无聊或纯属消遣的人事物景之上，诗赋不过是心灵的小憩。乾隆想弘扬《书经》中的箴言，以教育子民。虚构文字旨在再现三千年前君王的行为操守，这一点与古希腊人创作诗文的路数颇为相似。德经指出，在纷至沓来的想象中，乾隆描绘的宫殿远非今日之殿宇，而指的是上古帝王之宫苑。各种恢宏的仪式亦源自古代礼仪规范，具有相同的修辞效果。总之，从文学角度来看，法国读者能够感受到乾隆皇帝的文学趣味，当然为了准确地理解译文，必然需要很多相关的知识，而对于中国人来说，则无须类似的关联性提示。因此，法国读者难以通过阅读译本来完整地感受虚构之美，他们往往从中看到烦琐的历史细节、琐碎的古典知识以及夸张的描写手法。[②]

《盛京赋》在不同层面体现出浓厚的政治教化色彩：首先是满洲丰富的物产，其次是满族良好的社会风尚。钱德明在译文中尽量再现满洲丰饶之物产，淳朴之风尚，所以他设定的一大目的就是尽量介绍各种有关满洲的知识。如他所说：请读者诸君注意我的注释，也许有些内容不值得关注。但是，我希望尽量把与满族相关的内容都放进来。满族已经名声显赫，值得从基于民间传说的历史之外、从中国作者描写的神话传说之外去关注。通过这些诗意的想象，我们可以剥离出历史的真实，因为这些想象也是基于历史之上的。我只想说依据的都是值得信任的作者。[③] 在译文中大量引入满洲历史、地理、动植物知识的同时，这些从发音到意义都显得突兀的异国文化因素贸然闯入法语语境之中，从而构成“陌生性”“奇异性”，或者通常所说的“异国情调”，冲击着读者原有的语言文化场，对法国读者来说构成了一定的接受障碍。[④] 当然，在这背后，译者无非是想传递给西方这样的印象：乾隆想教化子民以最基本的义务，亦即孝道文化，或者说对父母祖先的尊崇，因为先人的淳朴道德始终堪为典范。他弘扬大量来自《书经》的箴

① 爱新觉罗・弘历：《御制盛京赋（法汉对照本）》，龙云译，外语教育与研究出版社，2015，第 107-108 页。

② 爱新觉罗・弘历：《御制盛京赋（法汉对照本）》，龙云译，外语教育与研究出版社，2015，第 11 页。

③ 爱新觉罗・弘历：《御制盛京赋（法汉对照本）》，龙云译，外语教育与研究出版社，2015，第 105 页。

④ 龙云：《钱德明：18 世纪中法间的文化使者》，北京大学出版社，2015，第 143 页。

言，目的是教育子民，推行慎终追远的孝道文化，希望子民遵守统治或道德原则。乾隆强调：以父母之心为心者，天下莫不友之兄弟。以祖宗之心为心者，天下莫不睦之族人。……然三语之中，又惟以祖宗之心为心居其要焉。[①] 抛开这层凸显清朝敬天法祖的政治文化色彩不说，我们可以发现，钱德明的译文塑造了一个勤政风雅、爱好诗文的乾隆，在忙碌的政务之余，他并没有忽视文学趣味、博学知识，以及有关上古的相关讨论。由此也可以想象，中国人何等崇尚文学，这是一个诗歌的国度，上至皇帝本尊，下至普通文人，喜欢吟咏无非就是平常的雅好。而且皇帝以身作则，推广图书，教化子民，蔚然成风。[②]

二、《三清茶》的翻译

乾隆时期流行三清茶茶宴，宴上君臣联句，实为一时盛事。三清茶以梅花、松子、佛手佐以贡茶，用雪水冲泡而成，素为乾隆喜爱。史料记载："重华宫茶宴，始于乾隆间。自正月初二至初十日，无定期。嘉庆间，多以初二日举行。"[③]亦有记载："溯自高宗纯皇帝乾隆八年癸亥以后，始岁御重华宫行之，后率用正月初吉。（惟五十三年卜二月朔，待台湾红旗至也。）是宴也，例弗授觞，饬尚茶以松实、梅英、佛手三种，沃雪烹茶，曰三清茶，布果饤合为席。诗成颁赏，恩礼加隆。"[④]乾隆十一年（1746），乾隆曾命陶工制作三清茶茶瓯。"十一月初七曰，呈样览，奉旨：照样准烧造。将盅上字着唐英分匀、挪直。再按此盅的花样、诗字，照甘露瓶抹红颜色亦烧造些，其蓝花盅上花样、字、图、书俱要一色蓝；红花盅上花样、字、图、书俱要一色红。盅底俱烧'大清乾隆年制'篆字方款，其款亦随盅的颜色。"[⑤]另据记载：高宗命制三清茶，以梅花、佛手、松子瀹茶，有诗纪之。茶宴日即赐此茶，茶碗亦摹御制诗于上。宴毕，诸臣怀之以归。[⑥] 乾隆本人也多次在诗文中记录重华宫茶宴盛况，如 1786 年曾作《重华宫茶宴廷臣及内廷翰林用五福五代堂联句复得诗二首》："重华复此试茶筵"一句说明该惯例沿袭已久；"诸臣蹡济数合宿"自注"联句诸臣共二十八人"，言联吟接席之盛况；"浮香真不负三清"一句则表明了茶宴的主旨，并自注"重华宫茶宴以梅花、松子、佛手以雪水烹

① 爱新觉罗・弘历：《清高宗（乾隆）御制诗文全集》第 10 册，中国人民大学出版社，1993，第 503 页。

② 爱新觉罗・弘历：《御制盛京赋（法汉对照本）》，龙云译，外语教育与研究出版社，2015，第 11-12 页。

③ 吴振棫：《养吉斋丛录》，北京古籍出版社，1983，第 148 页。

④ 庆桂等：《国朝宫史续编》上册，北京古籍出版社，1994，第 363 页。

⑤ 王光尧：《中国古代官窑制度》，紫禁城出版社，2004，第 181-182 页。据王光尧考证，通过物、档对照，乾隆年间烧制的三清茶碗是以明代嘉靖年间的青花白地人物撇口盅为蓝本的。

⑥ 徐珂：《清稗类钞》第 13 册，中华书局，2010，第 6312 页。

之，即以御制三清诗茶碗并赐”，可见群臣宴毕可以获得御赐三清茶碗。[①] 来华之后，钱德明寄回法国的礼品大多来自朝中文人朋友的馈赠，宫廷御用茶瓯应该也是通过此渠道到他的手中，大概他的某些文人学士或皇室贵胄好友曾经参加过宫廷茶宴。[②]

乾隆十一年（1746），乾隆秋巡五台山，回程至定兴遇雪，与群臣共品三清茶，赋得《三清茶》诗：梅花色不妖，佛手香且洁。松实味芳腴，三品殊清绝。烹以折脚铛，沃之承筐雪。火候辨鱼蟹，鼎烟迭生灭。越瓯泼仙乳，毡庐适禅悦。五蕴净大半，可悟不可说。馥馥兜罗递，活活云浆澈。偓佺遗可餐，林逋赏时别。懒举赵州案，颇笑玉川谲。寒宵听行漏，古月看悬玦。软饱趁几馀，敲吟兴无竭。自注：以雪水沃梅花、松实、佛手啜之，名曰三清。[③]

1766 年 9 月 23 日，钱德明致信贝尔坦，同时寄上两个三清茶碗和御制《三清茶》译文。钱德明说：两个带盖茶瓯，其上书有皇帝御制诗，我尽量将其翻译成不算糟糕的法语。[④] 德经则介绍说：《盛京赋》之后还有一首乾隆御制《三清茶》诗，该诗作于 1746 年，即丙寅年，正如倒数第二句诗文所示。诗句书写在特殊的茶瓯之上。贝尔坦先生有两件类似的茶瓯。钱德明寄来了该诗译文，我觉得应该将其置于《盛京赋》之后，它可以让我们更好地了解中国诗歌，尤其是乾隆皇帝对于诗歌这种文学体裁的雅好。乾隆作过很多御制诗，北京内府共出版二十四卷。他不仅喜欢诗歌，还编著了《御批通鉴辑览》，增加了前朝明代的历史概述。这两部著作将于 1770 年寄达国家图书馆。[⑤]

《三清茶》译文附在《盛京赋》之后，冠以“翻译”的标题，此乃德经添加，考钱德明手稿原文，标题并非“翻译”，而只是“释文”。这也表明，钱德明对诗歌体裁的翻译颇有勉强为之的难处。况且，这也是钱德明在翻译一组牡丹绝句时采用的方法，他统统冠以“释文”的标题，以期尽量解释传达诗文的内涵，同时选择放弃诗词原有的格律与形式，也就是说在译文中更多地追求占主导地位的“质”，而将“文”置于从属位置。[⑥]

钱德明对乾隆及《三清茶》诗作了评价：需要完美地掌握汉语，了解他们的诗

---

① 爱新觉罗・弘历：《清高宗（乾隆）御制诗文全集》第 8 册，中国人民大学出版社，1993，第 532-533 页。

② 参见 *Mémoires divers sur la Chine*，Bibliothèque nationale de France（法国国家图书馆），Département des manuscrits（西方稿本部）：Collection Bréquigny，114。

③ 爱新觉罗・弘历：《清高宗（乾隆）御制诗文全集》第 1 册，中国人民大学出版社，1993，第 877 页。

④ Le Père Amiot，*Correspondance de Bertin*（贝尔坦通讯），Institut de France（法兰西学士院），Manuscrits 1515。参见龙云：《钱德明：18 世纪中法间的文化使者》，北京大学出版社，2015，第 241-242 页。

⑤ 爱新觉罗・弘历：《御制盛京赋（法汉对照本）》，龙云译，外语教育与研究出版社，2015，第 12 页。

⑥ 参见钱德明手稿，法国国家图书馆，西方稿本部，Fond Bréquigny 114。

歌，才能够理解并用法语解释皇帝诗歌中的各种细腻表达。一位学士告诉我，这些诗句非常优美，远胜普通诗歌。通过解释，大家可以判断其大致意思，而非其自身价值。我的翻译恰如临摹大师的画作，因为皇帝本人也是第一流的文人。[①]

与《盛京赋》不同，《三清茶》篇幅较短，钱德明全部用拉丁注音方式标出全诗的汉字读音，然后再进行“翻译”。其翻译策略也值得关注，如《盛京赋》中涉及的大量地理物产名称一样，该诗中的专有名词也尽数采用拉丁注音方式，如梅花、佛手等，不同之处在于，《盛京赋》中有些名词直接采用满文拼写方式，而《三清茶》中的相关名词则直接由汉语拼出。这些专有或特殊的名词，因其发音与法语有较大差异，因而会刺激读者细腻的听觉，[②]从该角度来说同样构成了译文中的陌生性词汇，对法语读者则构成了多层次的“奇异性”，新元素的输入使得译者不断整合笔下塑造的形象，凸显出他者文化的相异性特质。[③]

我们不妨看看钱德明的具体翻译。“梅花色不妖，佛手香且洁。松实味芳腴，三品殊清绝。”这四句诗起到破题的作用，对三清茶进行了总体描述和概括。钱德明的散文体释文为：梅花绝非妖娆，而是优雅。佛手芳香，而又纯洁。松实香浓，气味诱人。这三种材质带来了超乎一切的视觉、嗅觉和味觉享受。[④] 这样的解释性翻译基本传递出原文的意思，不过在处理“清绝”一词时，译者同样采用相对夸张的手法，但客观地说，从视觉、嗅觉和味觉三方面来诠释“清绝”确实能够传递多方面的绝妙感受。汉语尚间接，法语尚精准，汉语的模糊所指更加明确地传递到释文当中。

但是，在面对某些蕴藏深厚文化因素的词汇，如“火候辨鱼蟹”，钱德明解释为：火候当如鱼白蟹黄之时，遂注入越瓯之中，倾于细茶嫩叶之上[⑤]。古人根据烹茶的水温由低到高可细分为“虾眼”“蟹眼”“鱼目”，还包括“涌泉连珠”“腾波鼓浪”等说法。“蟹眼”又称蟹眼汤，指水在沸腾之前连续冒出气泡，宛如蟹眼似的。“鱼眼”紧随蟹眼之后，指水面冒出细小如鱼眼的水珠，有时伴随着细微的声音，即所谓“松声”。古代文人包括乾隆在内都讲究优雅精致的生活品质，将把握茶水沸腾的时机看成一种闲情雅致，堪称精神上的愉悦和享受。钱德明将“五蕴净大半”解释为：闻一闻这美妙的清茶，顿觉五种烦恼顿然消弭[⑥]。五蕴指的是色蕴、受蕴、想蕴、行蕴、识蕴，色蕴属物质性事物现象，其他四蕴属精神现象。实际

---

① 爱新觉罗·弘历：《御制盛京赋（法汉对照本）》，龙云译，外语教育与研究出版社，2015，第331页。

② 爱新觉罗·弘历：《御制盛京赋（法汉对照本）》，龙云译，外语教育与研究出版社，2015，第10-11页。

③ 龙云：《钱德明：18世纪中法间的文化使者》，北京大学出版社，2015，第143页。

④ 爱新觉罗·弘历：《御制盛京赋（法汉对照本）》，龙云译，外语教育与研究出版社，2015，第337页。

⑤ Le Père Amiot, *Eloge de la ville de Moukden*, p. 333.

⑥ Le Père Amiot, *Eloge de la ville de moukden*, p. 334.

上，这里表现的是禅宗主张破除五蕴执着、体悟澄澈自性、彻见本来面目的精神追求和思想内涵。钱德明在这两处蕴含特别文化内涵的地方，因为对原诗的理解不够详尽，或者缺少中国文化相关联的内在提示，其释文似乎未能达到完全传递文化元素的效果，但是却同样表现了乾隆皇帝的日常生活以及内心境界的追求。

“寒宵听行漏，古月看悬玦。软饱趁几馀，敲吟兴无竭。”这四句诗的释文为：只闻夜漏声声，只觉夜凉如水，月光从毡帐的窗户投射进来。家居稀朗，顿觉安详自在，心胸舒坦，可以安静地休息了。拙笔挥洒，赋诗以记，乾隆丙寅十月小春。[①] 这几句诗歌的译文同样基本表达出原文的意旨，尤其是在法语中塑造出颇具东方情调的意境。如果说《盛京赋》译文重点在于凸显崇拜祖先、奉行孝道和敬天法祖的政治色彩，那么《三清茶》则重在描写乾隆的闲情逸致，描写他政务之余悠然品茗的闲暇时光。如果说《盛京赋》以篇幅、宏大和气势取胜，重在高贵、严肃与庄重的文辞与风格，那么《三清茶》则以短小、情调和雅趣取胜，重在恬然、自在与清新的闲适与兴致。因此，钱德明选择翻译《三清茶》诗，客观上又为乾隆的诗人形象添加了一个特别的维度，即注重生活中的闲情雅致，关心悠然自得的内心体验，这样又塑造出一个充满人间烟火味、温情雅致、超然物外的诗人和文人形象。

三、《志事诗》的翻译

1786 年，乾隆接地方官员上奏，有感而发，遂赋《安徽巡抚书麟奏呈乡民挖蕨得米诗以志事》（简称《志事诗》）：草根与树皮，穷民禦灾计。敢信赈恤周，遂乃无其事。兹接安抚奏，灾黎荷天赐。挖蕨聊糊口，得米出不意。磨粉搀以粟，煮食充饥致。得千馀石多，而非村居地。县令分给民，不无少接济。并呈其米样，煮食亲尝试。嗟我民食兹，我食先堕泪。乾坤德好生，既感既滋愧。愧感之不胜，遑忍称为瑞。邮寄诸皇子，令皆知此味。孙曾元永识，爱民悉予志。[②] 乾隆自注：据书麟奏，太湖县唐家山向无居民处所，乡民掘挖蕨根，见土内杂有黑米，磨粉掺和好米，煮食颇可充饥。远近闻风踵至挖掘，县令亲诣弹压，分给穷民，共得米一千数百余石，并呈米样。灾黎荷蒙天赐，藉资接济，且感且愧，因令煮熟亲尝，并邮寄诸皇子，令知此味，孙曾元辈，永识毋忘爱民之意哉。[③] 翻检乾隆诗文，可以发现他当年已经数次接书麟奏报，曾赋诗《安徽巡抚书麟奏报得雨诗以

---

① 爱新觉罗・弘历：《御制盛京赋（法汉对照本）》，龙云译，外语教育与研究出版社，2015，第 338 页。

② 爱新觉罗・弘历：《清高宗（乾隆）御制诗文全集》第 8 册，中国人民大学出版社，1993，第 586-587 页。

③ 爱新觉罗・弘历：《清高宗（乾隆）御制诗文全集》第 8 册，中国人民大学出版社，1993，第 586-587 页。

志事》,云:“不敢称欣慰,去年慰忆空”;并自注云:上年书麟奏报,安省于二月初旬连得密雨,入土深透,乃因夏秋后雨水短少,以致收成歉薄,此时遂据奏报雨水,未敢遂以为慰也。[①] 可见乾隆未敢因下面的奏报而提前欣慰,他夙夜关心的是传统农业至关重要的雨水天气和收成问题,并就此赋诗志事。稍后,他又赋《安徽巡抚书麟奏报得雨诗以志慰》,称:“稍为慰远希。恐如去年况”;自注:上年安省亦于二月初旬得雨,乃因夏秋雨水缺少以歉收。此次虽获春膏,仍望接润。[②] 这几次接书麟的奏报之后,乾隆均赋诗纪事,可以看出这些志事诗已然表达出他对黎民生计问题的日夜关切,并希望引导皇子皇孙了解民间的疾苦,真正地“永识毋忘爱民之意”。在古代,每逢发生严重天灾,帝王常有颁发罪己诏的传统,认为黎民受苦自己首先应该承担责任。当时,在赋《志事诗》之时,安徽已经度过灾情难关,不管是记录当地得雨还是意外获得黑米的诗歌,其实都反映出乾隆关心民间疾苦,借此警醒自省的君主意识。

当年,钱德明在致贝尔坦的书信中写道:我首先向您呈上皇帝的中文诗稿,您知道应该从右向左、自上而下阅读。在汉字旁边,我分别按行依次列出拉丁注音方式,鉴赏诗歌之时,对于训练有素或者完全门外汉的眼睛和耳朵来说,读者可以想象其舒适程度,但是如果没有译文,对于大人您来说,这些汉字和拼音压根就毫无意义。我力求准确地去解释这些诗句的意义。[③] 钱德明手稿,仅以“御制诗”为标题。为了更好地帮助读者理解御制诗背后深藏的政治寓意,钱德明特别介绍了诗歌的创作背景和起因。这首诗刚刚在《京报》中刊发,事关国家治理的严肃主题,其创作起因是安徽淮南地方饥民意外在地下发现废弃的粮仓,为了记录此事,乾隆有感而发御制诗作。当时,村民正经历最难熬的灾荒岁月,这一发现被视为意外的惊喜。据推测,里面储存的粮食可以追溯到满洲入主中原之前,也就是说差不多两个世纪之前甚至更早的时间。在灾情最严重的省份,乾隆策动了很多赈灾活动,但是这次意外的发现多少也让他感到欣慰。他认为此乃天助之力,从中也可为作为人君的自己找到合理的解释。乾隆想庆贺此事,但绝不敢妄称祥瑞,于是赋成此诗。[④]

翻译此诗之际,钱德明在北京已经生活了三十多年,并在宫廷担任拉丁语翻译,负责翻译、处理清廷与西方世界的往来文书。因为特殊的工作性质以及受耶稣会传统的影响,他在语言文字方面用功甚勤,对汉语和满语的掌握水平都堪称

---

① 爱新觉罗・弘历:《御制盛京赋(法汉对照本)》,龙云译,外语教育与研究出版社,2015,第 564 页。

② 爱新觉罗・弘历:《御制盛京赋(法汉对照本)》,龙云译,外语教育与研究出版社,2015,第 570 页。

③ Le Père Amiot, *Lettre du* 20 *mai* 1786, *Correcpondance de Bertin*, Institut de France, Manuscrits 1516.

④ 《中国杂纂》第 13 卷,1788,第 417-418 页。

一流，对翻译自然也有更为深刻的体悟。在他看来，汉语是一种充满活力、富有色彩的语言，而汉字本身就像“同样多幅图画”似的，他直接阐明了汉字象形会意的特质，同时暗示汉语作为形象化语言与表音文字法语之间的本质差别。①

从翻译《盛京赋》《三清茶》到翻译《志事诗》，钱德明深化了对诗歌题材的理解，更好地体察到古代诗歌“文以载道”的功能。除严谨的音韵格律形式之外，诗歌更多地需要阐明宏言大义，尤其是儒家思想代表的价值理念。

钱德明对乾隆的诗人身份进行了综合评价：整个帝国的文人学士都赞赏和钦佩乾隆的诗才，一是因为其严谨的格律与和谐的音韵，二是因为其涉及的高贵、严肃的主题。而且，钱德明直接将乾隆拔高到伏尔泰同等的地位。正如他所说：从你们的伏尔泰去世之后，我猜想已经没有比我们乾隆皇帝更年老的诗人，我指的是享有广泛声誉的诗人。今年，他年届七十三岁，已经御宇五十一年。我觉得只有普鲁士国王……才能与他就双重头衔一比高下。②

从一开始，钱德明就开门见山地告诉贝尔坦，他只能尽量准确地释读诗歌的内涵，决定放弃诗歌的格律与形式。钱德明坚持用释文，没有直接用翻译一词，这说明他早已深谙中文诗歌翻译的难度。这种认识在他心里已经萦绕二十余年，对中文和古典文化的深入理解不但没有改变，反而随着其不断“中国化”的身份而愈加强化，他越来越感到诗歌翻译不可能为之。非但如此，随着他在中国生活的年深月久，他已经习惯地把自己当作“中国人”，比如他按照中国人的口吻说“我们乾隆皇帝”，同样对贝尔坦说“你们的伏尔泰”，在长期远离故国的生活里，在这种身份潜移默化的改变中，他甚至已经感觉到释文中的“法语表述不得体”，认为那不过是因为他这个“老朽”在让乾隆用法语言说罢了。为此，他请求贝尔坦宽容，说“我已经六十九岁了”。他甚至还按照中国人的习惯思维补充道：请记住，在这里，上了年纪的人比其他任何地方都有权利烦人，而您不能觉得这很糟糕。您现在阅读释文，看我有多么倚老卖老。③

抛开翻译的实际文学和诗学效果与价值不说，从形象学角度来看，钱德明在翻译这首诗的同时也重塑和完善了乾隆的形象，让这个形象更加丰满厚重。在之前作品凸显的敬天法祖的政治色彩和吟风弄月的文人情怀之外，钱德明的译文又为乾隆形象添加了第三个维度，即通过诗歌载道以教化子民的渠道，塑造出“良君将赏善而除民患，爱民如子”的君王形象。

---

① 《中国杂纂》第 13 卷，1788，第 418 页。

② 《中国杂纂》第 13 卷，1788，第 417 页。原文乾隆年龄为七十三岁，此说法不准确，乾隆应为七十五岁。

③ 《中国杂纂》第 13 卷，1788，第 418 页。

四、钱德明与启蒙思想家

1. 伏尔泰对乾隆诗歌的接受

伏尔泰一向喜欢中国，留下了七十部或多或少与之相关的作品，以及两百多封信件。[①] 概而言之，伏尔泰对中国政府和政治多有赞赏，并认为开明君主应该是讲理性、讲宽容、遵守法律、热爱科学和艺术的“哲学家国王”。他从三个层面阐述了中国政治体制和国君：父权制是建立在最合乎自然而又最神圣的法则即后辈对长辈的尊敬之上的；中国近三千年来产生了许多教派。明智而宽容的中国政府允许它们存在；中国的六部制很好地保证了依照法律来治理国家。[②]

《盛京赋》符合伏尔泰的政治主张，他从中看到的是道德和伦理。在序中，乾隆很好地诠释了对父权制的看法，通过父母、兄弟、祖宗和族人等社会关系和组织形式勾勒出了中国社会伦理道德关系的基本环节，以及千年因循的井然秩序。在乾隆描绘的中国社会图景中，天下皆如兄弟，皇帝则如父亲，这是和睦亲善的社会关系的写照与缩影。

伏尔泰希望君主能够宽容、公正，由于其自身的作家与诗人身份，他心目中的开明君主平添了一层想象色彩。重视文化艺术、能诗善文应该是衡量开明君主的标准，乾隆身上就具备这样的特质。如果说乾隆有幸被伏尔泰列入开明君主之列，被视为保护文艺的君主典范，那么这在很大程度上归功于《盛京赋》法译本。就这样，钱德明为伏尔泰提供了形象塑造的材料和元素，后者从中解读出契合自己想象的开明君主形象。1776 年，伏尔泰评价乾隆是“一位比奥古斯丁还要伟大、让人敬畏、更加操劳的皇帝，他只为教化和人类的幸福而作诗”；1770 年，《盛京赋》(法文版)出版之后，伏尔泰欢呼道：中国皇帝万岁，他写诗歌，与众人和睦相处。[③] 随后，他又写了题献给中国皇帝的诗歌：[④]

请接受我的赞扬，气宇轩昂的中国皇帝
你的宝座居于两座高峰之上
西方都知道，尽管我的独行特立

---

① Meng Hua, *Voltaire et la Chine*, p. 8, p. 58.

② Meng Hua, *Voltaire et la Chine*, pp. 140-142.

③ Meng Hua, *Voltaire et la Chine*, p. 161.

④ Reçoit mes compliments, charmant roi de la Chine. /Ton trône est donc placé sur la double colline! /On sait dans l'Occident que, malgré mes travers, /j'ai toujours fort aimé les rois qui font des vers. /. . . /Je vois avec plaisir que sur notre hemisphère/l'art de la poésie à l'homme est nécessaire. /Qui n'aime point les vers a l'esprit sec et lourd; /je ne veux point chanter aux oreilles d'un sourd: /les vers sont en effet la musique de l'âme. /ô toi que sur le trône un feu céleste enflamme, /dis moi si ce grand art dont nous sommes épris/est aussi difficile à Pékin qu'à Paris. 汉语为本文作者自译。

但我一直喜欢能作诗的君王
……
我欣喜地看到，在我们这个半球上
诗歌艺术对人类来说不可或缺
不喜欢诗歌的人，心智干涩笨拙
我不想对牛鼓簧
诗歌是心灵的音乐
上天的火光把陛下你的激情点燃
告诉我，我们热爱的这门伟大艺术
在北京和巴黎都一样艰难

伏尔泰认为，诗歌是人类社会不可或缺的文学形式，并将之形象地比拟为心灵的音乐。他钦慕会作诗的君王，直接表达了对乾隆的颂扬。在他眼里，乾隆跻身会写诗的两位哲学家君王之列，这反映了他的理想主义追求，以及对欧洲不自由环境的反抗。①

1770 年前，伏尔泰早就接触到与中国相关的资料，并撰写了大量文字。乾隆的诗歌刊发后，他进一步了解到中国皇帝的诗歌才华和身体力行的楷模作用，以及中国的和睦社会网络和对文艺的尊崇。这进一步深化了伏尔泰眼中的开明君主形象。可以说，《盛京赋》给晚年的伏尔泰注入了新的希望和憧憬，因此他才满怀激情地为中国皇帝献上颂歌。《盛京赋》激发出伏尔泰如此大的热情，恐怕主要还是因为它契合了形象塑造者的期待。实际上，伏尔泰塑造出来的乾隆形象是对相异性的夸张想象和美化。他从自身理想出发，在对相异性的描写中，最终塑造出一个与自身文化传统相悖的文学形象，目的是为了颠覆自身文化语境中的负面元素：专制和不宽容。当然这样做的风险也可能将中国这个他者过分地理想化。②

2. 狄德罗对乾隆诗歌的接受

1770 年，《盛京赋》在法国出版之后，同年 5 月 1 日法国《文学通讯》刊登了狄德罗撰写的摘要。③ 狄德罗对译诗作了忠实的摘要：① 出版者前言，言及钱德明在北京已经居住二十余年，可以相信其翻译的准确度；② 译者序言，称在法语

① Meng Hua, *Voltaire et la Chine*, p. 162.

② 龙云：《钱德明：18 世纪中法间的文化使者》，北京大学出版社，2015，第 201-204 页。

③ Penis Piderot, Jacques-Henri Meister and Jules-Antoine Taschereau, *Correspondance littéraire, philosophique et critique de Grimm et de Diderot, depuis* 1753 *jusqu'en* 1790, Tome 6, 1768-1770 (Paris: Furne & Ladrange, 1824), pp. 405-416.

中尽量忠实地保证思想的传递；③ 中方出版者献词，对诗歌的赞赏，对皇帝的尊崇；乾隆的序、赋、颂。狄德罗声称“以我的方式进行摘要”，但却“是皇帝在言说”。

德毕内夫人（Mme d'Épinay，1726—1783）[①]指出：这不是他的想象，其摘要写得那么好，在阅读诗歌时可以重新找到它。在原诗中全都可以一字一字找到摘要的痕迹。[②] 可见狄德罗的摘要大部分照搬了原诗文字。他从修辞角度对译文进行处理，其摘要在忠实原文的基础上更加渲染色彩与气氛，透出更加悲怆感人的语气。狄德罗清楚地呈现出原书的各个部分，但对历史资料性内容毫无兴趣，他更多关注乾隆的序言和诗歌，因为这部分内容可以反映中国社会的特质和诗歌审美情趣。狄德罗关注到中国伦理秩序，对父权社会充满好奇：一个家族式的帝国，一个父权式的君主，以伦理和孝道来治理国家和爱护子民，遵行祭祖的仪轨。这些内容都让狄德罗兴致盎然。

此外，狄德罗还注意到很多翻译细节。《三清茶》原诗一百二十五字，二十五行，每行五字，钱德明却翻译了四页。由此推测，占篇幅一百二十六页的《盛京赋》译文只相当于四百行原诗，将诗歌从中文翻译到法文，篇幅上的差距非常惊人。原作大概为四百行诗句。在评论诗歌质量时，狄德罗说西方古代和现代诗人都写不出更有激情、更加细腻，充满感情、智慧和品位的诗作。“如果说我对中国的风尚没有你们所期望的更好看法，那对他们的文学却……少了一些蔑视。”在狄德罗看来，不管出于什么原因，在各个国家的诗歌语言之中，总有一种相同的（具有诗意的）东西。[③]

在认同普世性诗歌元素之后，他还注意到诗歌层面的差异。“一般来说，您不能在诗歌中找到任何被我们称之为隐喻和虚构的东西”。[④] 无疑，乾隆的赋文中有很多比喻手法，但往往以客观之物比拟客观之物，在描述山川河流、风物出产时的确可以见到比喻，但这和西方的隐喻还是有差别的。赋文也很少谈及抽象观点、内心精神分析、心理描写，笔墨更多倾注在万千气象的宏大场面上。总之，赋文的铺陈描写更多着眼于实，虽然有不少想象成分，但无非是从具体事物

---

① 法国 18 世纪著名知识女性，曾主持文学沙龙，与当时的启蒙思想家来往甚密。

② Diderot，*Oeuvres complètes*，Tome 18，Arts et lettres（1767-1770），Critique II，édition critique et annotée，présentée par J. Schlobach，avec J. Carriat（Paris：Hermann，1991），p. 167.

③ Penis Piderot，Jacques-Henri Meister and Jules-Antoine Taschereau，*Correspondance littéraire，philosophique et critique de Grimm et de Diderot*，*depuis* 1753 *jusqu'en* 1790，Tome 6，1768-1770（Paris：Furne & Ladrange，1824），pp. 411 412.

④ Penis Piderot，Jacques-Henri Meister and Jules-Antoine Taschereau，*Correspondance littéraire，philosophique et critique de Grimm et de Diderot*，*depuis* 1753 *jusqu'en* 1790，Tome 6，1768-1770（Paris：Furne & Ladrange，1824），pp. 410-411.

出发以烘托场面、渲染气氛，缺少抽象层面的隐喻和想象。正因为中法思维模式、文学体裁、修辞手法方面的巨大差异，原作者、译者和狄德罗之间才会出现不同的认知结果。

伏尔泰、狄德罗欣赏《盛京赋》中的乾隆形象，他们认同父权制及诗人治国的理想愿景，解读出“开明君主”及幸福的子民，这样的社会基础是自然的秩序、整体的法则、社会组织的契约形式。他们将理想化的中国形象作为对现存社会体制的批判，在彰显相异性的同时，其实宣扬了自己认同的哲学与政治主张。乾隆形象作为言说工具参与到他们对自身社会制度和价值体系的拷问之中。[①]

五、结语

钱德明共翻译了三篇乾隆御制诗文：《盛京赋》与《三清茶》完成于18世纪60年代后期；《志事诗》完成于1786年。翻译前两篇作品时，钱德明来华才十多年，他本人也不到四十岁；翻译最后一篇诗时，他在北京已经生活三十多年，已接近古稀之年。前两篇是钱德明早期的翻译作品，那时候他刚刚进入创造、翻译高产期，从1766年之后他翻译、创作了大量有关中国文化、历史、艺术的作品。第三篇属于钱德明晚年作品，其整个翻译、创作生涯已近尾声。在这二十多年的时间里，钱德明的中文、满文水平不断提高，对中国诗歌和文化的认识与理解不断提高与加深，其个人身份也更趋“中国化”。但是，在面对诗体语言翻译时，可以说他一直保持初心，认为更多的是在进行解释，对格律和音韵等诗体语言的特质显得无能为力。同样，他一直保持谦虚谨慎的态度，认为自己的翻译不够完美，只诠释了诗文的基本意义，很难表达出中文的细腻、优雅。

钱德明所译的三篇诗文题材不同，第一篇旨在宣扬清朝敬天法祖的政治色彩，主题严肃、高贵，突出了皇家气象与盛大仪典。第二篇更多凸显了乾隆喜欢茶艺这种东方文人的优雅生活方式，更为轻快地反映了帝王生活中的闲适、雅兴。第三篇偏重于诠释乾隆爱民如子的理想诉求，以纪实诗的形式反映出乾隆家天下的父权意识。结合三篇诗文的特质，钱德明采用不同的策略，在相应的侧重点用功，从不同角度塑造出作为整体的诗人乾隆形象的三个侧面。这一形象被启蒙思想家伏尔泰和狄德罗按照各自的理想和追求加以解读、挖掘，进而在西方世界有意无意地传播了诗人乾隆形象：爱好文艺，保护文艺活动，尊重祖先，爱护子民。该形象在法国知识界得到重言与流布，引起广泛关注，成为中法文化交流中的特殊现象。

在钱德明翻译乾隆的诗文之后，译文经过反复的征引、复述、言说，已经构成

① 龙云：《钱德明：18世纪中法间的文化使者》，北京大学出版社，2015，第203-208页。

比较文学意义上的“神话”。此处的“神话”当然并非我们通常所说的“神话故事”，它指的是“真实或虚构的人物、地域、事件在跨时空流播中出现的种种文本变异体的总和”，或者简而言之就是“一个象征的形塑”。① 具体而言，作为指称诗人乾隆的特定语符，出于社会、历史或文化等各方面的原因，在其被翻译、转述、重言的过程中，被赋予不同的象征意义，最终成为18世纪法国乃至西方文化中具有特殊意义的指代符号。

① 孟华：《法国18世纪“景德镇神话”何以形成——一个感觉史意义上的中法文化交流的个案》，《国际汉学》2017年第4期，第110-122页、第204页、第2页。

20世纪欧美汉学界关于《庄子》神秘主义的研究概述

马珊珊

(吉林大学哲学社会学院)

摘　要:通过西方神秘主义(Mysticism)理论视角来阐释庄子哲学要旨,是自19世纪末期以来广泛存在于海外汉学界的一种诠释路径。围绕着神秘主义"与道合一"的思想旨归,数位杰出的欧美汉学家呈现了各自视角下庄子神秘哲学的不同面貌。其中,马伯乐围绕着"老庄时代道教的神秘生活实践"最早诠释了庄子的神秘维度;后继者葛瑞汉整体呈现了《庄子》道家神秘哲学的三个基本维度;史华慈则进一步凸显了"神秘灵智"认识论所达到的本体境界;马丁·布伯另辟蹊径以道家的"统一性的本真生活"追求阐明了"与道合一"的神秘思想真义。充分理解和借鉴欧美汉学界对《庄子》的神秘主义研究有助于更好地还原庄子哲学真义,进而使得庄子思想在全球文化互动的新时代彰显新活力。

关键词:20世纪;欧美汉学界;神秘主义;《庄子》

引言

"神秘主义"(Mysticism)作为一门关于人与终极实在相结合的理论和实践,是自20世纪初在西方逐步发展起来的学术领域。围绕着心灵与本体相冥合的"神秘体验"(mystical experience)展开的跨文化比较,在20世纪中叶已拓展至宗教之外的心理学、哲学等诸多领域。将西方的神秘主义与东方的哲学、宗教传统联系在一起,并参照神秘主义理论来阐释庄子哲学要旨,是自19世纪末期以来广泛存在于西方汉学界的一条诠释道路。由于受到20世纪初西方一些汉学家译介的巨大影响,欧美学者对《庄子》之神秘主义维度的哲学解释并不陌生,许多学者试图在参照神秘主义理论的过程中把握老庄道家思想之特质。[①]

那么,神秘主义是什么呢?撇清关于“神秘”语义易联想到的超自然之奇异经验等负面含义[②],将心灵与最高本体相冥合的精神追求视为神秘主义的最重要内核,已成为该领域学者展开具体讨论的同一基点。[③] 然而由于对神秘主义理论本身的复杂性和深度把握不一,直接导致西方学者关于《庄子》神秘主义向度之阐释面貌在整体上呈现出观点纷繁、论证不足、未成体系的草创面貌。[④] 统观西方学者关于庄子哲学研究中涉及神秘主义的大量研究成果,剔除游离在神秘主义之冥合要义的外围论述后,我们仔细甄别出那些切合“冥契”之终极目标的重要成果。这四位学者是:法国的马伯乐(Henri Maspero,1883—1945),英国的葛瑞汉(Angus Charles Graham,1919—1991),美国的史华慈(Benjamin Schwartz,1916—1999),以及德国的马丁·布伯(Martin Buber,1878—1965)。下文将通过他们代表性的著作分析各自关于《庄子》神秘主义面向这一研究对象时所聚焦的不同切入点,以期挖掘这些创见对于解读《庄子》神秘主义要旨所彰显的重要价值。

一、马伯乐:老庄时代道教的神秘生活实践(pratiques de vie mystique)

汉学大家马伯乐作为法国道教研究专家在 20 世纪第一次系统地将中国道教研究引介到法国学界,深刻影响了西方及日本汉学界关于道教和道家的研究。京都大学的川胜义雄评价说:马伯乐是通晓欧亚文化,且唯一独立探索道教的历

① 翟理斯(Herbert Allen Giles)作为西方汉学界最早翻译庄子全集的著名汉学家,开启了庄子的神秘主义研究的滥觞。他于 1889 年出版的《庄子》英译全本的书名即为《庄子:神秘主义者,道德家和社会改革者》(*Chuang Tzu:Mystic,Moralist and Social Reformer*)。欧美学界在接受华兹生(Burton Watson)和葛瑞汉(Angus Charles Graham)分别在 1968 年和 1981 年出版的两个标准译本之前,在百年内一直在翟理斯译本的影响下展开庄子哲学研究。由于三位学者均在其著作中呈现了关于《庄子》中的神秘主义向度,因而许多西方学者一开始便导向了将神秘主义与《庄子》哲学思想关联起来的解读范式。

② “神秘主义”的“神秘”(mystical)一词在汉语语境中易被误解为反理性的“故弄玄虚”(mysterious),因而许多中国台湾地区的学者在译介时便有意避开“神秘”,而替之为更加中性的词语“冥契”。为适应不同语境,本文有时亦采用“冥契”作为“神秘”的别称,然均指向“神秘主义”中文的真实含义。但是,在特别澄清“神秘”的误解后继续采用“神秘主义”译语似乎并无大碍,并在跨文化讨论中使用“神秘主义”一词更显便利。关于“神秘主义”译语的说明可参见史泰司(Walter Terence Stace)著:《冥契主义与哲学》,杨儒宾译,正中书局,1998,第 10-11 页。

③ 王六二详细列举了西方学界关于神秘主义的诸多界定后逐渐呈现出神秘主义之“冥合”“冥契”的要义。参见王六二:《宗教神秘主义的性质》,《世界宗教研究》1996 年第 1 期,第 1-10 页、第 156 页。

④ 澳大利亚学者马常思(Thomas John McConochie)在其博士学位论文《庄子中的神秘主义》中,详细评述了欧美学界关于《庄子》神秘主义阐释的重要研究成果。马常思指出,由于种种原因,西方学者的解读并不尽如人意,《庄子》中的神秘主义因素被许多学者不加批判地认为是一个不证自明的问题,因此有必要仔细检讨《庄子》之神秘主义并使之充分阐释。参见 Thomas John McConochie,*Mysticism in Zhuangzi*(The University of New South Wales,2017),pp. 303-323。

史及其内部道术体系的学者。[①] 其关于道教和中国宗教的研究成果《古代中国》(*La Chine Antique*,1927)、《道教》(*Le Tsoïsm*,*t*. Ⅲ,1950),以及遗稿《道教与中国宗教》(*Le Taoïsm et les religions chinoises*,1971)作为经典之作均对《庄子》的神秘主义提出了有意义的创见。马伯乐主张神秘主义是蕴含于老庄学说的基础思想:这些神秘主义的经验主导了他们的哲学思想;正是从这些经验中他们提炼出了原始的玄学,并从中发端了自己的心理学理论,同时从此经验中也发展出了他们的主体哲学。[②] 他说:我的观念自那时起未曾发生重要改变:神秘主义乃是理解庄周哲学的枢纽所在,因此单凭神秘主义即可解释庄周所提出的绝大多数问题以及他所提出的解决办法。[③]

主张道教与道家具有共同的宗教起源,是马伯乐探讨老庄神秘主义这一问题的基本预设。他在《老子和庄子中的圣人和神秘主义生活》指出,道家和道教并不如人们所说的那样不同,他们事实上来自同一种极古老的宗教的根源。[④] 在马伯乐的引导下,第一批研究中国道教的西方学者广泛认同以老子、庄子、列子为代表的先秦道家与后世道教传统具有一贯性和承接性。实际上,在法语、德语、英语以及俄语中的"道家"和"道教"是同一个词(Taoism)而非完全相异之物,这主要是受到以法国学界为代表的诸多欧美以及一些日本学者,视道家与道教为同一个传统的不同发展方面,而并不同于流行于我国大陆等地那样较严格地二分"道家哲学"与"道教宗教"的观点的影响。

法国远东学院研究员田安(Anna Seidel,1938—1991)在其《西方道教研究编年史》的研究报告中详细检讨了近代研究学者倾向将道家与道教割裂二分的研究范式[⑤],并解释了以马伯乐为代表的西方学者为何支持将《庄子》等视为早期道教的重要文献资料的原因:今天,正变得愈来愈明了的是,一方面,《庄子》的作者从其时代的宗教实践中受过很多启发;另一方面,它的精神以一种深刻而散

① 朱越利:《理论·视角·方法——海外道教学研究》,齐鲁书社,2013,第 7 页。

② 马伯乐:《马伯乐汉学论著选译》,伩晓笛、盛丰等译,中华书局,2014,第 7 页。

③ Henri Maspero, *Taoism and Chinese Religion*, ed. Frank A. Kierman, Jr(Amherst: University of Massachusetts Press,1981), p. 424.

④ Henri Maspero, "Le Saint et la Vie Mystique: chez Lao-tseu et Tchouang-tseu," Avallon: *Imprimeur de la "Revue de l'Yonne"*(1922):69-89.

⑤ 田安指出,近代学术研究将《庄子》等先秦道家文献与《道藏》研究分离开来的做法乃是深受公元 3 世纪魏晋文人传统影响的结果。索安说:所有这些译者[指关于卫礼贤(Wilhelm,1920)《庄子》的德译本和戴遂良(Wieger,1913)的法译本,华兹生(Watson,1968)的英译本]的诠释皆以儒家学者郭象的本子为依据。然而,郭象并不仅仅为《庄子》作注,他编辑(实即篡改)了原文,择其所好而存之,并整段删除了在他看来哲理性不够的段落,比如有关释梦的部分,所以留存下来的只是经过郭象缩写后的《庄子》。(索安:《西方道教研究编年史》,吕鹏志、陈平等译,中华书局,2002,第 6 页。

漫的方式存在于《道藏》的大多数神圣经典中。凡在《庄子》和与此相关的《列子》二书中可以发现的基本假设，无一不与道教的信仰和实践相容。[①] 马伯乐将道教定义为："引导信仰者以追求长生和不死为目标的寻求个人解脱的宗教。"[②]这一长生目标主要体现在养形、养性两方面上，从追求与道合一的神秘体验这一终极目标所形成的理论与实践指导上看，老庄古道教与六朝道教没有本质区别，二者乃是前后相续一贯的。

马伯乐将老庄时代的道家/道教思想的核心特质概括为"神秘生活实践"(pratiques de vie mystique)，并指出这一实践维度是早期道家的独创性所在。他将道学之源追溯至《易经》，认为早期道家实质上并没有突破《易经》的形而上学体系，其真正的创新性在于他们的神秘主义实践，而正是这一核心要义使其区别于儒、墨等流派的知识体系。[③] 马伯乐认为神秘主义是贯通《庄子》乃至《道藏》整个道教传统的一个重要特征。就庄子哲学而言，这种神秘主义实践是得道的唯一途径。他反复强调获得一种特殊神秘体验乃是深入道家神秘主义的关键所在。他说：这一神秘体验主导了整个庄子哲学(特别是由庄周本人书写的内七篇)，并由之衍生出其原创性的形而上学，并且发展出了道家的心理学，最后为其政治哲学提供了依据。[④] 马伯乐认为，在战国时代存在这样一些以师徒关系聚集起来的小团体，他们"是一个具有神秘哲学倾向的小圈子"，这些文人系统性地展开秘传的精神修习以达到神秘的"合一"体验，践行一系列的精神、身体实践，以心斋之术为代表的实践方法即是典型代表。他说：这种神秘生活实践，实际上是老、庄一派的巨大发现：作为中国的第一个神秘流派，他们遵循了此神秘实践的方法并描述了所有阶段。[⑤]

在马伯乐讨论的《庄子》神秘实践之描述所引证的不同段落中，神秘修习可概括为以下几个阶段：首先，人开始对俗世的事、物之本质似乎有所觉悟，这表现为对俗世产生反思、质疑、冷淡、弃绝的态度，而立志投向另一条修道的道路。其次，修道之人必须经历一个精神的净化、纯化、简化的过程，也就是与心斋之术相

---

① 索安：《西方道教研究编年史》，吕鹏志、陈平等译，中华书局，2002，第 6 页。

② 陈耀庭：《道教在海外》，福建人民出版社，2000，第 170 页。

③ 马伯乐指出：《易经》学派的形而上学理论在中国被普遍接受……道家保持了其基本轮廓，只是删除了与占卦直接相关的内容……从教义的角度来看，它们很少或没有创新。事实上，他们的独创性并不在于其学说，而是由于这样的事实，就像新柏拉图主义者一样，他们在理论推测中增加了神秘主义的实践。参见 Henri Maspero, "Le Saint et la Vie Mystique: chez Lao-tseu et Tchouang-tseu," Avallon: *Imprimeur de la "Revue de l'Yonne"*(1922):225。

④ Henri Maspero, *China in Antiquity*(Amherst: University of Massachusetts Press, 1978), p. 310.

⑤ Henri Maspero, "Le Saint et la Vie Mystique: chez Lao-tseu et Tchouang-tseu," Avallon: *Imprimeur de la "Revue de l'Yonne"*(1922):229.

关的自我意识涤洗过程,这一意识转化过程甚为艰难,伴随着挣扎、痛苦。再次,历经心斋后的精神状态呈现为一种虚阔、澄静的状态(如《庄子》第20章《山木》和第7章《大宗师》,以及《老子》第52章中所描述的那样),人能够在此状态中"朝彻""见独"(也就是"见道"),而这见道一刹那也即是"与道合一"的体验。此合一体验具有终极意义,当人与道真正地融为一体,他们便会与道一样永恒而无所不能,因为他能以"道"的方式来应对万物,即"齐"万物。最后,当完成这一系列的精神修习后,人在此时呼吸逐渐变弱,他的精神离开其身体表现出"似丧其耦"的状态,即"身如槁木""心如死灰"。[①] 马伯乐指出上述关于《庄子》中"与道合一"的过程,与基督教、伊斯兰教等不同文化传统中均存在的"神秘之路"(即获知神秘体验的心路历程)大致相同。在他看来,这种以心斋之术为代表的精神修炼作为追求"与道合一"的过程,实乃确证《庄子》之神秘主义最突出的文献依据。

重视"与道合一"的精神修炼,一以贯之体现在先秦至后世道教的重要文本中。马伯乐指出:自公元前4到3世纪起,道士就是那些追求长生不死的人。从一开始,道教就是一个致力于个体得救、引导信徒长生成仙的宗教。[②] 并且认为老子、庄子、关尹子、列子以及屈原等人代表了春秋战国时期道教诸多流派中的一个以精神修炼为旨归的神秘流派。他们与其他流派有诸多复杂的联系,比如他们并不反对其他流派所从事的身体修炼的养形,辟谷、吐纳、导引之术在《庄子》文本中也曾多次提及。但是,马伯乐强调:相对于通过修炼身体来养形或养生,庄子更站在不那么物质化的立场上。他的方法并不排斥前者,因为所有修炼的宗旨都是要让身体长存。他只是将这些身体修炼的要素排在第二位,而将一整套的精神修炼——特别是凝神坐忘排在首位。正是通过这些精神修炼——凝神、出神、与道合一,修道之人得以不死成仙。身体的修炼是有用的也是有益的,仙真也行辟谷、吐纳之法。但最重要的还是精神的修炼。[③] 马伯乐坚信,在早期

---

① 马伯乐针对《庄子》不同段落所阐释的这一神秘修炼过程的表述不尽相同,然均重点提及"精神净化"(via purgative),"获得一种'明'(illuminative)的崭新认识","合一"(unitive)之感这三个关键阶段。关于马伯乐在不同篇目对此修习过程的具体阐释,参见马伯乐、胡锐:《庄子时代道教的长生之术和神秘的生命观》,《宗教学研究》2015年第4期,第34-39页;Henri Maspero, *China in Antiquity* (Amherst: University of Massachusetts Press, 1978), p. 309; Henri Maspero, "Le Saint et la Vie Mystique: chez Lao-tseu et Tchouang-tseu," Avallon: *Imprimeur de la "Revue de l'Yonne"* (1922): 228-230;马伯乐:《马伯乐汉学论著选译》,伭晓笛,盛丰等译,中华书局,2014,第5-6页。

② 马伯乐、胡锐:《庄子时代道教的长生之术和神秘的生命观》,《宗教学研究》2015年第4期,第34-39页。

③ 马伯乐、胡锐:《庄子时代道教的长生之术和神秘的生命观》,《宗教学研究》2015年第4期,第34-39页。

道家那里，神秘主义生活实践才是得道的唯一途径。

通览马伯乐对于老庄时代的道教神秘主义所提及的诸多论断，比如反理性主义、超越科学化的世界表象、超感知的至高存在等，其中最重要的就是心斋、坐忘、出神等追求“与道合一”体验的精神修炼活动。然而，许多学者也对马伯乐的一些重要观点提出质疑，比如战国时期是否真正存在马伯乐所说的一群有师承关系的道教团体教派。[①] 再者，那些秘而不传、没有文字记载的道教实践现象在后人的研究中若不能展现出来，那么将战国老庄哲学等同于宗教神秘主义是否合适？此外，马伯乐有意识地将道教与伊斯兰教和基督教的神秘主义作比较，但并没有细致区分“道”与其他神秘派别中的至高存在有何根本不同，以及与道合一的精神修炼所达成的最终目标在本质上是否与其他宗教神秘主义等问题相同都有待进一步阐明。

总体来看，马伯乐对老庄时代道家/道教神秘主义的研究，其核心观点主张是：神秘主义体验及其实践以“与道合一”为终极目标，而这一追求构成了从老庄至道教这一脉学说的精神内核。可以说，马伯乐对《庄子》所作的神秘主义的诠释实际上是从精神修炼、宗教性体验的视角来凸显道家形而上学说内蕴的实践基因，这一研究范式从根本上为后人进一步深入《庄子》之神秘主义因素的研究奠定了学理基础。

二、葛瑞汉：《庄子》道家神秘哲学(mystical philosophy of *Taoism*)

著名欧洲汉学家葛瑞汉关于庄子哲学之神秘主义维度的研究在整体上吸收了马伯乐的一些基本论断，其论述对英美学界深入理解庄子哲学的要义与特质产生了广泛且深刻的影响。葛瑞汉对这一问题的分析散见于其对早期道家哲学经典文本，特别是关于《老子》《庄子》《列子》的综合性述评中，这些观点集中反映在其晚年力作《论道者：中国古代哲学论辩》(*Disputers of the Tao: Philosophical Argument in Ancient China*)一书中。

在《庄子》文本内部(特别是内篇)，葛瑞汉将神秘主义与庄子哲学联系起来的最明显交汇点在于，《庄子》在认识论上凸显的反理性主义(anti-rationalism)，即庄子对传统道德、一般知识、语言逻辑、知性推理等理性表现形式的怀疑与批判。葛瑞汉在概述庄子思想时，题名“对理性的攻击”一节关于《齐物论》的分析便指出这一鲜明特征。在这里，理性意味着分析思维，而分析则会形成一种区别性认识，即意味着割裂整体世界的内在一体联系。然庄子“万物为一”的诉求则要超越区分，走向万物齐一(the unifying vision)、万物一体(the vision of

① Chad Hansen, *A Daoist Theory of Chinese Thought: A philosophical interpretation* (Oxford: Oxford University Pres, 2000), p. 202.

oneness)的认识,这便是经由反理性主义哲学走向神秘的哲学。[1] 葛瑞汉特别区分了反理性主义与非理性主义二者的重要不同,认为庄子作为反理性主义者,是拒斥诉诸理性来理解终极实在,其最高追求在于一种无分无别、万物玄冥一体的认识境界,这就是“明”(illumination)的认识。他说:自明的是,在这种随顺万物趋向的状态中,人的意识周流于一种大清明,万物齐一且处于自身最好状态,即事物随顺大道而行……这种彻底通明的认识足以成为“神秘的”。[2] 这里清晰可见葛瑞汉以反理性主义论《庄子》之神秘主义的基本思路:通过对理性主义大师惠施的观点的批判、解构,致力于恢复万物存在的自然面貌,而对此自然面貌的认同、追求,正体现在人借着“与道合一”所获得的万物齐一的整体性认识中,这就是“大清明”认识的神秘性所在。

对求道者而言,既然唯在“与道合一”的认识经验中方可见到万物的自然面貌,才能发现其自然状态的齐一、一体之本质,那么人该如何获得这种“与道合一”的神秘体验呢?葛瑞汉明确谈到,修道者所获得的“明”的认识并非以某种直接顿悟的方式(not an all or nothing satori),而是通过自我渐修(self-cultivation)的某些方式所获得的直觉性的智慧。《庄子》的渐修方式主要表现为诸如解牛等具体技艺的培养,此外还有《齐物论》中的南郭子綦所体现出的沉思冥想技艺。这两类技艺的重要价值均为葛瑞汉高度肯定,他认为在每类技艺所体认到的不同认识境界只有程度深浅之别,然两条路均可达道。[3] 这就是说,“与道合一”的经验必须通过某种特定技艺的长期修行得来,且技艺修习程度的深浅直接决定了神秘体验的不同境界,而唯有达到“大清明”的意识状态方臻于最深刻意义上的神秘主义。

葛瑞汉从经验论角度谈论“与道合一”神秘体验所需的技艺修炼本是众多神秘传统的共同话题,这尤显见于冥想沉思之术的修炼方面。不过,葛瑞汉的独见在于他亦充分肯定早期道家思想中频频提及的具体技艺诸如解牛、斫轮、操舟等在求道层面的重要意义,凸显了道家之神秘主义独特的现实品格。在其解释中,这些实践活动的意义不仅在于其展现的非凡的有益成效,更重要的是带来了心灵境界的提升,而正是这一点凸显了这些具体实践活动的神秘维度。在由艺入道的修习过程中,当某一具体技艺娴熟运用达到了其领域内的最深层次,便在走

---

① Angus Charles, *Disputers of the Tao*: *Philosophical Argument in Ancient China* (La Salle: Open Court Publishing Company, 1989), p. 176.

② Angus Charles, *Disputers of the Tao*: *Philosophical Argument in Ancient China* (La Salle: Open Court Publishing Company, 1989), p. 235.

③ Angus Charles, *Disputers of the Tao*: *Philosophical Argument in Ancient China* (La Salle: Open Court Publishing Company, 1989), p. 189.

向了最深艺术境界的同时，亦达到了与沉思冥想技艺一样能够达到的最深层神秘体验。因此葛瑞汉说：(由冥想技艺所达到的最深体验)与那些看似更加庸常的、范围有限的具体技艺(实则已达到一种随其本性自由发挥的灵巧境界)在本质上乃是相同的。[①] 透过葛瑞汉对经验性具体技艺的积极肯定描述，我们似能察觉出其论述中隐而未现的观点，那就是道家对于求道路径的多样化选择是很包容的：人人都是潜在的达道者，可以根据其不同境遇、天赋、性情等现实条件来选择最适合自己的求道路径。不过，也要认识到道家这种包容性极强的初衷确实很不容易实现其最理想的效果，因而葛瑞汉明确强调其中有程度之分，具体技艺修习所达到的境界有技、艺、道层面的浅深之别。唯有逐层超越，达到最极致状态，方得以合一于道，这才是真正的神秘体验。[②]

除了由艺入道的实践性修道方式，葛瑞汉特别提到了精神性的沉思冥想之术(the techniques of contemplation)作为达道的另一重要途径。这尤体现在《齐物论》对南郭子綦的出神(trance)、沉思(meditation)，以及《人间世》中的“心斋”(mind-fasting)和《大宗师》中的“坐忘”(sitting and forgetting)状态之描述。[③] 葛瑞汉将这一冥想实践的最早文本依据追溯至《管子·内业》，称其重要性在于“它是中国最古老的神秘实践文本”，并认为这一冥想之术的理论源自萨满巫师的出神技艺。[④] 葛瑞汉同样看到冥想活动普遍见于基督教、伊斯兰教、佛教等各大宗教神秘主义传统，因而始终格外关注《庄子》中闪现的沉思之术的文本遗迹，将其视为道家神秘主义学说中一个重要组成部分。[⑤] 不过，葛瑞汉同时表示，道家并不沉溺于冥想修习中的纯粹出神体验，其最终目的乃是实现“与道

---

① Angus Charles Graham, *The Book Lieh-tzŭ: A Classic of the Tao* (New York: Columbia University Press, 1990), p. 8.

② Angus Charles Graham, *Disputers of the Tao: Philosophical Argument in Ancient China* (La Salle: Open Court Publishing Company, 1989), pp. 234-235.

③ Angus Charles Graham, *Chuang-tzŭ: The Inner Chapters* (Indianapolis: Hackett Publishing Company, 2001), p. 49, p. 105.

④ Angus Charles Graham, *Disputers of the Tao: Philosophical Argument in Ancient China* (La Salle: Open Court Publishing Company, 1989), p. 100.

⑤ 在葛瑞汉看来，《齐物论》中南郭子綦所表现的“形如槁木”“心如死灰”的得道状态正是经由修习沉思冥想技艺而得来的，他说：在《齐物论》中，他(南郭子綦)经历出神之后，从二元对立的结构性认识中摆脱出来，在出神状态中达到了“丧其耦”和“丧我”的认识境界，颜成子游的话证实了这一点，“今之隐几者，非昔之隐几者也”。这些内容必定是第二章的篇首中已被删除的部分，《庄子》的编者(即郭象)必定已经修改过首句，从而(在通行本中)为这段对话再造了一个新的开端。葛瑞汉这里针对《庄子》成书问题提出了自己关于道家沉思冥想技艺的再认识，高度肯定了道家学说中所践行的具体技艺对于获得体道经验之重要性。参见 Angus Charles Graham, *Chuang-tzŭ: The Inner Chapters* (Indianapolis: Hackett Publishing Company, 2001), p. 49, p. 105。

合一”，这一目标直接反映人在现实生活中所获得的回应外界之高度敏锐性、感知力、响应力，生命的自发、自主、自为的自我意识和趋向性，以及对整体的、齐一的世界万物的真切体认之感，《庄子》《老子》《列子》的神秘思想均指向这一点。这才是沉思体验的最深层目标，唯此意义上的沉思之术才具有真正神秘性。葛瑞汉明确解释说：老庄道家哲学流派看来，沉思之术是他们的对象，让人从情绪化回到宁静，从“有”回到“无”（即万物所产生之处）以及回到周流不息的大化历程中去。[①] 相比之下，仅仅是为了实现长生保身的功利性目的所展开的沉思实践所到达的只是浅层的体验。

无论是偏于实践品格的具体技艺之修习，还是重精神性修习的沉思活动，二者均可达到具有真正神秘意义的“道”的最高层次。透过葛瑞汉的解释可见，对这种“与道合一”认识境地的阐释，同时就是老庄学说对于“道”之特殊本体的理解。就具体技艺之修习而言，“道”位于最深层的技艺境地；就冥想之术而言，“道”在那历经出神状态后所体认的世界之自然面貌中。葛瑞汉明确地将修道历程之特殊性的理论根源追溯到“道”之本体论层面。葛瑞汉作为通贯中西、融汇古今的思想大家，在与西方形而上学本体的对比中，精当地诠释了“道”之特殊性。他说：道家认为这种（与道合一）的体验有其特殊性。西方学者倾向将其他神秘传统纳入西方的新柏拉图主义框架中来诠释，认为在主要的认知经验中，先知们揭露种种幻象，并且发现了他与那背后绝对者、实在、存在所具有的一致性。然而对于中国思想家而言，根本问题并不是要追问“什么是真理”而是“道在哪里”。通过冥想经验所体验到的世界之基源，并不是“终极实在”，而是他们所寻觅的“道”。[②] 在这里，葛瑞汉将西方神秘传统关于终极实在的思维方式归纳为“什么是真理”，西方那种主客二元化的思维逻辑预先设定了一个超绝人世之外的本体。而道家则追问“道在哪里”，这便暗示了“道”须在现实生活中寻觅，即便在情感上距离我们最遥远的“道”也一步不跨越此人世间，古人所真正关心的问题是“道”在此世界中“应该”如何，而非“是”什么。如果混淆中西方神秘合一体验的形而上学依据，以西释中地解读道家神秘传统，那么就会出现葛瑞汉反复警

---

① Angus Charles Graham, *The Book of Lieh-tzŭ: A Classic of the Tao* (New York: Columbia University Press, 1990), p. 5, pp. 7-9.

② Angus Charles Graham, *The Book of Lieh-tzŭ: A Classic of the Tao* (New York: Columbia University Press, 1990), pp. 5-6.

示的"误读"的危险。[1] 葛瑞汉对道家神秘体验之本体层面的诠释指出：在最基础的形而上学依据方面，中国和西方的概念化理解过程是大不相同的。西方哲学的目标是追求现象背后的实在，人们普遍认为（直到人们对由"是"到"应该"的可能推断当中产生怀疑）一旦我们了解了关于宇宙的真理，我们就会知道如何在其中生活。因此在西方的神秘主义传统中，将事物的存在根基视为纯粹"存在"或终极"实在"，此愿景也被视作一种人性的救赎。但是，中国哲学的目标在于得道，万物的生灭都依由它，由得道所"得"（也许不可能）偶然性地揭露我们这个日常生存世界的幻象。对于道家来说，真正重要的是要人重返"众妙之门"（此一意蕴在文中有诸多隐喻式的表达），并且他所做的一切只是"无为"，自发地运行从而合于大道。人由此能获得关于天地的明鉴认识，但这种关于最高实在的"明"的认识仍是对于具体现实的知识。[2] 葛瑞汉在强调道家神秘主义之特质的同时，亦扩充了西方对于神秘传统之丰富多样性的理解。

统而观之，葛瑞汉在论及老子、庄子、列子为代表的道家学说之要旨时高度自觉地将其与神秘主义关联起来，并确证了这些经典文本中有明显的神秘主义内容。我们可将这些神秘元素撮合为本体论、认识论、经验论这内在关联的三个维度来解读庄子之神秘主义，就此体系而言，可称庄子思维为道家神秘哲学（mystical philosophy of Taoism）。与前人相比，葛瑞汉的突出贡献在于他特别关注来自西方的神秘主义理论在运用于中国哲学时所显现的差异性，充分肯定了《庄子》等文献中所体现的神秘思想，其独特性值得西方学者格外重视。葛瑞汉的许多论述对西方学者的后续研究产生了重要影响，在某种意义上使得道家神秘主义、《庄子》中的神秘主义这一话题在西方理论界真正走向严肃的学术探究中。整体上看，在《庄子》中的神秘主义这一领域中葛瑞汉开辟了各大基本领域的雏形，同时也为后进学者针对具体文本进一步做更加精致的论证留下广阔的诠释空间。

三、史华慈：老庄哲学的神秘灵智（mystical gnosis）

美国汉学家史华慈与葛瑞汉同时关注到了道家的神秘主义维度，并展开了

---

① 葛瑞汉从本体论角度看到中西方神秘认知境界所依由的终极实在具有显著差异。他说：（西方传统）在评价神秘主义时，倾向于考虑它是否提供了独立与感知能力或理性能力之外的、一种与众不同的更高级的途径来帮助我们认识最高实在，并且我们往往轻视那些由冥想实践中带来的身心健康方面的各种改善。若将（西方传统的）"神秘"一词应用于（中国哲学的）"道"，而不是关于西方最高实在的概念化经验方面，那就可能会造成误解。葛瑞汉在此提醒人们注意，道家神秘主义与西方神秘传统在认识上存在的重要不同以及相互抵牾之处。参见 Angus Charles Graham，*Disputers of the Tao*：*Philosophical Argument in Ancient China*（La Salle：Open Court Publishing，1989），p. 234。

② Angus Charles Graham，*Chuang-tzŭ*：*The Inner Chapters*（Indianapolis：Hackett Publishing Company，2001），p. 21.

更加系统化的探讨。在其《古代中国的思想世界》(*The World of Thought in Ancient China*)专有一章讨论"道家之道"(the ways of Taoism)。在阐发老庄哲学的基础性概念时,史华慈明确地将《老子》和《庄子》的作者视为神秘家,认为神秘主义是老庄哲学中真实存在的倾向,并且占据该文本的最核心思想的地位。史华慈开篇便说:在考虑道家学说兴起时,我将毫不犹豫地将老庄学说称为"老子和庄周的神秘道家学说",因为神秘主义是这两个文本中共同包含的内容,尽管在这方面二者表现出重要的不同。[①] 并且,史华慈认为西方神秘主义理论中最为关键的因素同样占据着老庄文本的核心地位。他说:我认为上述全部因素均出现在老庄文本中,甚至属于老子以及庄子洞见中最为核心的部分。[②]

史华慈将公元前4世纪的老庄学说视为神秘道家学说(mystical Taoism),并明显参照了源于西方的神秘主义理论的阐释框架。涉及老庄哲学核心概念的英文表述均参照或直接使用了神秘主义理论的相关术语,比如将老子、庄子、列子等称为神秘家(mystic),认为他们所达到超凡认知境界是神秘灵智(mystical gnosis)或神秘洞见(mystical illumination),这种认识能力乃是一种神秘能力(mysterious power)。具体至庄子学说,史华慈论及道家之神秘维度时聚焦于《庄子》所蕴含的某种高级智慧,即神秘灵智。史华慈主要从神秘认识论、神秘知识论角度来阐释老庄学说(尤显见于庄子学说)的核心思想,他曾明确称这一神秘灵智为《老子》神秘思想内核之所在,此灵智乃是关于"道"的认识。他说:当谈到道家学说的神秘维度时,我们首先惊讶地发现"道"竟是中国神秘主义中最主要使用的术语。[③] 史华慈认为,在谈及道家神秘灵智时,我们很可能再次触及古代中国高层文化中共同享有的文化取向——对"圣王"(sage-hood)理想怀有的高度信心。根据这一理想,圣贤享有某种神圣的能力,即便他仍然是一位有限的人[④]。圣王贤人的神圣能力即是指获得神秘灵智的能力。史华慈这里强调了作为神秘家的圣王仍然保持着人的有限性,神秘灵智的获得离不开这个有限世界。这一点,正是史华慈论述道家神秘主义维度时格外关注的地方。他说:正如其他神秘主义形态一样,使得道家表现出其独特个性之处同样在于那个神秘领域。

---

① Benjamin Isadore Schwartz, *The World of Thought in Ancient China* (Cambridge: The Belknap Press of Harvard University Press, 1985), p. 187.

② Benjamin Isadore Schwartz, *The World of Thought in Ancient China* (Cambridge: The Belknap Press of Harvard University Press, 1985), p. 206.

③ Benjamin Isadore Schwartz, *The World of Thought in Ancient China* (Cambridge: The Belknap Press of Harvard University Press, 1985), p. 207.

④ Benjamin Isadore Schwartz, *The World of Thought in Ancient China* (Cambridge: The Belknap Press of Harvard University Press, 1985), p. 236.

其中,“无”的世界与具有确定性质的、个体化的、相互关联着的世界,或许可以直接用汉语来说是与那个“有”的世界联系了起来。[①] 在史华慈那里,老庄智慧的神秘维度融入、贯穿人的日常生活,正是二者之间复杂的一体关系彰显了道家神秘主义的核心特征,同时也是最有争议的部分。[②]

史华慈概括性地介绍了西方比较宗教学界对于神秘主义基本特征所持的主要观点,并认为无论在老子还是庄子的学说中都同样具有这些特征。史华慈论及庄子思想的神秘维度的重要观点,我们可方便地大致将其归为神秘本体(mystical reality)、神秘认识(mystical gnosis)、神秘体验(mystical experience)、神秘技艺(mystical techniques)这四个基本方面来透析史华慈所理解的庄子哲学,特别是在与老子学说的比较中发现其独到之处。

比较宗教领域的神秘主义研究学者普遍认同,所有神秘文本(mystical text)中均存在一个从终极意义层面上所谈论的“实在”(reality)、“无”(nonbeing)领域。这个实在或与实在的相关维度,超越了一切能够用语言来描述的确定性、关系以及过程。[③] 在道家那里,这个神秘本体即是“道”或“无”。史华慈指出,老子倾向使用“道”而非“天”代表宇宙中的终极本体,“无名天地始”即明确指出,天、地并不具有永恒性,虽然它们具有长生的特点,但并非最根本的实在,因为天地万物都是依赖着无名的“道”,最高本体只是“道”。[④] 同样,“道”“无”亦是《庄子》中的最高实在。史华慈以《齐物论》“罔两问景”故事为例指出:半影的行为完全取决子影子的行为,影子的行为又取决于运动着的有机体,而运动着的有机体又取决于道。语言能够对这些活动有所说明,但不能以绝对的“是”或“非”定义它们,无论是从道德层面,还是在知性角度。因而,只有在“无”之中,一切特定存在及其相互关系才可以找到它们的根源。[⑤]

然而,仅宣称存在一个关于“实在”领域其本身并不就是神秘主义。事实上,神秘灵智意义上的知识或深刻信念——关于人类世界的一切意义之源的“实在”(尽管难以言传),才成就了宗教意义上的神秘主义景观。“神秘”并不意味着知

---

① Benjamin Isadore Schwartz, *The World of Thought in Ancient China* (Cambridge: The Belknap Press of Harvard University Press, 1985), p. 199.

② Benjamin Isadore Schwartz, *The World of Thought in Ancient China* (Cambridge: The Belknap Press of Harvard University Press, 1985), p. 205.

③ Benjamin Isadore Schwartz, *The World of Thought in Ancient China* (Cambridge: The Belknap Press of Harvard University Press, 1985), p. 193.

④ Benjamin Isadore Schwartz, *The World of Thought in Ancient China* (Cambridge: The Belknap Press of Harvard University Press, 1985), p. 196.

⑤ Benjamin Isadore Schwartz, *The World of Thought in Ancient China* (Cambridge: The Belknap Press of Harvard University Press, 1985), p. 225.

识的缺席，而是对那难以述说的存在之源有着一种更加高级的、直接的认知。因此，这是一种“充实”(plenitude)的知识而不是匮乏的知识，不过这是一种超越语言掌握能力的充实知识。[①] 史华慈在此强调了知识论面向构成了神主义最关键的部分。于《老子》，史华慈特别注意到道家圣贤总是与君王有千丝万缕的联系，因而他强调老子的神秘灵智必定与社会治理、治国知识密切相关。通过运用这种智慧，唯有道家意义上的圣人才能终结文明世界所制造出来的各种虚假谋划，从而使得大多数人回归其无为状态成为可能[②]。反观庄子，史华慈发现庄子的神秘灵智有一个突出特点：要想获得真正的灵智，所要做的就是捣毁我们关于周围世界的常识性理解。只有从根本上动摇我们的经验主义的常识观点，真正的灵智才可能诞生。[③] 史华慈将经验的常识性观点纳入“小知”(little understanding)范畴，认为这种小知主要围绕着与小我相关的各种利益诉求打转。“灵智”与“小知”的对比鲜明地反映在《逍遥游》中：大鹏鸟代表了人的伟大和“自由”，他能站在更高灵智的立场来看这个世界，与此相对的代表则是蝉、鸽子以及青蛙，它们囿于日常的“小知”所产生的约定俗成之见。[④]

在论述神秘主义的知识论维度后，史华慈指出了神秘主义理论的最核心特征：在大多数被称为神秘主义的维度中有一个共同主张，即具有有限性的人类或其中的一些人能够达到“一”(oneness)，或者能够与实在的终极基础取得某种神秘合一体验。而且这种教义往往持有内在论(immanentist)或泛神论(pantheistic)立场。[⑤] 这是说神秘家普遍相信，有限的人类在某种意义上能够“知道”神性领域中那不可知的本质，并且能够与之合一，即此神秘合一体验正是神秘主义理论最本质的特征。谈到“合一”体验，便会自然地想到人最初如何与之“分离”，又是通过何种方式与之“合一”呢？史华慈针对《老子》《庄子》文本对这两个关联着的问题分别作出了解释。在《老子》那里，文明的兴起导致人脱离了道，准确地说，是“有为”意识的诞生激发了人的欲望致使文明世界的各种谋划

① Benjamin Isadore Schwartz, *The World of Thought in Ancient China* (Cambridge: The Belknap Press of Harvard University Press, 1985), p. 193.

② Benjamin Isadore Schwartz, *The World of Thought in Ancient China* (Cambridge: The Belknap Press of Harvard University Press, 1985), p. 211.

③ Benjamin Isadore Schwartz, *The World of Thought in Ancient China* (Cambridge: The Belknap Press of Harvard University Press, 1985), p. 217.

④ Benjamin Isadore Schwartz, *The World of Thought in Ancient China* (Cambridge: The Belknap Press of Harvard University Press, 1985), p. 220.

⑤ Benjamin Isadore Schwartz, *The World of Thought in Ancient China* (Cambridge: The Belknap Press of Harvard University Press, 1985), p. 193.

不断滋生,即"大伪"(the great artifice)。[①] 而"有为"意识的始作俑者则是那些通过区分善恶美丑等日常观念,致力于"改善自然"的儒家式文化英雄(Confucian culture heroes)。[②] 然而道家圣王的终极目标就是使人们回归自然无为的状态,也就是通过道家圣王的无为之治使得人重新返回大道。相比之下,史华慈认为庄子并没有为圣贤赋予救赎性的角色,庄子看到了"无为之治"事实上却有为的这一矛盾,他保持着绝对的价值中立态度。在《齐物论》的分析中,史华慈指出人脱离道源自"成心"(the individualized mind)的诞生,如同亚当、夏娃具有原始的罪性,人之成心乃是人性中不可避免显露的内在本性。唯有少数人依靠自力,通过神秘修习的方式才能突破成心,超越小大等概念的绝对判准,克服"为"/"无为"等二元对立思维,获得真正的神秘灵智,最终实现与"造物者"同游的审美境界。

史华慈指出,神秘技艺与神秘主义哲学之间的关系是一个非常复杂的话题。有一种否认老庄哲学中存在神秘主义的观点认为,老庄文本中缺少有关为了实现神秘主义体验所需要的专门技术的论述。史华慈亦承认:表面上看《老子》《庄子》的确没有类似印度瑜伽或冥想等技术性很强的长篇宏论,然而,在面对各大神秘主义取向(如婆罗门教、苏菲派或者埃克哈特的基督教神秘主义)的时候,我发现,是那些关于实在的洞见,而不是关于技术的描述,才反映了道家神秘主义的本质[③]。与马伯乐的见解类似,史华慈在这里同样认为神秘技艺本身并非道家神秘主义所强调的核心特征。另外,史华慈特别注意到《庄子》中神秘体验以及神秘洞见(mystical illumination)相关的出神的重要文本依据:《德充符》的王骀,就有一种"独特地运用心灵的方式",借助这一方式取得了更高的灵智(以其知得其心,以其心得其常心[④]);《大宗师》的女偊拥有来自直接经验的灵智[⑤];《齐物论》一开始谈到了充满神秘主义色彩的南郭子綦恍恍惚惚的体验[⑥];《田子方》

① Benjamin Isadore Schwartz, *The World of Thought in Ancient China* (Cambridge: The Belknap Press of Harvard University Press, 1985), p. 207.

② Benjamin Isadore Schwartz, *The World of Thought in Ancient China* (Cambridge: The Belknap Press of Harvard University Press, 1985), p. 209.

③ Benjamin Isadore Schwartz, *The World of Thought in Ancient China* (Cambridge: The Belknap Press of Harvard University Press, 1985), p. 199.

④ Benjamin Isadore Schwartz, *The World of Thought in Ancient China* (Cambridge: The Belknap Press of Harvard University Press, 1985), p. 234.

⑤ Benjamin Isadore Schwartz, *The World of Thought in Ancient China* (Cambridge: The Belknap Press of Harvard University Press, 1985), p. 234.

⑥ Benjamin Isadore Schwartz, *The World of Thought in Ancient China* (Cambridge: The Belknap Press of Harvard University Press, 1985), p. 217.

形如槁木的老子感叹:吾游心于物之初[①]。史华慈还着重强调了另一处文献证据即《人间世》"心斋"所涉及神秘冥想技艺(meditational techniques)。他分析说:这里所讨论的"气"范畴在此前的分析中被视为形而上的"神秘实体",它似乎能够将多样的、具有确定性的、孤立存在的"有"之世界与非存在的世界连接起来。孔子这里建议弟子颜回的操作步骤,似乎正好是众多专论冥想技术的文献中所谈及的"清空心灵"之中的确定性概念。[②] 此外,史华慈特别指出《庄子》中的一些神秘技艺表现为非常素朴的形式,在《达生》那里,无论是捕蝉者还是造鐻者都忘记了自己的四肢、形态、身体……因为他此时的技艺全部集中于一点,所有外界干扰均消逝了。其心灵状态与颜回的"心斋"类似,表现出冥想的样态[③]。史华慈在此指出,这种高度完美的日常技艺绝非对功利主义的颂歌,也属于神秘技艺范围。它在日常生活中就能实现神秘家所达到的心念集中的精神状态。

综合可见,史华慈自觉地将道家哲学与神秘主义联系起来,有意识地从神秘本体、神秘认识、神秘体验、神秘技艺这四个基本维度展开其关于老庄道家神秘哲学体系的精炼论述,并在与《老子》的对比中凸显了《庄子》神秘面向的鲜明特点。较之于葛瑞汉,史华慈对《庄子》的神秘主义的阐释更加丰富,并且注重在思想史的脉络中探寻《庄子》神秘灵智的发源。他还注意到以惠施为代表的知性思维方式对于庄子的重要参照价值以及后者的超越之处。从本质上讲,史华慈诠释的庄子作为一个"神秘家",其独特性在于他乃是以审美的态度对待这个苦难世界,因此对人间世保持着积极肯定态度。[④] 这就是说,"神秘的"(mystical)思想维度在庄子哲学这里,实义为"审美的"(aesthetic)世界观,这便将《庄子》之"道"的宗教神秘性落实在内含于世间的美学意义上的超越性,也就为从美学进路探索庄子神秘主义留下进一步构想空间。

四、马丁·布伯:道之教化(die iehrevom Tao)——追求统一性的本真生活(the oneness of the truthful life)

作为20世纪德国最著名的宗教哲学家,马丁·布伯被誉为"当代西方最伟大的思想家之一"。他对于东方哲学思想、中国古代哲学,特别是老庄道家哲学

① Benjamin Isadore Schwartz, *The World of Thought in Ancient China* (Cambridge: The Belknap Press of Harvard University Press, 1985), p. 218.

② Benjamin Isadore Schwartz, *The World of Thought in Ancient China* (Cambridge: The Belknap Press of Harvard University Press, 1985), p. 218.

③ Benjamin Isadore Schwartz, *The World of Thought in Ancient China* (Cambridge: The Belknap Press of Harvard University Press, 1985), p. 218.

④ Benjamin Isadore Schwartz, *The World of Thought in Ancient China* (Cambridge: The Belknap Press of Harvard University Press, 1985), p. 236.

怀有浓厚兴趣，并且在对庄子之神秘主义的研究中自成一派，显示出了独特气象。布伯依据首部《庄子》英译全本（翟理斯的《庄子：神秘主义者，道德家和社会改革者》），在1910年出版了第一本《庄子》德译本：《庄子的言论和寓言》（*Reden und Gleichnisse des Tschuang-Tse*）。在这本选编了54段语录及寓言故事的小册子中，布伯哲学和庄子哲学交相辉映，实乃布伯对《庄子》作哲学思辨式的翻译、阐释乃至创造。它既构成了布伯哲学的内在组成部分，也为庄子哲学的德国汉学研究提供了富有价值的诸多创见，同时为彰显庄子思想之神秘主义诠释打开了新思路。

但一直以来，布伯与庄子的相遇并未引起欧美汉学界的充分重视，许多人认为布伯对于庄子哲学的研究局限颇多，如顾忌布伯不懂汉语，缺乏深厚的中国文化学养，深陷宗教存在主义而不能自拔等诸多不足，因此主流学界并未足够认真对待布伯关于早期道家思想的研究价值。不过，根本上阻碍人们理解布伯贡献的原因，恐怕是美国学者赫曼（Jonathan R. Herman）在其评述欧美汉学界之庄学研究时所指出的那样：他的整体解释框架，即布伯的特定视野和所讨论的问题，本质上并不是在与那些庄学研究者所关切的问题进行实质性对话①。赫曼进一步解释到，布伯不同于当前西方汉学界解释庄子哲学的主流诠释路径之处在于：多数学者致力于通过解释和证明其方法论之合理性的方式，来服务于某个特定的解释目的（例如重构、注解等），然而却很少关注其解释目的本身的合法性。② 并指出这种诠释路径的缺陷在于，它缺少了赫曼所谓"诠释学的自我意识"（hermeneutic self-consciousness）的重要维度。反观布伯之诠释的亮眼处就在于他引入了一种崭新的"诠释学自我意识"的解读模式，赫曼认为布伯的庄子研究是将其诠释建立在文本之"自我定义"（textual self-definition）的讨论之上。③ 赫曼批评汉学界的庄子研究缺乏"诠释学自我意识"的自觉，即是在批判性反思欧美汉学家在方法论上的优越性。于赫曼而言，多数汉学家只是以不同的诠释方式来重新构造庄子思想，即"我注庄子"的研究立场；而布伯乃是用《庄子》文本来构成自己哲学的一部分，本质上是"庄子注我"，是以布伯的方式来创造性地转化、发展庄子哲学。其根本目标不在研究《庄子》，而是要与庄子并驾齐驱地走在同一条精神道路上。

---

① Jonathan R. Herman, *I and Tao: Martin Buber's Encounter with Chuang Tzu* (Albany: State University of New York Press, 1996), p. 189.

② Jonathan R. Herman, *I and Tao: Martin Buber's Encounter with Chuang Tzu* (Albany, State University of New York Press, 1996), p. 191.

③ Jonathan R. Herman, *I and Tao: Martin Buber's Encounter with Chuang Tzu* (Albany: State University of New York Press, 1996), p. 192.

赫曼不仅充分肯定了布伯式庄子研究的独特价值，并极富洞见地指出，布伯哲学与庄子哲学二者之间的重要关联对西方现代的神秘主义跨文化研究具有重要意义。[①] 尽管布伯并未专论《庄子》之神秘主义这一话题，也无意构建《庄子》特色的某种神秘主义体系，因而“神秘主义”(mysticism)、“神秘的”(mystical)等相关术语很少出现在其论述中。但是，由于布伯关于老庄哲学的阐释立场深受其宗教神秘主义（特别是犹太教哈西德派神秘主义）影响的这一事实，足以将布伯的庄子研究成果纳入神秘主义的探索之列。这些研究成果较集中地体现在布伯论东方和中国文化的三篇文章中，其中《道的教化》(*Die Lehre vom Tao*)一文作为其《庄子》德译本的后记集中阐发了布伯对于老庄哲学核心思想的理解，这些深刻洞察有意或无意地引领人们走向《庄子》的神秘主义之思。[②] 此外，布伯晚年在其名篇《我和你》中提出“对话原则”“关系哲学”的思想体系，亦能察觉到他所理解的老庄道家哲学之核心思想与布伯哲学之根本精神二者的互通性。在此，我们集中讨论前一篇文章中“道的教化”这一概念如何表达布伯所理解的老庄哲学核心思想，而这一思想又是在何种意义上切中神秘主义要旨。[③]

“教化”一词在布伯哲学中是具备特殊含义的一个重要概念。布伯确信，“教化”在东方各大古老文明中创造性地持久存在着，而并不内在具有这一伟大“教化”传统的欧洲文化体系必定会受此“教化”的重大影响并由此实现东西方精神的新融合。在布伯看来，东方各大文化体系呈现出的有机整体性，就在于东方各大民族“教化”（如犹太教化、印度教化、中国教化等）所共同追求的终极目标——基于“一”(oneness)的本真生活(truthful life)之必要实现(needful realization)。这就是说，“教化”就是追求统一性的本真生活方式的实现过程。从“教化”与人的关系来看，布伯指出这里的“一”是关于人的生活、人在自身生活中实现自我灵魂的“一”。这样，你的生活、你的灵魂、你自身都处于“教化”之中。如此的“本真生活”就是“统一性的生活”(unified life)。[④] 布伯特别强调，正是在某些历史人物身上，实现了“教化”的最纯粹形式。东方教化共同追求的“一”的本真生活，实

---

① Jonathan R. Herman, *I and Tao*: *Martin Buber's Encounter with Chuang Tzu* (Albany: State University of New York Press, 1996), p. 187.

② 本文所引用《道的教化》英译版的相关内容，主要参考了赫曼在 *I and Tao*: *Martin Buber's Encounter with Chuang Tzu* 中所翻译的《后记》部分（第 69-103 页），以及 Routledge 等在 *Pointing the Way* 一书的相关译文（第 31-58 页），同时参考了马丁·布伯所写、刘杰所译的中文本《道的教言》（《哲学译丛》2000 年第 4 期，第 2-16 页）。

③ Jonathan R. Herman, *I and Tao*: *Martin Buber's Encounter with Chuang Tzu* (Albany: State University of New York Press, 1996), pp. 191-197.

④ Jonathan R. Herman, *I and Tao*: *Martin Buber's Encounter with Chuang Tzu* (Albany: State University of New York Press, 1996), p. 72.

际上是关于自我的统一性(the oneness of the self),人一旦拥有了这种"自我统一性"便会将他与世界的遭遇视作"存在",视作"一",视作他自己。[①] 这种"自我同一之人"(unified person)即诸如老子、庄子等历史人物,他们的生活方式即是"教化"的最纯粹形式。

作为"中国式教化"最杰出的代表,老庄哲学的根本精神即布伯所谓的"道之教化"(Tao teaching),即实现统一性生活的道家方式。道家之中,布伯尤重老子,他认为老子的生平言论最典型呈现了"道之教化"的核心要旨。庄子则是"道之教化"的发扬者,在其创造性转化过程中始终保留着"道之教化"的核心诉求,即追寻"一"的本真生活方式。在布伯那里,更倾向将老庄作为一个连贯的整体来谈论,而不是凸显二者各自特性。因此,当我们谈论布伯关于庄子哲学的创见时,有必要先从老庄"教化"最为关切的统一性本真生活谈起。

布伯提醒我们当谈论"教化"和"一"的关系时,首先需要澄清的一个问题是,东方各大民族的"教化"与其共同追求的"一"之统一性生活的目标这二者的关系并非自明的"多样形式"与"同一内容"的区别。他一再强调,"教化"永远是重新开始,"教化"无论如何不能被理解为它好像具有某个内容,只是采取了不同形式而已。[②] 在布伯看来,在"内容"中去寻找"一"的这种西方式现代一元论(modern monism)做法对于探究"一"之真义而言是徒劳的,因为这实际上是将关于"真实生活"的"一"置换为某种关于"上帝、精神等存在形式"(existing being)的"一",这即是在以某种方式构造"存在的'一'"(the oneness of existence),然而这种存在之"一"并不具有真正的统一性,它只是关于"真实生活"之"一"的某种反映,而后者才是前者的意义,是其根据,是其生命。具有深刻统一性的"真实生活"作为"教化"所面对的"唯一必要之事",绝不能理解为西方哲学中的永恒实体(sub specie aeterni)的存在形式,因为"教化"正是在破除这一抽象表达的基础上建立起自身之独特性的。

澄清"多样形式—同一内容"的西方式一元论的误解后,布伯主张将各种教化之间的区别,解释为"教化"与"寓言"(gleichnisse)之间的关系,也就是追求统一性的本真生活的"教化"通过不同形态的"寓言"表现其自身的这种关系。[③] "寓言"在布伯那里有独特含义。重要特征是"绝对"参与到"事物世界"中去,"教

① Jonathan R. Herman, *I and Tao: Martin Buber's Encounter with Chuang Tzu* (Albany: State University of New York Press, 1996), p. 75.

② Jonathan R. Herman, *I and Tao: Martin Buber's Encounter with Chuang Tzu* (Albany: State University of New York Press, 1996), p. 74.

③ Jonathan R. Herman, *I and Tao: Martin Buber's Encounter with Chuang Tzu* (Albany: State University of New York Press, 1996), p. 75.

化”一旦涉及物的世界就会成为“寓言”。“寓言”作为“自我同一之人”的表达言辞，碰触到“教化”的本真面目的同时也使得“一”不再纯一而具有了多样性，由此出现了诸如耶稣或佛陀等寓言形式。那么，“寓言”在何种意义上与“教化”发生关联呢？布伯认为，“寓言”是作为“自我同一之人”开始用语言的形式向人群述说“教化”而产生的。这是由于赤裸裸的“教化”是无言又难以诉说自身的，但其实现“本身生活”的现实理想决定了它必须表露自身，而“自我同一之人”作为倾听“教化”的最好载体、作为“教化”之理想的最纯粹实现形式，能够借助物、事件和关系等进行言说，因而这种有关“教化”的言说就是“教化”之寓言的表达。具体至道家学说时，布伯充分意识到道家之“寓言”的独特之处，进一步指出老子的“寓言”是充满形象(images)的，这种富有形象性的(imaginative)寓言与庄子的诗歌性寓言又是很不相同的。

在布伯看来，较之老子异常隐晦的语言，庄子诗歌化的寓言式表达更加凸显了“道之教化”与现实世界的内在关联。庄子十分自觉地通过寓言形式将“教化”所追求的统一性传递给世人。① 布伯指出，庄子的寓言与世俗的庸见形成了鲜明对比，他解释说：他(庄子)明白“道之教化”不是要强加于人。事实上这种“教化”并不能给人们带来任何东西，它只是让每个人意识到他内在拥有着“一”，只要他向自身之中去发现“一”，并使之活泼起来。此所谓：“天下皆知求其所不知，而莫知求其所已知。”②在布伯那里，庄子以及经由庄子所获得这“一”的智慧的人们被分为两类，前者是“自我同一之人”(unified person)③，后者则是简单之人(simple person)。庄子作为“自我同一之人”在直接领悟“一”后必须去和他那些精神窘迫的弟兄们沟通，即帮助那些简单之人间接获得“一”的智慧，从而使自身之“一”得以超越、净化那些愚昧和不当。正是在此意义上，这两类大不相同的人具有深刻统一性。如此一来，正如这个世界过去如此呵护“一”于自身那样，现在整个世界都充满了“一”，其中无所不包、无有贵贱之别④。

“一”作为“追求统一性的本真生活”的丰富内涵在布伯的解释中展现了不同面向。布伯在说明《列子》等所得之“道”为何物时阐明了他所谓的“一”即是对立

---

① Jonathan R. Herman, *I and Tao: Martin Buber's Encounter with Chuang Tzu* (Albany: State University of New York Press, 1996), p. 81.

② Jonathan R. Herman, *I and Tao: Martin Buber's Encounter with Chuang Tzu* (Albany: State University of New York Press, 1996), p. 81.

③ 布伯对“自我同一之人”(unified person)有诸多美称，随着具体情境的需要有不同表述，如求道之人(filling person)、圣人(accomplished person)、意愿投入到“一”之中的有志之人(willing person)、至人(central man)、完人(accomplished man)、神君(spiritual prince)等。

④ Jonathan R. Herman, *I and Tao: Martin Buber's Encounter with Chuang Tzu* (Albany: State University of New York Press, 1996), p. 81.

关系之统一。[①] 当仅谈论每一事物自身的统一性时,布伯认为这种统一性就是事物自身的发展道路,它决定了该事物的本质、样式和特有秩序。[②] 此时的"一"作为一种综合性力量,能够克服所有与其生命根基的相抵牾之物。布伯还进一步指出,万物之道只能在它与其他事物之间的联系中才能显明自身,变成活生生的。[③] 当涉及每一个事物作为他者与另一方相遇时,这种统一性就是弥合"我—它"二元分裂和区别的整合性力量,人在积极主动创造与它者相互联系、链接的过程中同时展现、并实现着自身之统一性。此外,布伯特别强调作为万物之道的"一"不是死寂的,而是永恒变化着统一性,在不断更新过程中肯定自身。它切实地活动在人类生活本身之中,特别体现在庄子等"自我同一之人"在面对其死亡时表现出对生死对立的超然态度。

恢复万物之间的统一性,同时彰显世界万物自身内在的"一",作为布伯论述老庄哲学之根本精神的旨归,将"道之教化"所追求统一性的本真生活全部指向了人类生活本身,因而人类生活本质上就蕴含着全部的超验性。那么,身处其中的我们该如何在自身生活世界中发现、贴近以致去实现"一"呢?在这个问题上布伯基于其宗教存在主义的立场对老庄的回答进行了阐明。布伯认为,老庄对于"知""有为"的批判性反思以及对"不知之知""无为而无不为"的肯定,提示我们不能依赖经验性的、知性的思维方式错误地认识"一",因为这种统一性的"本真生活"不是作为被辨识的,不是被认知某种与自己脱离了的存在物。布伯提出,"本真生活"中的"一"是被拥有的、活生生发生着的和被实践出来的。[④] 关于"一"的真知,并不是某种知识形态,而就是一种存在形态[⑤]。也就是说,这种特殊的知识由于它彻底地融入其无所不包的各种事物自身的存在活动过程中,已完全具有了存在属性。当更深一步追根作为"存在"的这种真知究其本质是什么时,布伯给出的答案是一种包容性极强的"爱"(all-embracing love),这即老庄的慈、上仁、大德,这种"爱"克服了其中全部对立性。

布伯将"爱"作为"道之教化"在《庄子》寓言表达的最终精神归宿,乃是与他

---

① Martin Buber and Maurice S. Friedman, *Pointing the Way: Collected Essays* (Humanity Books, 1999), p. 47.

② Jonathan R. Herman, *I and Tao: Martin Buber's Encounter with Chuang Tzu* (Albany: State University of New York Press, 1996), p. 84.

③ Jonathan R. Herman, *I and Tao: Martin Buber's Encounter with Chuang Tzu* (Albany: State University of New York Press, 1996), p. 86.

④ Jonathan R. Herman, *I and Tao: Martin Buber's Encounter with Chuang Tzu* (Albany: State University of New York Press, 1996), p. 84.

⑤ Jonathan R. Herman, *I and Tao: Martin Buber's Encounter with Chuang Tzu* (Albany: State University of New York Press, 1996), p. 89.

对老庄等“得道之人”现实生命的高度崇尚关联着的，实际上这也是“真知”作为一种存在形态的必然要求。即，老庄等所谓的得道之人正是与道深度合一的人。“道之教化”此时就是得道之人的教言，他们的言词是其生命的组成部分，其现实生命即道之所在。他们要广施仁爱，引领众人在他的影响下释放自身生命内在的“一”之诉求。布伯指出，这种实现方式在老子那里是通过圣王的“无为之治”以建立一个理想国家而成为现实的；在庄子那里则是通过个人化的寓言讲述来引导世人的。无论如何，在布伯看来，在生活世界中、在现实生命中实现统一性的生活这种实践品格乃是东方“教化”的最高升华和根本目标。

在上述关于布伯通过“道之教化”对老庄哲学之根本精神进行的创造性诠释中，可以发现，布伯以“自我同一”之人引导世界万物向内发现自身的“一”的实践过程中，进而实现与道深度合一的状态作为庄子的核心诉求。这一思想倾向，高度契合于神秘主义的最普遍本质——“个体与最高存在相合一”。尽管布伯本人并未使用神秘主义的相关术语，但实际上不自觉地阐释了他思想中的庄子式神秘主义。不过，布伯论述中有一个明显跳跃，使得他所呈现的道家神秘主义的思想缺少对一个关键环节的解释，这就是布伯最为关注的“自我同一之人”其自身是如何获得“一”的呢？我们看到，布伯在面对这一逻辑跳跃时的基本观点是认为老子和庄子等“自我同一之人”所获得的关于“一”的智慧乃是“原发的”(elemental)，是直接领悟而不是通过某种方式间接获得的。然而，布伯这种独断性解释引起了赫曼的特别关注。赫曼指出，布伯很少提供关于人如何切入“一”的具体路径，即从有分有别的对立关系[即布伯后期《我和你》提出的“我—它”向度(I-It orientation)]提升至消除一切对立臻于同一关系[即“我—你”世界(I-Thou basic world)]的具体实现路径并无涉及。赫曼提出，《庄子》中多次出现的某种冥想练习(meditative training)实际上与这一问题密切相关，这典型地反映在“心斋”和“坐忘”这两个冥想技艺的重要论述中。赫曼指出，心斋和坐忘这两种现象层面的具体实践的最终目的都致力于达到个体与道合一(union with the Tao)的状态。赫曼对《庄子》中调息冥想实践和技艺的关注显然受到了汉学界关于庄子神秘主义的主流论述的影响和启发，并由此将《庄子》与后世道教关联起来，而不同于布伯拒斥道教于道家范围内，将道教仅仅视作道家思想的蜕化衍生的二分态度，进而补充了布伯未涉及的具体入道方法。

总体而言，无论是布伯关于老庄哲学基本精神的核心观点，抑或布伯哲学对于“我—你”关系的基本诉求，其终旨都走向了那个神秘的“一”，即对统一性本真生活的追求。布伯以其“诠释学的自我意识”的解读方式，在深入庄子神秘主义的具体内涵的同时，建立了与东方犹太教神秘主义相互沟通的可能途径。对于布伯这样一个高敏感的天才型思想家，在其对人类命运的深切关怀下所展开的中国老庄道家思想研究纵然有一些关于历史、文献学方面的局限，但其对作为"道之教化"的老庄之道的基本精神之义的把握是中肯而精当的，其关于"追求统一性的本真生活"的目标作为庄子哲学的核心诉求，正是庄子之神秘主义的布伯式创造性表达。

五、结论

以上梳理了 20 世纪以来欧美汉学界关于《庄子》神秘主义哲学研究的最重要成果。与其他一些学者钩联神秘主义理论来诠释庄子哲学相比，上述四位学者的研究一个最核心普遍的特征是紧扣神秘主义之"与道合一"的冥契要旨，并由此展开各自对庄子冥契哲学的不同运思。

围绕着"与道合一"的冥契体验，马伯乐开创了欧美汉学界关于道家—道教的一体性解读范式，在指出"与道合一"的精神性追求是《庄子》核心要义的同时，注重从道教的宗教体验、修炼方法来赋予这一要义以神秘维度。后继者葛瑞汉开辟了道家神秘哲学在认识论、经验论、本体论领域的基本雏形，并在自觉与西方神秘主义理论差异性的比较过程中强调了道家之独特性。与葛瑞汉同时代的史华慈显然也看到以神秘主义理论阐释道家哲学特质的有效性。他对庄子哲学所作神秘主义的诠释理路较清晰地呈现为本体论、认识论、神秘体验、神秘技艺四个维度，特别凸显了"神秘灵智"之认识论所达到的本体层面境界。德国的马丁·布伯则另辟蹊径，在自己的"关系哲学"与庄子的神秘主义交相辉映的互释过程中切身实践了庄子所透露的神秘主义旨归。

上述四位学者关于庄子思想神秘维度的诠释都是极为素朴而具体的。"神秘"一词在他们那里更多是在凸显庄子思辨体系之独特性、实践性，及其"与道合一"的冥契诉求。他们虽无意针对《庄子》构建一个更加精细的冥契哲学体系，然时时带着中西比较的眼光来考察庄子思想在各方面所展现的奇特之处。马伯乐、葛瑞汉等杰出汉学家作为学贯中西、博古通今的大家，在使用"神秘主义"诠释方式时均有充分的方法论自觉。作为中国学者，我们面对源自西方的神秘主义阐释方法论时不必视其为洪水猛兽一概拒斥，反而应将一切有价值的成果为我所用，严肃对待他们提出的不同观点，学习其解释方法，透视其论证理路，反思我们的固有观念。在创造性地应用神秘主义阐释框架的同时致力于更好地还原、发扬庄子哲学之真义，积极对传统的神秘主义解释学添加新的内容，赋予新的含义，开拓其内在的包容性、丰富性。在深度积极投入庄子神秘主义哲学研究的过程中，推动中西哲学传统的平等对话、有效沟通，从而使得庄子思想在全球文化互动的新时代展现出新的生命力。

汉语学习词典编纂中"语""文"关系初探
——从马礼逊《华英字典》的设计特征谈起

孙文龙
(南京工业大学外国语言文学学院)

摘　要:"语""文"关系是对外汉语教学理论与实践研究中的一个重要议题,与中国语言文字的特殊性密不可分。19 世纪早期,马礼逊在编纂英汉—汉英对照的《华英字典》中就密切注意到了"语""文"关系。然而,在当代汉语学习词典编纂实践中,有关"语""文"关系的处理长期处于一种缺位状态,已经成为制约汉语学习词典创新发展的主要瓶颈之一。文章在细读《华英字典》文本的基础之上,考察了马礼逊在其词典编纂实践中对"语""文"关系的处理,并进一步探讨了其对当代汉语学习词典研编的一些有益启示。

关键词:"语""文"关系;汉语学习词典;《华英字典》;设计特征

"语""文"之争指的是在对外汉语教学的初始阶段,如何处理汉语和汉字教学顺序的一种教学理念之争。[①] 该争论产生的主要原因在于,针对母语非汉语学习者,尤其是母语背景为拼音文字的汉语初学者而言,如何在课堂教学实践中解决他们的听说能力与读写能力不匹配的问题。自 20 世纪 80 年代以来,国内学界产生了两种较有代表性的观点:以杨铮、崔永华、周祖谟、伍英姿、赵金铭等为代表的学者赞同先"语"后"文"的教学理念[②];而以雅·沃哈拉、白乐桑、张朋

① 赵金铭:《初级汉语教学的有效途径——"先语后文"辩证》,《世界汉语教学》2011 年第 3 期,第 376-387 页。

② 参见杨铮:《谈汉语教学中的"先语后文"和"语文并进"》,《世界汉语教学》1987 年第 2 期,第 40-41 页;崔永华:《基础汉语教学模式的改革》,《世界汉语教学》1999 年第 1 期,第 4-9 页;周祖谟:《教非汉族学生学习汉语的一些问题》,载《周祖谟语言学论文集》,商务印书馆,2001,第 41-51 页;伍英姿:《初级阶段"语文并进"模式下的汉字教学》,《华南师范大学学报(社会科学版)》2010 年第 3 期,第 62-65 页、第 158 页;赵金铭:《初级汉语教学的有效途径——"先语后文"辩证》,《世界汉语教学》2011 年第 3 期,第 376-387 页。

朋、邢军、李蕊和叶彬彬等为代表的研究者倡导“语”“文”分进的教学理念[①]。从其主要学术主张来看，上述两种理念针锋相对：前者侧重于从母语习得的普遍性规律去思考问题，即儿童在习得母语时总是遵循口语优先的原则，并认为这一规律同样适用于外语初学者；后者则着眼于汉语语言文字的特殊性，认为汉字不同于拼音文字，汉字能力终将制约着学习者汉语水平的高低。迄今为止，虽然有关“语”“文”教学顺序的争论尚未有定论，但是，如果我们从汉语学习的整个过程来看，“语”“文”之争将变成一个伪命题，因为良好的汉语听说和汉字读写能力是成功习得汉语的两个重要内容，二者缺一不可。换言之，“语”“文”之争的实质其实可以理解为中国文字的特殊性与汉语教学效率之间的一种矛盾，它主要体现在对外汉语教学的初级阶段。对汉语初学者而言，仅通过拼音学习词汇来提高交际能力要比汉字学习的效率更高，但从长远来看，汉字始终制约着学习者读写能力的提高，离开了汉字学习，就不可能从根本上学好汉语。

在当前以编写针对汉语初中级学习者为主的学习词典背景之下，对“语”“文”关系的关注和处理亦是汉语学习型辞书研究中的题中之义。“语”主要体现为围绕着字头而设置的词、词组和句子例证，“文”则是围绕着字头的形、音和义而展开的汉字基本知识。然而，从现有文献来看，有关汉语学习词典编纂理论的研究大多集中在对“语”的探讨上，包括收词立目、释义、配例和语用信息等几个方面的内容[②]，与“文”相关的研究尚不多见；在词典编纂实践方面，尽管有个别学者已经注意到了传统外向型汉语学习词典编写中存在的重“语”轻“文”现象，并有意通过补充字形和字义信息的方式对该问题进行纠偏[③]，但整体来看，现有

---

① 参见雅·沃哈拉：《汉语教学中的汉字问题》，《语言教学与研究》1986年第3期，第104-108页；白乐桑：《汉语教材中的文、语领土之争：是合并，还是自主，抑或分离？》，《世界汉语教学》1996年第4期，第100-102页；张朋朋：《语文分开、语文分进的教学模式》，《汉字文化》2007年第1期，第64-68页；邢军：《“语文分开”教学模式与教材编写——以美国孔子学院网络汉语教学为案例》，《国际汉语学报》2010年第1期，第114-118页；李蕊、叶彬彬：《语文分进的教学模式对汉字能力的影响——针对非汉字文化圈学习者的实验研究》，《语言文字应用》2013年第4期，第98-106页。

② 比较有代表性的研究可参见刘川平：《对外汉语学习词典用例的一般原则》，《辞书研究》2006年第4期，第99-106页、第114页；李红印：《构词与造句：汉语学习词典编纂的两个重心》，《语言文字应用》2008年第2期，第90-99页；解海江、郑晓云：《外向型汉语学习词典收词立目状况研究》，《鲁东大学学报(哲学社会科学版)》2011年第6期，第58-65页；刘慧：《利用语义韵研究改进对外汉语学习词典释义及用例——以“可想而知”为例》，《辞书研究》2013年第6期，第27-33页、第93页；金沛沛：《基于学习者需求的汉语学习词典语用信息选取分析》，《辞书研究》2019年第4期，第111-120页、第145-146页。

③ 例如，鲁健骥基于汉字与拼音文字的差异这一基本事实，编写了针对非汉字文化圈学习者的《汉字认读助学手册》，力图通过介绍汉字构成的理据和规律，帮助学习者在理解的基础上记、认汉字，同时避免对字的读音和意义进行死记硬背。另外，《汉字认读助学手册》还有姊妹篇——《汉字书写助学手册》。其编纂思路和编纂理念反映出了对“文”的重视。参见鲁健骥：《汉字认读助学手册》，北京语言大学出版社，2018。

多数汉语学习词典中有关“文”的信息仍付之阙如。这与外向型汉语学习词典早期的研编传统脱节。汉语学习词典史表明，19 世纪以传教士为主体的编者大都注意到了对“语”“文”关系的处理，该编纂实践特征值得当代词典学研究者认真思考。鉴于此，本文以世界上第一部汉英词典——《华英字典》为切入点，在考察其设计特征的基础上，探讨其对“语”“文”关系的处理特点，以期对当今汉语学习词典的研编有所裨益。

一、《华英字典》设计特征中的“语”“文”关系

《华英字典》由英国来华传教士和汉学家马礼逊编写，主要面向欧洲的汉语初学者，问世以后，得到了海外用户的积极评价，并对 19 世纪汉英词典编纂传统产生了深远的影响。马礼逊对欧洲人的汉语学习需求有着较为清楚的认识，例如，他明确指出，《康熙字典》是为汉语母语者而编，并不是给外国人看的[①]。在编写该部词典时，马礼逊一方面参考了当时中国最权威的一部辞书——《康熙字典》；另一方面，他努力地将其汉语学习的成功经验融入《华英字典》的文本设计中去。通过细读词典文本，在梳理马礼逊汉语学习观和词典设计特征的基础上，笔者发现，马礼逊既关注欧洲人对“语”的学习需求，也十分重视“文”在汉语学习中的重要作用。下文将分而述之。

（一）对“语”的关注和处理

马礼逊对“语”的关注主要围绕着欧洲人对提升汉语交际能力的需求。由于当时清政府实施严格的闭关锁国政策，多数欧洲汉语学习者缺乏真实的学习环境，想要提高汉语交际能力是一件相当困难的事情。即使马礼逊本人也不无抱怨地说：我迄今都没有找到固定的人来指导我的汉语学习，以至于有时候在找不到中文老师时，不得不到中国人的店铺与之交谈，以便练习汉语口语。[②] 为了帮助以来华传教士、外交官和东印度公司职员为代表的汉语学习者提高交际能力，在编写《华英字典》时，马礼逊采取了两个较为鲜明的举措：一是重视对口语例（包括短语例和句子例）的收录，二是注重对合成词（包括双音节和多音节词）的收录。

首先，马礼逊从其搜集的资料中补充了大量口语例证，并为常用例提供了语体信息。在参考《康熙字典》时，马礼逊指出：虽然康熙帝下令编纂者“无意不释，

---

① Robert Morrison, *A Dictionary of the Chinese Language* (Vol. I, Part I) (Macao: East India Company's Press, 1815), p. ix.

② Eliza Morrison, *Memoirs of the Life and Labours of Robert Morrison* (Vol. I) (London: Longman, 1839), pp. 177-178.

无音不收”，但他们仍然几乎完全忽视了口语。[①] 这也是他从《醒世恒言》、《三国演义》、《西厢记》、《红楼梦》和《好逑传》等明清小说中选取词典例证的一个重要原因。在与《华英字典》配套的《中文会话及凡例》这本口语教材中，马礼逊专门设置了一个“跟中文老师学汉语”的话题，部分会话内容为：学生：请问，初学者看什么书为好？先生：先学《大学》要紧。学生：恐怕《大学》难明白，是否？先生：其次念《红楼梦》甚好。……学生：《红楼梦》书有多少本？先生：共二十本书，此书说的全是京话。[②] 在该对话中，马礼逊借“先生”之口告诉外国学生：要先学习以《大学》为代表的古典著作，其次再根据以《红楼梦》为代表的通俗小说学习汉语口语。这与《华英字典》中口语例证配置的特点是一致的。此外，马礼逊还为一些典型口语词提供诸如 used in common conversation, in the spoken language, quite colloquial 等语体标签，以帮助学习者提高汉语表达的得体性。例如，在“了”字头下，马礼逊指出，“了”是汉语口语中使用频次非常高的一个虚词，并提供了“我见了”“他来了”“知道了”“罢了”“一语未了”等较为典型的口语表达方式。[③]

其次，马礼逊注意到了合成词在汉语语言产出中的重要作用。在其语法著作——《通用汉言之法》中，尽管马礼逊曾多次强调汉语的单音节属性，并从英汉对比的角度将汉字的单音节称为没有词形变化的单音节[④]，他还是强烈建议欧洲人注意汉语中的合成词，因为在他看来，中国人往往是将拼音的多个音节连接起来整体理解的。马礼逊使用打比方的方式将汉字比作植物的“根茎”，把由“根茎”上岔开枝叶长成的植物比作由该字构成的合成词或短语，意在说明汉语产出的过程类似于植物开枝散叶的过程，在该过程中，双音节或多音节的合成词构成了汉语表达的重要基础。在《华英字典》中，马礼逊增补了大量的《康熙字典》未收录的合成词。以“交”字条为例，围绕着该字，马礼逊共提供了 25 个不重复的合成词和短语（如“交价”“交互”“交友”“结交”“绝交”“一面之交”“交出银子”等），而《康熙字典》仅收录了其中的一个（交交）[⑤]。另外，马礼逊还尝试对常用

① Robert Morrison, *A Dictionary of the Chinese Language* (Vol. I, Part I) (Macao: East India Company's Press, 1815), p. ix.

② Robert Morrison, Dialogues and Detached Sentences in the Chinese Language: with a Free and Verbal Translation in English (Macao: East India Company's Press, 1816), pp. 64-66.

③ Robert Morrison, *A Dictionary of the Chinese Language* (Vol. I, Part II) (Macao: East India Company's Press, 1819), p. 532.

④ Robert Morrison, *A Grammar of the Chinese Language* (Serampore: Mission Press, 1815), p. 37, p. 68, p. 273.

⑤ Robert Morrison, *A Dictionary of the Chinese Language* (Vol. I, Part I) (Macao: East India Company's Press, 1815), pp. 53-54.

汉字构成合成词的规则进行总结，从而更有助于学习者的语言产出。以“出”和“起”字条为例，通过提供诸如“出来”“写出来”“露出来”“起来”“讲起来”“怒起来”等配例，马礼逊意在向用户说明：“出”和“起”均能与“来”字构成述补关系的双音节词——“出来”和“起来”，而二者还可进一步与其他动词连用，构成“动词＋出来”和“动词＋起来”的用法①。在其他一些动词字头下，马礼逊也提供了类似的例证，如“卷起来”“捆起来”“爬起来”“包起来”“价增起来”“讲出来”“标出来”“吐出来”等。

综上所述，马礼逊较为清晰地认识到了当时来华欧洲人的汉语交际需求。在《华英字典》的文本设计中，通过增补口语例证和合成词，在“语”的方面帮助用户提高汉语交际能力，这与马礼逊提出的“仅仅翻译《康熙字典》无法满足欧洲学生的需求”的观点是一致的。②

（二）对“文”的关注和处理

马礼逊对“文”的关注源于其对汉语语言文字特殊性的观察与思考。首先，他从汉字与拼音文字的对比入手，提醒欧洲汉语学习者要认识到汉字的表意性特征：与拼音文字不同，汉字并不适宜于用来表音……优美的汉字书写，携着栩栩如生的画面划过脑际，其带来的力量和美感是拼音文字所不能及的。③ 其次，他结合其早期汉语学习经历，建议（欧洲）学生要给予汉字特有的关注；先不要纠结于能认识多少个汉语短语，什么时候能够达到在不借助参考资料的情况下就能正确写出短语中的每一个汉字才是重点④。因为欧洲汉语学习者会发现，这套反复练习汉字书写之法，虽然看似机械，却无比实用，这也是帮助他们记忆汉字的最好方法⑤。从《华英字典》的设计特征来看，马礼逊主要围绕着汉字的音、形、义三个方面展开来帮助用户了解和掌握汉字。

第一，在字音处理方面，马礼逊在利玛窦—金尼阁拼音方案的基础上，修订出了世界上第一套针对英国人的汉字拼读法。⑥ 在该套汉字拼读法的辅助下，母语为英语的汉语学习者可以更加准确地拼读出字典正文中的每一个汉字。对

---

① Robert Morrison, *A Dictionary of the Chinese Language* (Vol. I, Part Ⅱ) (Macao: East India Company's Press, 1819), pp. 369-370.

② Robert Morrison, *A Dictionary of the Chinese Language* (Vol. I, Part I) (Macao: East India Company's Press, 1815), p. ix.

③ Robert Morrison, *A Dictionary of the Chinese Language* (Vol. I, Part I) (Macao: East India Company's Press, 1815), pp. x-xi.

④ Robert Morrison, *A Grammar of the Chinese Language* (Serampore: Mission Press, 1815), p. iii.

⑤ Robert Morrison, *A Grammar of the Chinese Language* (Serampore: Mission Press, 1815), p. iii.

⑥ Robert Morrison, *A Dictionary of the Chinese Language* (Vol. I, Part II) (Macao: East India Company's Press, 1819), pp. viii-ix.

此，马礼逊也不无自信地讲道：我认为该字典所采用的拼读法可能是最好的[①]。对《康熙字典》中使用的反切注音方式，马礼逊完全持否定态度，认为它既复杂和难以捉摸，又影响准确性[②]，不适合欧洲汉语学习者。另外，马礼逊还尝试利用学习者的母语知识帮助他们掌握汉字的读音方式。例如，在介绍音节 heae 的发音方式时，马礼逊让学习者尝试先发单词 he 的音，再紧接着发单词 i 的音，然后快速将两个音连在一起，读成好像是一个字母的发音。[③] 简言之，马礼逊的字音处理方式与其汉字音形之间不透明性的认识紧密相关，对当时绝大多数缺少真实汉语学习环境的欧洲人来说，有助于其提高口语交际能力。

第二，在字形处理方面，马礼逊重点关注了形近字区分和同文字体识别。首先，就形近字的区分而言，马礼逊注意到了笔画差异、结构差异和部件差异三个因素所导致的形近字。例如，马礼逊提醒学习者注意“己”、“已”和“巳”在最后一笔上的差异[④]；部件“日”和“木”因不同的结构组合方式可以形成三个不同的汉字——東（日在木中）、杲（日在木上）、杳（日在木下）[⑤]；“貌”和“貌”的部件不同，学习者常将“貌”错写为“貌”[⑥]。其次，就同文字体的识别而言，马礼逊在词典附录中专门提供一个长达 305 页的“同文”字表。同文字体指的是同一个汉字的不同书写形式，它们的形成与汉字的演变密切相关。马礼逊指出：这种同一个汉字的不同写法，以及楷书的简化汉字是造成外国人学习汉语困难的重要原因之一[⑦]。在《华英字典》中，马礼逊最为重视楷书、草书和篆书三种同文字体，其主要原因包括以下三点：① 楷书是汉字形体最为美观和近乎完美的一种字体，使用最为广泛；② 草体字书写省时，与中国人的日常工作和生活密切相关；③ 不少汉字的楷书形式已经失去了原有的面目，篆书有助于欧洲人理解汉字的表意性特征。

第三，在字义处理方面，马礼逊一方面提醒欧洲汉语学习者注意部首在揭示

① Robert Morrison, *A Dictionary of the Chinese Language* (Vol. I, Part II) (Macao: East India Company's Press, 1819), p. ix.

② Robert Morrison, *A Dictionary of the Chinese Language* (Vol. I, Part I) (Macao: East India Company's Press, 1815), pp. 141-142.

③ Robert Morrison, *A Dictionary of the Chinese Language* (Vol. I, Part II) (Macao: East India Company's Press, 1819), p. 239.

④ Robert Morrison, *A Dictionary of the Chinese Language* (Vol. II, Part I) (Macao: East India Company's Press, 1822), p. 64.

⑤ Robert Morrison, *A Dictionary of the Chinese Language* (Vol. II, Part I) (Macao: East India Company's Press, 1822), p. 327.

⑥ Robert Morrison, *A Dictionary of the Chinese Language* (Vol. I, Part II) (Macao: East India Company's Press, 1819), p. 613.

⑦ Robert Morrison, *A Grammar of the Chinese Language* (Serampore: Mission Press, 1815), p. 27.

字义方面的积极作用，另一方面他还努力尝试沟通字义和词义之间的联系。就前者而言，马礼逊为每一个部首标注了读音和英文释义，以帮助学习者对汉字部首体系的表意功能形成初步的整体认识[①]。如果汉语初学者掌握了这些部首的意义后，就有可能推知一批由该部首组成的汉字的字义，体现出了语言认知的经济性。例如，表示武器或杀伤意义的字大都从“戈”；表示鸟类、飞翔等义的字大都从“鸟”、“隹”或“羽”；与心理活动相关的字大都从“心”“忄”等。就后者而言，马礼逊在词典译义时使用了“直译＋意译”的策略，相关典型例证如：同窗 the same window，i.e. a fellow-student；沽名 to buy a name，i.e. to use various arts to procure notoriety；年方二八 age just twice eight，i.e. just sixteen years of age；利害 advantageous and hurtful，are used as opposites；when taken together they denote sharp and injurious; formidable; severe；只得如此 only obtain this; merely this；obliged to act thus。[②] 虽然马礼逊没有明确指出哪类词和短语适用于“直译＋意译”的译义模式，但其力图让学习者明白汉字组合中每个汉字意义的倾向性是十分明显的。不过，马礼逊对直译的局限性也有着清楚的认识，例如，他指出：完全的直译是不切实际的。学习中文就要更多地用心灵去感受汉字的意义，而不完全是通过逐字翻译的形式用另一种语言表达出来。[③] 这可能也是马礼逊在对字面义和实际义不一致的词汇进行直译时，往往补充上意译的重要原因之一。

由上分析可见，马礼逊从汉语言文字区别于拼音文字的特殊性入手，认识到了汉字学习与汉语学习之间的紧密联系，即汉字是汉语学习的基础，欧洲人要想学好汉语就不能规避对汉字的学习。在编纂《华英字典》时，马礼逊围绕着汉字的音、形、义帮助欧洲汉语学习者掌握汉字，并尝试通过沟通词义和字义之间的联系来处理词典中的“语”“文”关系。

二、当代汉语学习词典中的“语”“文”关系

新中国成立后，我国第一本专供外国人学习汉语使用的汉英词典是 1976 年由北京语言学院编写的《汉英小词典》。虽然自该词典问世以来的四十多年里，

---

① Robert Morrison, *A Dictionary of the Chinese Language* (Vol. I, Part I) (Macao: East India Company's Press, 1815), p. viii; Robert Morrison, *A Grammar of the Chinese Language* (Serampore: Mission Press, 1815), p. 27.

② Robert Morrison, *A Dictionary of the Chinese Language* (Vol. I, Part I) (Macao: East India Company's Press, 1815), p. 358; Robert Morrison, *A Dictionary of the Chinese Language* (Vol. I, Part II) (Macao: East India Company's Press, 1819), p. 591, p. 632, p. 212, p. 40.

③ Robert Morrison, *Dialogues and Detached Sentences in the Chinese Language: with a Free and Verbal Translation in English* (Macao: East India Company's Press, 1816), p. vi.

汉语学习词典的数量已不下 50 部，但总体来看，这些词典在母语非汉语学习者中的接受度不高。据黄全愈等对美国迈阿密大学一至四年级 300 多名学中文的学生所做的调查，只有两人用汉语字典，不到 0.7%①；相比之下，来华留学生的词典使用率要高些，不过也仅有 6.8%的留学生使用过汉语学习词典②。显然，这与近年来汉语国际教育的快速发展及母语非汉语学习者对汉语学习词典的迫切需求是不相符的。国内部分学者将其主要原因归结为该类词典的创新性不足，未能真正从外国学生学习汉语的角度来考虑编写。换言之，当代汉语学习词典的用户友好性仍有较大的改进空间。笔者认为，对“语”“文”关系的恰当处理是提升汉语学习词典用户友好性的重要举措之一。下文以当代六部有代表性的汉语学习词典为例，在总结其设计特色的基础上，尝试从“语”“文”关系的角度对其用户友好性展开初步的分析。

表 1　六部汉语学习词典的设计特色③

词典	类型	设计特色
《当代汉语学习词典（初级本）》	单语	（1）义项立目，以音序排列词目 （2）重视汉语词汇用法 （3）凸显语境的认知功能
《商务馆学汉语词典》	单语	（1）区分单音节词和语素 （2）帮助扩大词汇量 （3）帮助学习词的用法 （4）重视对虚词的处理 （5）重视声旁在汉字认读中的作用
《汉英双语学习词典》	双语	（1）字和词按音序混排，每个汉字均标注拼音 （2）系统标注词性和语体 （3）重视量词和离合词的用法
《留学生汉英学习词典》	双语	（1）收词广，并且注重对新词的收录 （2）选择性地融入中国文化信息 （3）义项丰富，重视可查性

① 黄全愈、黄矿岩、陈彤：《商务馆学汉语字典·前言》，《商务馆学汉语字典》，商务印书馆，2011。

② 刘善涛：《系统研究对外汉语学习词典的结构特征》，《中国社会科学报》2014 年 2 月 17 日第 560 期。

③ 参见徐玉敏：《当代汉语学习词典（初级本）》，北京语言大学出版社，2005；鲁健骥、吕文华：《商务馆学汉语词典》，商务印书馆，2006；钱王驷、姚乃强：《汉英双语学习词典》，外文出版社，2007；《留学生汉英学习词典》编写组：《留学生汉英学习词典》，上海译文出版社，2008；黄全愈、黄矿岩、陈彤：《商务馆学汉语字典》，商务印书馆，2011；郑定欧：《汉语入门词典（汉英对照）》，北京语言大学出版社，2017。总体来看，上述几部汉语学习词典基本上能体现出国内汉语学习词典的编纂理念和原则，不同词典在设计特征方面的差异也是编者主体性的重要体现。

表 1(续)

词典	类型	设计特色
《商务馆学汉语字典》	双语	(1) 断笔码检索方式 (2) 标注词汇等级 (3) 标注量词用法 (4) 增强例句的可读性 (5) 重视汉字的词汇联想功能
《汉语入门词典(汉英对照)》	双语	(1)"词本位"立目 (2)"句本位"配例 (3) 以句法功能为基础的词类标注

上表中的六部词典,仅有《商务馆学汉语词典》的用户对象为中级汉语学习者,其他五部的用户对象主要是初级汉语学习者。从其设计特色来看,当代汉语学习词典的研编思路呈现出两个较为鲜明的特征:一是借鉴英语学习词典编纂的成功经验,二是立足于汉语本体研究和对外汉语教学实践。就前者而言,英语学习词典是迄今世界上影响力最大、编纂理论和实践研究最充分的学习词典类型,常被其他类型的学习词典视为"可以攻玉"的"他山之石"。表 1 中的几部词典均在不同程度上借鉴了英语学习词典的设计特征。例如,按音序对字词进行混排、标注词性和词汇等级、提供用法说明(搭配和使用条件、语体和感情色彩、易混词词义辨析等)、采用完整句释义和配例以凸显语境的认知功能等。就后者而言,编者也注意到了汉语语言文字的特殊性及外国学生学习汉语的难点。例如,对单音节词和语素的区分、对虚词、量词和离合词用法特征的系统性标注、重视声旁在汉字认读中的作用、创新检索方式(断笔码检索),等等。从学习词典学创新发展的路径来看,只要能将借鉴国际成功经验与立足本土实践完美结合起来,就不难编写出符合用户真实需求的词典。我们不难看出,六部当代汉语学习词典重点处理"语"层面上的信息(以词汇用法和语言表达为中心的汉语知识表征),相比之下,对与"文"相关的信息关注较少。这可能受到了当前对外汉语教学目标的影响,即"衡量对外汉语教学成功与否的唯一标准就是学习者是否掌握了汉语这一交际工具"①。在听说法为主导的教学模式下,汉字教学很容易成为汉语语言教学的附庸或完全被忽视。虽然《商务馆学汉语词典》和《商务馆学汉语字典》注意到了汉字学习的重要性,并对汉字的构词能力进行了相应的展示,但和早期的《华英字典》相比,与字形和字义相关的信息(如汉字的结构、表意性特征、字形辨析、字义和词义的沟通等)仍未得到应有的重视。当代汉语学习词

① 刘珣:《对外汉语教学概论》,北京语言文化大学出版社,1997,第 13 页。

典编纂实践中重“语”轻“文”或有“语”无“文”的现象仍然较为普遍，“语”“文”失衡的问题应该引起辞书研究者的注意。

三、讨论与启示

亚当斯卡·萨拉恰克（Adamska-Sałaciak）和克纳曼（Kernerman）在谈及双语词典研编的价值时曾指出，尽管一些历史文本在某些方面较为陈旧，存在着一些不足，但其所遵循的编纂理念或原则有可能是不过时的。[①]《华英字典》无疑就是这样的一部双语词典，其编纂实践中特有的“语”“文”关系视角，以及设计中体现出的汉字学习理念仍具有较大的现实价值。同时，鉴于当代汉语学习词典编纂实践中存在的重“语”轻“文”现象，笔者认为未来汉语学习词典的质量可以在以下两个方面得到进一步提升。

（一）对汉字基本知识进行整体性描写

从词典类型学的视角来看，学习词典最重要的功能是助学功能。该功能得以实现的必要条件之一是在遵照二语习得规律的基础上对学习者的目标语系统进行描写。英语学习词典对英语作为第二语言的系统描写与内申（Nation）所提出的二语词汇知识分析框架是基本相符的，即一个包含形式（form）、意义（meaning）和使用（use）的三维词汇知识分析框架。[②] 但需要注意的是，该框架是在对以英语为代表的拼音文字进行分析的基础上而提出的，并不能完全适用于汉语作为第二语言教学的实际情况，因为与拼音文字相比，作为表意文字的汉字与汉语之间呈现出错综复杂的关系。[③] 从语言教学角度来看，汉语语言知识包含两大块内容，一是汉字知识，二是汉语词汇知识。前者主要包括汉字的起源与演变、汉字注音、汉字字形、汉字结构类型、汉字文化、汉字的重点和难点教学等几个方面[④]；后者则是“词”这一舶来品在 19 世纪引入汉语研究后才有的概念。与“汉字知识”重在凸显汉字的认知功能相比，“汉语词汇知识”与汉字使用的关系更为紧密，它更偏向于指称汉语中的双音节和多音节词，这从马礼逊使用 compound word 这一术语来论述汉字的搭配关系就能看出来。

描写汉语语言系统时，马礼逊在参考《康熙字典》的基础上，同时融入了自身

① Arleta Adamska-Sałaciak and Ilan Kernerman, “Introduction: Towards Better Dictionaries for Learners,” *International Journal of Lexicography* 29, no. 3(2016): 271-278.

② I. S. P. Nation, *Learning Vocabulary in Another Language* (Second edition) (Cambridge: Cambridge University Press, 2013), p. 49.

③ 王宁：《论汉字与汉语的辩证关系——兼论现代字本位理论的得失》，《北京师范大学学报（社会科学版）》2014 年第 1 期，第 76-88 页。

④ 参见黄伟嘉、敖群：《汉字知识与汉字问题》，商务印书馆，2009；于照洲：《汉字知识与汉字教学》，北京语言大学出版社，2017。

汉语学习的成功经验，对字音、字形和字义信息进行了较为系统的描写。这对当今汉语学习词典研编的启示主要在于：我们可以从“汉字知识”中进一步提取到“汉字基本知识”这一概念。在中国的传统文字学研究中，汉字通常被认为“是合形、音、义三个要素组成的”[1]。在汉字教学中，认识一个汉字也通常意味着必须要知道它的形、声、义三个要素，三个中间缺少一个，就不能算作认识了这个字[2]。因此，从对外汉字教学的角度来看，“汉字基本知识”可以理解为与汉字形、音、义直接相关的知识。在当时的社会历史条件下，马礼逊通过使用拉丁字母注音、分析汉字结构和构形理据、辨析形近字、沟通字义和词义联系等一系列方式，尝试帮助欧洲人克服对汉字学习的畏难情绪，从音、形、义三个方面整体上理解和掌握汉字。在对汉语语言系统进行描写时，当代汉语学习词典不能束缚在以拼音文字为描写对象的词汇知识分析框架内，只有充分考量汉语学习的特殊性，对汉字基本知识给予应有的重视，才有可能编写出深受用户(特别是非汉字文化圈的外国学生)欢迎的汉语学习词典。

具体而言，有以下三点值得进一步思考：① 提供字音信息时，重视对常见声旁示音功能的揭示。在当时缺少统一汉字拼读法的历史条件下，马礼逊重在改良利金方案，使之更加符合英国汉语学习者的拼读习惯。虽然马礼逊也注意到了形声字中声旁的示音功能，但声旁仍需要借助加注拼音才能为学习者所利用。如今，汉语拼音已成为国际上通用的注音规范，形声字在现代汉语中的比例也近90%，因此，如何在词典中较为系统地表征声旁信息将是一个非常有意义的课题。② 提供字形信息时，补充汉字的笔画、笔顺、字形结构等基本信息，并对易错和易混淆汉字进行提示。虽然马礼逊提供的形近字辨析信息缺乏系统性，但这至少能说明他已经意识到了学习者有这方面的需求。目前，对外汉语教学界有关学习者错误的研究成果已相当丰富，它们可以也应该被吸纳进汉语学习词典编纂实践中去。③ 提供字义信息时，注意凸显汉字的表意性特征。马礼逊已经明确意识到汉语初学者往往最为关注汉字的表意性，并通过提供古文字形的方式帮助学习者了解汉字形义之间的联系。在未来的辞书编纂中，如何充分利用汉语本体研究的理论成果(如汉字构形学)来揭示常见简化汉字的造字理据，降低汉字认知负荷，也是一个亟须探讨的研究主题。

（二）沟通字词联系

从目前的对外汉语教学实践来看，母语为拼音文字的汉语学习者在学习汉语词汇的过程中存在着两个较为突出的问题：一是“识词不识字”，二是“识字不

① 胡朴安：《文字学常识》，吉林出版集团股份有限公司，2017，第 9 页。

② 吴玉章：《文字改革文集》，中国人民大学出版社，1978，第 39 页。

识词”。造成前者的主要原因在于，西方学生不管是习得自己的母语还是学习二语（包括汉语），已经习惯了记忆的对象以“词”为单位，在学习过程中普遍存在着从词的整体出发——导致“识词不识字”的现象[①]；造成后者的主要原因则源于学习者对汉语字、词组合方式的多样性缺乏足够的认识。有的汉语学习词典将收词广和重视搭配作为编纂特色之一，这本无可厚非，但未能进一步关注到搭配中字义和词义之间的联系，从而使得词典的助学功能大打折扣。针对内申提出的“知道一个词意味着什么”这一问题[②]，如何回答才能体现汉语语言文字的特殊性呢？马礼逊使用的“直译＋意译”策略体现出了将“以字解词”和“由词析字”结合起来的思路，这与王力所讲的观点——“要了解一个合成词的意义，单就这个词的整体去理解它还不够，还必须把这个词的构成部分（一般是两个字）拆开来分别解释，然后合起来解释其整体，才算是真正彻底理解这个词的意义了”[③]，两者有不谋而合之处。

《华英字典》文本中与字词关系处理相关的设计特征表明，马礼逊主要秉持了两个原则：一是凸显认知的理据性，二是凸显认知的经济性。时至今日，上述两个原则仍不过时，它们直接影响着学习型词典的认知功能和交际功能。首先，从认知心理学的视角来看，外国汉语学习者多为成年人，理解能力强，如果在词典设计中通过字词关系的多维度沟通，强调字词关联的理据性，就可能有效降低汉语字词学习的难度，进而促进汉字和词汇知识的深度学习。在此方面，如何根据汉语合成词的类别来“以字解词”和“由词析字”是沟通字词联系的一条重要路径。[④] 其次，从二语习得规律来看，外语学习者（特别是成人）通常要付出母语者数倍的努力才能达到交际能力培养目标，所以，在外部语言学习环境和内部个体认知资源均有限的情况下，提高外语学习过程中认知的经济性就显得至关重要。对于一些构词能力强的常用汉字，马礼逊注意到了其译义的系统性，本质上讲，这种系统性是汉语词汇学习认知经济性的一种体现，它有助于非母语汉语学习者汉字构词能力的培养。就目前我们所知，当代汉语学习词典仅有个别单语型词典注意到了语素在汉语词汇知识表征中的积极作用（参见表1），但双语型词

---

① 王鸿滨：《对外汉字教学研究》，北京师范大学出版社，2018，第40页。

② I. S. P. Nation, *Learning Vocabulary in Another Language* (Second edition) (Cambridge: Cambridge University Press, 2013), pp. 49-59.

③ 王力：《实用解字组词词典·序》，载周士琦编著《实用解字组词词典》，上海辞书出版社，1986。

④ 在《华英字典》中，马礼逊采用“直译＋意译”策略建立字词联系时，主要针对合成词类型，有偏正结构、述宾结构、述补结构、主谓结构和联合结构。其中，在联合结构合成词的翻译中，这种特点表现得尤为突出，这可能与该类型合成词的结构特点有关。其构词成分为并列的两个语素，比较适宜采用直译的方法，同时，两个语素合在一起往往还具有不同于直译模式下的引申义。参见孙文龙：《马礼逊〈华英字典〉设计特征研究》，博士学位论文，南京大学外国语学院，2021，第113-116页。

典对此关注的情况尚不多见。鉴往知今，凸显认知的理据性和经济性仍可作为当今汉语学习词典研编中沟通字词联系的重要指导原则，如何探索它们在语言理解和产出过程中的积极作用值得进一步深挖。

四、结语

重“语”轻“文”是当前外向型汉语学习词典编纂实践中存在的一个较为普遍的问题，这与汉语语言文字的特点以及汉语作为第二语言的习得规律不相符，也是制约我国汉语学习词典创新发展的主要瓶颈之一。从外向型汉语学习词典的研编史来看，马礼逊基于其汉语学习经验所总结出的重视汉字基本知识和字词沟通的做法，值得当今辞书工作者借鉴，这对改善汉语学习词典文本设计的认知功能和交际功能有着积极的启发意义。针对未来汉语学习词典中“语”“文”关系的处理，有以下两个思路：一是进一步挖掘《华英字典》中有关“语”“文”关系的设计特征，总结出其标注原则和规律，然后展开相应的实证研究，验证其当代实用价值；二是充分借鉴汉语本体研究的理论成果，同时及时吸收对外汉语教学研究中的成果，以此两方面作为汉语学习词典不断创新发展的内驱力。

译意·译味·译境
——试论法译“金陵十二钗判词”的境界超越

王逸奇
（苏州大学外国语学院）

摘　要：法籍华裔翻译家李治华及其妻子雅歌历时二十七年全译《红楼梦》一百二十回。本文试将中国传统美学思想与西方文艺理论相结合，以“翻译境界论”为理论基石，以法国诗学为比较视域，探讨书内诗谶“金陵十二钗判词”在法文译介中是否逐次形成译意、译味与译境的层级超越，是否得以重现原诗的言外之意、象外之象、味外之旨以及韵外之致。该翻译案例中所折射出的境界超越与三境归一，对于中国传统译论的现代性建构以及中华典籍外译的实践方案或具有重要的启示意义。

关键词：翻译境界；红楼梦；比较诗学

一、译意·译味·译境——翻译境界的层级超越

自翻译学科建立以来，“意义”一直是翻译家与译论家们探讨的重中之重。无论是语言学派著名的“形式对等”“动态对等”，抑或是功能学派对于“意义”的七重划分，还是德里达所言“意义”的缺席与延异，对于“意”之复杂性的诠释长期以来占据着西方译论的半壁江山。而在《文学翻译的境界：译意·译味·译境》一书中，作者将“味”与“境”，这两个在西方译界颇受冷遇的概念作为“意义”翻译的上层设计而引入其理论框架之中。从译意到译味，由译味到译境，三者并非互为对立、非此即彼的选择关系，而是层层超越、逐步追寻的有机系统。正如作者所言，“译意是基础，译味是关键，译境是理想”①。

如何实现翻译境界的层级超越，达到“译境”的理想状态？这一难题恰似达摩克里斯之剑常悬于每个译者心头。按照“翻译境界论”的观点，译意是翻译的基础本无可厚非，然而纯粹将“意义”作为译本评价分析的标准则不免“概念化了

① 陈大亮：《文学翻译的境界：译意·译味·译境》，商务印书馆，2017，第314页。

原作的意象，淡化了原作的情感色彩，过滤了源语的文化内涵，降低了原作的文学性”[①]。就这一层面而言，我们必须承认，由出发语到目的语的转换过程中，传达语义内容并尊重作品意图是翻译过程的基础前提与基本要求，这一点在科技翻译中占据着主导地位。然而，面对类似《红楼梦》一般的古典文学翻译，以“译意”作为最高准则，则不免令译文“言不尽意”“得意忘言”。故而在“译意”的基础之上，译者应从声韵节奏、情感寄托、修辞文采以及文体风格这四个维度入手，实现“译味”的审美内涵，以形成译味语言的三美特征——音乐美、形象美以及情感美。对于大部分译作而言，若能与原作形成“音韵和谐、情真意切、文采优美、风格相近”的艺术效果，几可称之为译品。恰如傅雷所言：“理想的译文仿佛是原作者的中文写作……原文的意义与精神，译文的流畅与完整，都可以兼筹并顾，不至于再有以辞害意，或以意害辞的弊病”[②]。

然则如金岳霖所言：“味是不容易传达的，有时简直就不能传达……诗既有此特殊的意境，它底意味大都是不容易以言传的。用本国文去传达本国诗底意境已经是不容易的事，何况用别种文字去表示它。”[③]汉诗素以“意境”为思议之最高宏旨，自王昌龄在《诗格》中提出“诗有三境”之说，其中“三曰意境，亦张之于意，而思之于心，则得其真矣”[④]。唯有笔下之意与心中之思水乳交融，融汇物境与情境之长，形成主客观交融的境界，方得意境之真。刘勰评阮籍诗云“境玄思澹，而独得乎优闲”[⑤]，皎然于《诗议》云“固当绎虑于险中，采奇于象外，状飞动之趣，写真奥之思”[⑥]，司空图于《二十四诗品》云“具备万物，横绝太空。荒荒油云，寥寥长风”[⑦]。可见中国古典文学所言“意境”并非表现孤立的文学意象，而是展现造化自然、气韵生动的文学图景，继而形成情态空灵、景态超妙、神韵俱佳的美学境界。陈大亮恰是基于此出发，创造性地提出“译境”概念，从言外之意、象外之象、味外之旨与韵外之致这四个维度来解读优秀的译品如何通过“译境”来诠释原作“水月镜花、羚羊挂角、思致微渺”的审美特征。以诗论品原诗，以译论品译诗，正如陈大亮先生在书中所言：“意境是中国特有的美学范畴，国外并不真正知道意境到底为何物。从中国学术走出去的角度看，提倡意境理论，提出译境有

① 陈大亮：《文学翻译的境界：译意·译味·译境》，商务印书馆，2017，第140页。

② 巴尔扎克：《高老头》，傅雷译，安徽文艺出版社，2017，第20页。

③ 金岳霖：《知识论》，商务印书馆，1983，第815-816页。

④ 李建中：《中国古代文论》，华中师范大学出版社，2007，第173页。

⑤ 刘勰：《文心雕龙》，车其磊注译，团结出版社，2021，第335页。

⑥ 罗根泽：《中国文学批评史》，商务印书馆，2017，第387页。

⑦ 司空图：《司空图二十四诗品：今译本》，文爱艺译注，读者出版社，2019，第4页。

助于中国译论的对外交流与传播。”[①]就这一视点而言，运用“译境”说来观照古典诗词外译既具有较强的合理性与创新性，也为中国学术走出去，乃至中国文化走出去提供了一条可资借鉴的道路。

二、法译《红楼梦》与诗谶之说

“开谈不说《红楼梦》，读尽诗书也枉然。一曲红楼多少梦，情天情海幻情身。”清朝得舆对《红楼梦》的总结可谓一语点明这部皇皇巨著之于中国文学、之于华夏文明的深远意义。它早已融入中国文化的血脉之中，至今仍潜移默化地影响着我们的语言习惯与思维范式。在法语世界，当《水浒传》《西游记》《三国演义》的全译本已陆续出版之际，法译版《红楼梦》长期以来处于缺席的地位。据笔者统计，1957 年法国巴黎盖勒普尔出版社(Guy le Prat)发行了翻译家阿梅尔·盖尔内(Armel Guerné)由德语本转译而来的《红楼梦》节译本 42 章，全书共分为上下两卷，共计 727 页；2011 年，武汉大学吴鸿渺教授与法国《人道报》驻华记者罗兰·巴卢埃(Laurent Ballouhey)改编并合译了插图版《红楼梦》，全书共计 440 页。而唯有 1981 年，由法国巴黎伽利玛出版社(Gallimard)出版，法籍华裔翻译家李治华(Li Tche-houa)与其妻子雅歌(Jacqueline Alézaïs)翻译，汉学家铎尔孟(André d'Hormon)校对，历时二十七载光阴方译就的全一百二十回《红楼梦》法译本，填补了法国汉学界译介研究的一大空白。恰如李治华在译后挥笔题诗所叹，“胸怀壮志走他邦，迻译瑰宝不识狂。卅年一觉红楼梦，平生夙愿今日偿。”[②]短短二十八字，却囊括了近三十年迻译红楼岁月的艰难与迷惘。全书 67 页介绍，上下卷共 3116 页，正文以及附录总计 164 页注释，无不承载着三位译者对于海外汉学，尤其是红学译介与红学研究的巨大贡献。而《红楼梦》法译本的诞生之路也同样蕴含着中西诗学交流之径：该翻译任务最初由法国比较文学家艾田伯(René Étiemble)同时委托给李治华与台湾译者陈某展开试译，而担任校审的汉学家铎尔孟则在巨大的政治压力下，依然选择了李治华作为主要译者，或因其认为：“陈小姐文风纤细，特别善于描写女人缠绵的心理活动。作为一个翻译家，必须具备各方面条件，尤其是丰富多彩的人生，否则难以了解一部作品的精妙之处，特别是《红楼梦》这样的巨著。而李治华则笔调大气，侧重于曹雪芹笔下人物命运和社会的深层关系，他有丰富的社会知识，而且在他夫人雅歌(Jacqueline)的协助下，语调更具有法国节奏。”[③]

如此，在李治华主译、雅歌辅译、铎尔孟校译的三元作用下，《红楼梦》中上百

① 陈大亮：《文学翻译的境界：译意·译味·译境》，商务印书馆，2017，第 124 页。

② 郑碧贤：《〈红楼梦〉在法兰西的命运》，新星出版社，2005，第 19 页。

③ 郑碧贤：《〈红楼梦〉在法兰西的命运》，新星出版社，2005，第 147 页。

篇诗词曲赋的传神选译与千百个文化负载词的精妙诠释，尽在三人笔下得到了异域的新生。

宋朝洪迈在《容斋随笔》中指出："今人富贵中作不如意语，少壮时作衰病语，诗家往往以为谶。"[①]这一由古人趋福惧祸、喜吉避凶的创作心理而衍化出的"诗谶"手法在中国古典文学创作中可谓屡见不鲜。而在《红楼梦》全书一百二十回中，"诗谶"往往以"谶谣"、"图谶"以及"谶言"的形式，形成"言/事"前后呼应的叙事模式，令全书处处绾合着宿命的锁链，时时埋下有待验证的伏笔，在命运的纠结缠绕和符应的检证需要之下，人物的发展便无法自外于命定的幻灭，而一步步走向预设的终点。[②] 面对全篇林林总总"书中诗词，悉有隐意，若谜语然"[③]的诗谶段落，第五回中指涉"金陵十二钗"人物命运的判词配合相应图画，以谐音、拆字、双关、别名、隐喻等手法，在全书起笔处便隐射书中人物生活际遇、暗合其未来命运。可以说，这十二首判词在全书"谶语式"表现手法中较为集中地体现了中国古典诗词"诗岂独言志，往往谶终身之事"[④]的文学品相，故而，我们以李治华、雅歌的"金陵十二钗判词"法译本为例，结合"翻译境界论"中对于文学翻译的"层级超越"论，探讨这一组"谶语式"判词应如何从译意到译味、再由译味到译境。译者又是否得以在法汉双语之间，实现语言层面、思维层面以及意义层面的多维度层级超越。

三、法译"金陵十二钗判词"的翻译三境界

自公元前 3 世纪《七十子希腊文本》问世以来，西方译论研究以古典主义、现代主义以及后现代主义为肇始，衍化出诸多思想流派。回顾近代以降兴起的语言学派、功能学派、释义学派以及认知心理学派等，其理论主张无不围绕着目的语文化而服务。"等值转换""阐释吸纳""认知关联"等术语频繁出现在国内外学术期刊之中。国内学者刘宓庆认为，这些流派观点充分反映了西方的功利观，不少英美理论更显示了英美文化的话语霸权[⑤]。与之相对应的是，中国译论自古以来讲求调和折中，无论是诠释翻译本体论的"五失本、三不易"，抑或是百年来争执不休的"信、达、雅"，还是探讨翻译能达之界的"神似、化境"，其内核便是将翻译在三个层面的尝试嵌合相融，即求义之功、求达之功和求美之功，使之相济相融，相辅相成于整个翻译过程之中[⑥]。亦可概括为具有中国翻译研究的三大

① 洪迈：《容斋随笔》，鲁同群、刘宏起点校，中国世界语出版社，1995，第 10 页。

② 欧丽娟：《诗论红楼梦》，北京大学出版社，2020，第 39 页。

③ 张新之：《红楼梦读法》，载郭豫适编《红楼梦研究文选》，1988，第 82 页。

④ 常振国、绛云：《历代诗话论作家》，华龄出版社，2013，第 537 页。

⑤ 刘宓庆：《中西翻译思想比较研究》，中国对外翻译出版公司，2005，第 286 页。

⑥ 刘宓庆：《中西翻译思想比较研究》，中国对外翻译出版公司，2005，第 52 页。

特色:“立高标”、“正译名”以及“重文采”[①]。

而陈大亮提出的“翻译境界论”,则从金岳霖的《知识论》出发,以结构主义的结构理论、现象学的作品层次理论、新批评的文学性理论以及中国古典文论为基石,将文学作品的意义层、意味层与意境层加以深入区分。他认为,“思议内容”、“语篇信息”以及“作品意图”构成了作品的意义层面;“声韵节奏”、“情感寄托”、“修辞文采”以及“风格文体”构成了意味层面;而“言外之意”、“象外之象”、“味外之旨”以及“韵外之致”则构成了意境层面。三者层层深入,由译本的“求义之功”转向对于“求达之功”乃至“求美之功”的超越。

从文学作品的三维视角出发,翻译的核心便是翻译“意义”(le sens)。盖因意义“既是翻译的出发点,也是翻译的最终归宿,而且是译者与研究者关注与讨论的核心问题”[②]。基于此,我们试将译意之意、译味之意与译境之意逐一加以梳理区分,并管窥其是否得以在古典诗词的法译实践中,实现不同类型意义层次的更迭转换。

如上文所论,译意是译者在双语译介过程中所须实现的基本任务,按金岳霖所言:“译意是把字句的意念上的意义,用不同种的语言文字表示出来,译味是把句子所有的各种情感上的意味,用不同的语言文字表示出来。”[③]二者既有所区别,亦有所联系。而译境则如羚羊挂角,无迹可寻,唯有译语达到语言之凝练传神、意象之虚实相生、意味之深厚隽永,译本方可探得其中“言外之意”与“韵外之致”。故而针对从译意语言到译味语言,再由译味语言到译境语言的层级超越,结合译诗的具体案例,我们将从语言层面、思维层面以及意义层面加以剖析。

(一)语言层面的境界超越

就语言层面而言,译意语言具有“抽象化、语法化与解释化”的特点。在文学翻译中,尤其针对诗歌翻译而言,译诗需要译意语言,但对于译意之“度”需要慎重把握,否则不免陷入“望文生义”之地,有损诗歌的文学性特质。我们以正册判词之四,叙写史湘云的谶诗为一例。

例1:

富贵又何为,襁褓之间父母违。

展眼吊斜晖,湘江水逝楚云飞。[④]

À quoi servent richesses et dignités?

---

① 潘文国:《翻译研究的中国特色与中国特色的翻译研究》,《国际汉学》2020年S1期,第5-37页。

② 陈大亮:《文学翻译的境界:译意·译味·译境》,商务印书馆,2017,第242页。

③ 陈大亮:《文学翻译的境界:译意·译味·译境》,商务印书馆,2017,第116页。

④ 曹雪芹:《红楼梦》(甲戌本),岳麓书社,2005,第52页。以下几首判词均选自此书。

On la portait emmaillotée.

Quand lui manquèrent père et mère.

Elle ouvre les yeux pour pleurer

Les derniers rayons du couchant.

L'eau de la Xiang va s'écoulant,

Au pays de Chu fuient les nues. ①

不同于其他判词以五言或七言绝句的形式呈现，这首判词为古体诗，全诗共两行二十四字，以平声入韵。上半阕叙写史湘云生存境况：生为贾母的侄孙女，自幼父母双亡，虽由其叔父抚养，生长在富贵之家，但不同于宝玉或宝钗，她在钱财方面毫无自由权。书中第三十二回有云：那云丫头在家里竟一点儿做不得主。他们家嫌费用大，竟不用那些针线上的人，差不多的东西多是他们娘儿们动手……我再问他两句家常过日子的话，他就连眼圈儿都红了，口里含含糊糊待说不说的。想其形景来，自然从小儿没爹娘的苦。② 后半阙则转入对"云丫头"命运的谶语式预言："展眼吊斜晖"颇似"夕阳无限好，只是近黄昏"之意；"湘江"乃娥皇、女英二妃哭舜之处；而"楚云"一说语自宋玉《高唐赋》，王曰："朝云始楚，状若何也？"玉对曰："其始楚也，榯兮若松榯；其少进也，晰兮若姣姬，扬袂鄣日，而望所思。"巫山神女朝为云，暮为雨，曹公在此处暗示湘云与未来夫婿的生活一如楚襄王与神女一般，朝夕之间、时日短暂。

我们在对原诗结构分析的基础上再来回勘译诗，译者将原本二十四字的古体诗增译为由40多个单词构成的阳韵现代诗。其中"襁褓之间父母违"与"展眼吊斜晖"两句，原本凝练传神的语言在译诗中被跨行翻译为了四句译诗，不免显得臃肿繁复。译者更是在此处作注，详细解释诗句背后的文本内涵：第二句诗影射湘云自幼父母双亡的处境，最后两句则影射其夫妻短暂的恩爱生活，盖因其夫早夭于肺痨。③

正如上文所言，诗歌翻译由译意层进入译味层，即是由译意语言的"抽象化、语法化与解释化"逐渐过渡为译味语言的"音乐美、形象美与情感美"。判词其四的译诗属于典型的逻辑性语言，诗体在主位结构上具有较强的语法性，附以书末

---

① 参见 Cao Xueqin, *Le Rêve dans le pavillon rouge*, texte traduit et annoté par Li Tche-Houa et Jacqueline Alézaïs, relu par André d'Hormon (Paris: Bibliothèque de la Pléiade, 1981), p. 121。以下几首判词法译文均选自此书。

② 曹雪芹：《红楼梦》（甲戌本），岳麓书社，2005，第321页。

③ 参见 Cao Xueqin, *Le Rêve dans le pavillon rouge*, texte traduit et annoté par Li Tche-Houa et Jacqueline Alézaïs, relu par André d'Hormon (Paris: Bibliothèque de la Pléiade, 1981), p. 1553。中文为笔者自译。

的注解更是强化了原诗的解释性，这在便于法语世界读者理解文本的同时，也不免丢失了原诗的简洁凝练与“湘江脉脉”“朝云暮雨”的图画语言。再者，学者朱光潜在《诗论》中直言，中国诗讲求声韵节奏，法文诗则以顿代步，讲求音节的抑扬、高低与长短。译者通过跨行(enjambement)技巧改变译诗顿长，令原本二至三音节为一调的原诗转译为三音节及以上为一顿的译诗。此举在声韵节奏的处理上，不免有些过犹不及。可见，就语言层面而言，译者未能在此诗之中，完全实现由译意语言到译味语言的超越。

倘若说由译意至译味需要考虑音乐、形象以及情感层面的语言之美，那么从译味升华至译境，我们则需要在“意象语言”上加以分析。唐代司空图提出“思与境偕”，强调情思旨趣与客观外物和谐统一；刘禹锡也提出“境生于象外”，表明实境是虚境赖以产生和存在的前提。“翻译境界论”正是基于此得出译境之语言具有“隐喻性、象征性以及互文性”这三大特征。我们在此转引美国文学批评家韦勒克与沃伦关于“意象、象征以及隐喻”三者关系的观点，他们认为“‘象征’具有重复与持续的意义。一个‘意象’可以被一次转换成一个隐喻，但如果它作为呈现与再现不断重复，那就变成了一个象征，甚至是一个象征(或者神话)系统的一部分”①。由此可见，意象在文内往往以象征或隐喻的形式出现，而在文外则必然与历代的诗学文本产生互文性(intertextualité)。于文学翻译而言，互文性理论对于我们理解文化意象，诠释译本内涵具有莫大的参考价值。言及此，一个关乎宏旨的问题便呼之欲出：译者李治华是否在语言层面，得以将译味语言经由隐喻、象征与互文的三重诠释而凝练为译境语言？我们试以正册判词其六，言及贾府二小姐迎春的诗谶为一例。

例 2：

子系中山狼，得志便猖狂。
金闺花柳质，一载赴黄粱。

Tu n'est au fond, beau-fils, qu'un loup du Mont central;
Quand tes voeux sont comblés, tu cèdes *à* tes rages.
La belle au teint de fleur, aux souplesses de saule,
Rejoint, au bout d'un an, le rêve au millet jaune.

这首五言绝句在概念意义的理解上并未存在较大障碍，首联亦以拆字法得解。“子”是对古代男子统称，“系”为系动词，二字合并则暗指迎春丈夫孙绍祖之本性，一如“中山狼”般忘恩负义、暴戾狠毒。故而素性懦弱怕事、善良无能的“二木头”花柳之质惨遭孙氏摧残虐待，最终不免落得“叹芳魂艳魄，一载荡悠悠”。

① 陈大亮：《文学翻译的境界：译意·译味·译境》，商务印书馆，2017，第 176 页。

在译诗中，译者沿用原诗拆字前的主位结构，以第二人称（tutoyer）口吻痛斥孙绍祖之无情，且在首句增译的呼语 beau-fils（女婿）一词，以四两拨千斤之技巧妙弥合原诗设下的隐喻意义。

而在处理两处用典之际，译者深知无法在诗句之间解释其中情思旨趣，便择取其概念意义，创造性地译出 Mont central 与 millet jaune 这两组鲜见于法语语汇中的表达，形成文学世界所独有的"陌生化"效果。在引起读者阅读兴趣之际，译者李治华在此作注，详尽解释"东郭先生"与"黄粱一梦"的典故，中华文化便如此融入"他者"（autre）的文化场域之中。可以说，这一种打破感受自动化，打破常规表达方式的过程[1]，在文学翻译中形成了译语文字的偏离，而恰是这种"偏离"在翻译文学中或可制造意想不到、令人称奇的文学效果，在译介实践中为译语文学注入新的活力，令译诗在语言层面从译味之语渐入译境之语。

（二）思维层面的境界超越

翻译思维决定着译者在翻译实践中如何遣词造句，如何谋篇布局。"翻译境界论"认为，翻译思维同样具有动态生成性，这其中"既包括原语思维，也包括译语思维，而且还包括从原语到译语的转换思维"[2]。从译意到译味的超越，同样意味着译者的翻译思维从重逻辑分析的概念思维向重形象移情的意象思维逐渐转变的过程。实现翻译所谓的"等价转化"离不开概念思维，诚如许钧所言："翻译思维自然离不开概念，翻译活动最根本的依据在于概念。"[3]然中国传统诗论美学，在传递概念意义之上，更留给世界文学一抹"摹写云物趣，意象开鸿蒙"的旨趣，一层"是有真迹，如不可知。意象欲生，造化已奇"的缜密，一道"吟咏之间，吐纳珠玉之声；眉睫之前，卷舒风云之色"的千载神思。故而在汉诗法译的实践中，译者如何将源诗的文化形象、审美直觉以及心理共情融于译诗之中，成为"由意至味"的一大关键所在。我们试以正册判词其一，千百年来为红学家所称道的"宝黛"谶诗为一例。

例 3：

可叹停机德，堪怜咏絮才。

玉带林中挂，金簪雪里埋。

Pitoyable vertu de celle qui sut arrêter son rouet !

Mais qui plaint le talent de l'autre qui chanter le chaton de saule?

La ceinture de jade pend entre les branches de deux arbres,

---

① 曹丹红：《诗学视角下的翻译研究》，南京大学出版社，2015，第 97 页。

② 陈大亮：《文学翻译的境界：译意 · 译味 · 译境》，商务印书馆，2017，第 212 页。

③ 陈大亮：《文学翻译的境界：译意 · 译味 · 译境》，商务印书馆，2017，第 213 页。

Et c'est dans la neige que dort la merveilleuse épingle d'or. ①

这首五言绝句,以上声入韵,位列正册判词之一,以一笔代写二钗。"金簪雪"暗点薛宝钗,而"玉带林"则反指林黛玉。全诗寥寥二十字,却借助意象与用典将宝黛二人的命运在四句中一语道出。宝钗一生皆以"停机德"要求自我,约束他人:劝宝玉立身扬名,仕途经济;语湘云纺绩针凿、莫做闲诗。这位一心求得"金玉良缘"的大观金簪最终却埋于雪中,预示着宝钗婚后独守空闺冷落寂寥的生活。而一身"咏絮"之才的黛玉,其命运并未在下阙中题画。曹公运用"玉带林中挂"一句,明喻黛玉之名,暗喻宝玉之舛。我们结合诗前图谶可知,两株枯木上悬着一围玉带,其中双木为林,枯又同"哭",寓示绛珠仙草泪尽而殁。玉带则象征着爵禄品位与贵族生活,而玉带挂林中则暗示宝玉放弃仕途,归隐山林。

我们之所以在这一节中引用此例,恰在于译者将原诗合乎语法逻辑的概念性语言,通过意象与句法的重构,创造性地发挥了译者的意象思维。在上半阕中,译者深知难以在诗句中化解两处用典的内涵,便先行译出"停机"(arrêter son rouet)与"咏絮"(chanter le chaton de saule),再于附注中注解两处背后的文化意象。

无独有偶,柳树(saule)这一植物意象在法国文学中同样被历代诗人、作家与剧作家赋予了深层次的文化内涵与心理映射。譬如象征主义诗人保罗·魏尔伦(Paul Verlaine,1844—1896)在诗集《好歌集》(*L'Heure Exquise*)中将柳色与月影、苍穹相交织,一诉对于心上人寤寐求之、辗转反侧的柔情:"池塘恰如明镜,映照着/垂柳/忧郁的身影,风在啜泣……"②再如浪漫主义诗人阿尔弗雷德·德维尼(Alfred de Vigny,1797—1863)在诗歌《牧羊人之屋》(*La Maison du Berger*)中假借自然之口漠视世间万物,浮云野卉与山川苍柳无不映照其内心的沉沦与焦虑:在一片肃杀寂静中,自然等待着你;在一片乌云混沌中,野草攀缘到你脚上,烈日叹息着向大地告别。馥郁百合似香炉般芬芳袅袅,森林掩盖起层层叠叠的桩木,山峦匿影,浅色山脊上。垂柳悬起它圣洁的祭坛。③ 又如荒诞派领军人物塞缪尔·贝克特(Samuel Beckett,1906—1989)在其代表作《等待戈多》中,两个流浪汉也是在柳树旁无助地等待着戈多的到来。那颗孤零零的乡间柳树上泛出的新叶既表明时间的不断流逝,更暗示着观众,伴随着时间的流逝,等待业已成为人类的一种习惯,"没有人能够逃脱等待的魔枷,它深深地、经久不变

① Cao Xueqin, *Le Rêve dans le pavillon rouge*, texte traduit et annoté par Li Tche-Houa et Jacqueline Alézaïs, relu par André d'Hormon(Paris: Bibliothèque de la Pléiade, 1981), p. 120.

② 江伙生:《法国历代诗歌》,武汉大学出版社,1996,第 276 页。

③ 该诗为笔者自行节译。

地注入我们的存在之中”①。

在以上三例中，柳树承载着情感寄托、自然化身与命运轮转三重文化意象，译者在译诗中援引 chaton de saule，令柳絮这一形象在中法文化场域中形成无声的汇通，形成法语世界读者的文化移情。

再者，译者在处理“可叹”与“堪怜”这两处作者喟叹宝黛二人生平才德的发语词时，将原诗的抽象化表述借由感叹号与问号，这两处符号上的改动，以及 Mais qui plaint le talent(然而谁会去怜惜其才华)这一处句式上的转变，处理为富有情感美的直觉性表达。可以说，在正册判词其一的译介中，译者基本实现了在思维层面由译意至译味的超越。

在上文中我们分析到，译者在思维层面由概念思维转换为意象思维，则几可由译意之境过渡为译味之境。而由译味之境超越至译境之境，则可谓“举杯断绝歌路难”。按照翻译境界论定义，“原象思维”构成了翻译思维模式的至高境界。值得区分的是，意象之“象”乃“可感之象”，状难写之景如在眼前；而原象之“象”乃“无物之象”，含不尽之意而意在言外。换言之，“前者以表象、实象的形式通过直觉思维直接呈现，而后者以道象、虚象的形式通过妙悟体观呈现”②。译者实现原象思维的关键，恰在于道家、禅家以及儒家常言之“妙悟”。严羽在《沧浪诗话·诗辩》中载：如今人之治经，然后博取盛唐名家，酝酿胸中，久之自然悟入。虽学之不至，亦不失正路。③ 中国诗论素以“体道”“妙悟”“内省”这些“不涉理路，不落言筌”之道作为觉解之要旨。而在译境之维，译者欲构建原诗与译诗之“妙悟觉解”，则需要于“精骛八极，心游万仞”间延展译介的想象性，于格式塔思维模式的层叠中把握意境的整体性。我们不再将关注点置于单个字词的理解抑或是用典互文的使用之上，而是从诗体结构的整体性与想象性出发，建构原诗与译诗艺术效果的全息性观照。我们试以又副册判词其一，以及正册判词其三，语观晴雯与探春二人的诗谶为例。

例 4：

霁月难逢，彩云易散；心比天高，身为下贱。

风流灵巧招人怨。寿夭多因毁谤生，多情公子空牵念。

En ciel serein pleine lune? Bien rare fortune;

Beaux nuages diaprés? Bientôt dissipés.

Voeux du coeur plus hauts que le haut des cieux,

① 刘明厚：《世界名剧导读》，上海人民出版社，2016，第 174 页。

② 陈大亮：《文学翻译的境界：译意·译味·译境》，商务印书馆，2017，第 216 页。

③ 严羽：《沧浪诗话》，北方文艺出版社，2000，第 151 页。

Mais personne vile en état servile.

Finesses d'esprit, chair voluptueuse: beaucoup d'envieuses.

Du fait surtout des médisances, meurt en adolescence.

Qu'un jeune seigneur au trop tendre coeur, en vain la regrette!

例 5：

才自精明志自高，生于末世运偏消。

清明涕送江边望，千里东风一梦遥。

Un talent net et clair et de hautes visées;

Née en fin de lignée, sa chance est épuisée.

Le jour des Morts, nous la voyons, en pleurs, poursuivre, de la grève,

Par les immensités où règne le vent d'est, au loin, très loin, son rêve!

晴雯虽为赖大买来养大的丫鬟，所谓“奴才的奴才”，但她不同于讨好邀宠的袭人，书中多回篇目的描写皆为读者塑造了一个“心比天高，风流灵巧”的反抗者形象。而如此的反抗则必然招致“诽谤”频生，故在其抱屈夭亡后，宝玉于愤懑之际大书《芙蓉女儿诔》。

与晴雯相似的是，在大观园中三小姐探春同样与迎春的懦弱无能，抑或是惜春的漠然避世形成鲜明对比。探春虽为庶出，然其精明能干，行事雷利之风丝毫不亚于凤姐。第三十七回“秋爽斋偶结海棠社”以及第五十六回“敏探春兴利除宿弊”集中展现了其“才自精明志自高”的特质。唯此等“我但凡是个男人，可以出得去，我必早走了，立一番事业”的女子却不幸生于贾府衰败之际，最终远嫁异乡，独令亲人“清明涕送江边望”。末句更是意味隽永，“千里梦遥”颇似李太白“天长地远魂飞苦，梦魂不到关山难”之孤寂，纳兰性德“朝泪如朝，昨夜香衾觉梦遥”之怅惘。

在分析两首判词共性与特性的基础上，我们再回勘译诗之结构。李治华充分发挥了译者的想象性与能动性，在组合轴上，serein pleine lune 与 rare fortune、nuages diaprés 与 dissipés 同声相应；在聚合轴上，Bien 与 Bientôt 同气相求。两处疑问符号在组合聚合轴上交相呼应，有效扩展了译语读者的想象空间。然而在后半联“心比天高，身为下贱”的译介中，译诗却陡然转入平铺直叙之中，破坏了开篇业已建构的想象视域，不可不谓之憾事。

在整体性上，两首译诗皆采取“分而化之”的策略，译者以杜拉斯般经典的短句式笔法入手，通过“finesse, chair, envieuses”、“visées, lignée, épuisée”以及“pleurs, poursuivre, grève”等格式塔意象的逐次累加，重新建立起属于译语文本的诗学结构。只是我们不难发现，当译者试图重构译诗主位结构之际，却又难免受到原诗中类似“寿夭多因毁谤生”与“清明涕送江边望”等逻辑语言的干扰，两种风格的语式结构在译诗中穿插交叠，恐难以在整体性上形成统一的艺术效果。译者将“一梦遥”处理为“au loin，très loin，son rêve!”这种接近口语的表达方式，也难以达到“思致微渺，含蓄无垠”的“妙悟”之境。由此而论，我们可见译者在思维层面超越为原象思维的痕迹，然美中不足的是，在整体性结构与想象性效果的处理上为后人留下了新的问题与挑战。

（三）意义层面的境界超越

就意义层面而言，中外译介几乎可达成共识的一点在于，翻译之要便在于翻译“意义”。刘宓庆尝言：“翻译是一种语际传播行为，而传播的内容离不开意义。翻译的实质性特征则正是双语在交流中的意义对应转换。”[①]语言学派代表人物彼得·纽马克（Peter Newmark，1916—2011）也表示：交际翻译的目的就是，尽可能地在目的语中再现原文读者感受到的同样效果。语义翻译则尽可能地翻译第二语言的语义和句法结构以及原文的准确语境意义。[②] 然而“意义”一词的内涵千差万别，不同层级的翻译境界所对应的意义层次具有较大的差异性，我们试在此节中分析译者是否得以在三重境界之上实现意义的超越。

按照陈大亮的界定，译意层面的意义层次可分为概念意义、语篇信息以及作品意图三个维度。其中概念意义与上文所论概念思维不同，后者是译者谋篇布局之方略，而前者是翻译实践中“准确理解与正确表达的基础与依据”[③]。而语篇信息与作品意图则将意义的指涉由字词层面延展至篇章层面，分析意义如何在主位结构、信息结构与衔接系统之间相互勾连，又是如何在作者传意、文本赋意与读者释意之间不断流转。一如解构主义大师德里达所提出的“延异”（différance）概念，在文本之中能指不断激增，意义不断延搁，永远没有最终的界限，文本必然是一种运动中的，能指不断增殖的文本[④]。

如果说在译意层面，中西方文艺美学思想中皆对“意义”一词有所观照，那么在中国文艺理论所独有的译味层面，陈大亮结合金岳霖的哲学主张，将译味之意义界定为情感意义、修辞意义与风格意义三个维度。《毛诗序》有云：诗者，志之所之也，在心为志，发言为诗，情动于中而形于言。先秦文论从艺术本体论出发，探讨情志关系的统一，将诗歌之意提升至译味之境。那么在“金陵十二钗判词”的译介中，译者是否得以将译诗从概念意义提炼至情感意义？我们试以正册判

① 刘宓庆：《新编当代翻译理论》，中译出版社，2019，第 40 页。

② 参见 Peter Newmark，*Approaches to Translation*（Oxford：Pergamon Press，1981），p. 22。中文为笔者自译。

③ 陈大亮：《文学翻译的境界：译意·译味·译境》，商务印书馆，2017，第 255 页。

④ Jacques Derrida，*L'écriture et la différence*（Paris：Éditions du Seuil，1967），p. 24。中文为笔者自译。

词之八，语涉王熙凤的诗谶为例。

例6：

凡鸟偏从末世来，都知爱慕此生才。

一从二令三人木，哭向金陵事更哀。

Le phénix vint *à* contretemps

Dans ce siècle de décadence:

Chacun ne sait plus, dans cette existence,

Qu'aimer et chérir sa propre substance.

D'abord docilité, ensuite autorité,

Et tertio, danger d'être répudiée.

Mais le plus triste est encore quand,

Vers la Colline d'or, elle songe en pleurant. ①

这首七言绝句以平声入韵，曹公将拆字法巧妙嵌合于上下两言之中，上阕所言“凡鸟”反用《世说新语·简傲》中吕安访阮籍，讽其为“凤”（凡鸟）的典故。自全书第二回以来，王熙凤从出场着装到行事举止皆有着有凤来仪般不同寻常的描绘。其形容“粉面含春威不露，丹唇未启笑先闻”、其才能“金紫万千谁治国，裙钗一二可齐家”。只是颈联一句可谓解者数十家，却无一说定天下。译者李治华在译介该诗时则采纳了吴恩裕的拆字解读，即“凤姐对贾琏最初是言听计‘从’，继则对贾琏可以发号施‘令’，最后事败终不免于‘休’之，故曰‘哭向金陵事更哀’云云”②。由于法文受字形限制无法实现中文的拆字拼合，译者直取其概念意义中“从”“令”“休”三字的内涵，再择取 docilité、autorité、répudiée 三个相同音节束尾的名词与动词被动态，形成原诗中所未有的“渐进”（gradation）式修辞法，令译诗的情感意义层层递进。此处在形美与音美上的深化翻译，以及诗末译者将“更哀之事”深化为“最哀之事”（le plus triste），一句 elle songe en pleurant 将原诗“哭”的概念语言转化为“且哭且思”的形象语言，这恰与缪塞在《四夜组曲》中的独白相映成趣：Pour te suivre en pleurant, candide corrupteur! Qui me déroulera cette liste homicide, cette liste d'amour si remplie et si vide, et que ta main peuplait des oublis de ton cœur! ③

缪塞在这一节中连用五处感叹，以矛盾修饰法（oxymore）将心上人称为“教

① Cao Xueqin, *Le Rêve dans le pavillon rouge*, texte traduit et annoté par Li Tche-Houa et Jacqueline Alézaïs, relu par André d'Hormon (Paris: Bibliothèque de la Pléiade, 1981), p. 122.

② 蔡义江：《〈红楼梦〉诗词曲注译》，现代教育出版社，2010，第38页。

③ Alfred de Musset, *Poésies* (1828-1833) (Paris: Édition Ligaran, 2015), p. 848.

人堕落的天真汉”(candide corrupteur),诗人只得如“凤辣子”王熙凤一般且行且泣(suivre en pleurant)、满腹情殇(liste d'amour si remplie et si vide)。诗中songer et pleurant 与 suivre en pleurant 同样运用副动词结构,译者采用传统的法文爱情诗笔法一诉熙凤最终“忽喇喇似大厦倾,昏惨惨似灯将尽”的休弃命运,与缪塞笔下“伤情空泛绪满怀”的悲戚之情,在修辞意义与情感意义上形成汇通之感,较为完满地实现了由译意向译味的超越。

最后我们将在意义层面,探讨译者如何由译味之意进入真正的译境之意。与“意味”一样,“意境”这一概念在西方文艺理论之中长期缺席的。直至 20 世纪初叶在美国兴起的“意象派”(imagism)运动,强调诗人应该以鲜明、准确、含蓄和高度凝练的意象,生动及形象地展现事物,并将诗人瞬息间的思想感情融入诗行中。翻译境界论则融合了中国传统“意境”说与“意象派”相关主张,将译境之意划分为言外之意、象外之意以及形上之意三种类型。陈大亮之所以在此将“言”与“象”分而论之,恰是因为其认为“‘言’是时间性的抽象,‘象’是空间性的具象”[①],两者皆可独立生成意境,然而意境意义的不一定全靠意象,有些诗没有意象也能形成意境。故而译境之意既可借助意象生成,也可借助语汇背后的隐喻或象征生成,而无论经由何种途径,皆令译诗达到“向上一路,千圣不传,学者劳形,如猿捉影”[②]所谓禅家修道之最高境界。而“形上之意”则是受波兰现象学家英伽登启发,英伽登在《文学的艺术作品》一文中提出“再现客体层的最重要功能是显示和表现确定的‘形而上质’……它本质上是观念性的,不构成文学的艺术作品的必要层次,但总是一种肯定价值,是伟大作品的标志,为实现最高审美价值提供基础”[③]。这与司空图所言诗中“味外之旨”“韵外之致”颇具共同之处。

可以说,“形上之意”摆脱了对于象征、隐喻或意象等微观层面的剖析,而是从人生境界、历史洪荒的宏观视野来洞察文本之外所蕴含的美学意义与崇高价值。我们试以正册判词其五为例,分析颇具禅意的妙玉之谶诗可否在译介中至此达境。

例 7:

欲洁何曾洁,云空未必空。

可怜金玉质,终陷淖泥中。

Elle se voulait pure,

Mais pure, le fut-elle?

---

① 陈大亮:《文学翻译的境界:译意·译味·译境》,商务印书馆,2017,第 250 页。

② 刘艳芬:《佛境与唐宋诗境》,中国戏剧出版社,2018,第 277 页。

③ 朱立元:《美学大辞典》,上海辞书出版社,2010,第 472 页。

Elle disait le vide,

Fut-ce vraiment le vide?

N'est-ce pas pitié de voir un bijou

De pur jade et d'or finir dans la boue?[①]

在《红楼梦》中曹公对于妙玉的描写着实笔墨不多。据笔者统计，在前八十回中仅有"品茶""续诗"两段正面描写以及"进大观园""乞红梅""叩芳辰"三段侧面描写。曹公惜墨如金，笔端实多言外之意与象外之意。"空"为何解？诗佛王维独膺南宗，其所撰《能禅师碑》云："无有可舍，是达有源。无空可住，是知空本。"[②]笔者解读为，唯有真正舍弃外物之所在，方可通达佛法之源；唯有完全舍弃对"空"的执念，才可了解"空"的本原。此念或出自王维所钟爱的《六祖坛经》中"外迷著相""内迷著空，于相离相，于空离空"之论。可见佛教之"空"可解读为晓破著相、万境归空之境。那么"洁"又作何解？"洁"同"净"，慧能大师在《坛经》第十八节中提出"人性本净，为妄念故，盖覆真如；离妄念，本性净"[③]的哲学命题，王维得其中妙悟，在《维摩诘经》中顺势提出"随其心净，则佛土净"的哲学思想。由此观之，"洁""空"二字点明妙玉这位道骨仙风、不食人间烟火的佛门子弟本应遁入净土，不染心尘，然而"何曾"与"未必"四字却宕开一笔，留给读者足够的想象空间。下联的"金玉"更是与"淖泥"形成鲜明对照，作为全诗诗眼的意象，"金玉"首先与"空""洁"二字共同点明妙玉其名，进而该意象既隐喻其"气质美如兰，才华阜比仙"的特质，同时也暗讽其孤芳自赏，自比"槛外人"，以致"天生孤僻人皆罕"。

面对原诗丰富的佛学内涵，以及三重隐喻相嵌的言外之意，译诗将五言绝句转译为法文诗体中的六行诗(sizain)。前四行以极简之笔力巧妙处理原诗中"欲洁未洁""云空未空"的让步关系。第二行与第四行的两处问号，既是谶词对妙玉其人的反问，亦是译诗在衔接结构中勾连上下诗义的关节所在。此句恰与阿蒂尔·兰波(Arthur Rimbaud，1854—1891)在《太阳与肉身》(*Soleil et Chair*)一诗中的处理颇有异曲同工之妙：L'Homme veut tout sonder，— et savoir! La Pensée，La cavale longtemps，si longtemps oppressée. S'élance de son front! Elle saura Pourquoi! Et l'Homme，peut-il voir? peut-il dire：Je crois?[④]

兰波在诗中先以大量笔墨赞美人类探索一切、知晓一切的本领，就连神灵都

---

① Cao Xueqin，*Le Rêve dans le pavillon rouge*，texte traduit et annoté par Li Tche-Houa et Jacqueline Alézaïs，relu par André d'Hormon(Paris：Bibliothèque de la Pléiade，1981)，p. 121.

② 高慎涛、杨遇青：《中国佛教文学》，陕西人民出版社，2009，第155页。

③ 中国宗教协会：《中国宗教百科大辞典》，民族音像出版社，2009，第391页。

④ Arthur Rimbaud，*Le Bateau Ivre*(Numilog，2000)，p. 18.

会在肉体的祭坛上颤抖，人类就像一匹被封印许久的野马将会精骛八极，四处驰骋。然而此时，诗人突然化长句为短句，一句 peut-il voir（真能看见）、peut-il dire（真可言明），似是自问自答，又似是对人类无尽傲慢的反讽与诘问。李治华在译诗中采取了法文诗中经典的换顿技巧，此处句式的转变也令原诗的言外之意得到进一步延展，可谓是佳译。然而可惜的是，译者在处理“金玉”一词的象外之意时，并未能抽丝剥茧妙悟其中关窍，在取其基本的概念意义 pur jade et d'or 之外，仅仅在附注中点明妙玉可能的结语，即在一次劫持中落入抢匪之手（pure victime tombée aux mains d'un bandit, *à* la suite d'un rapt[①]）。然而妙玉是否如译者所言为抢匪劫走，其命运究竟如何？红学界亦对此争论不休。“强盗劫掳说”为高鹗在后四十回中所续之结局，张爱玲则依据曲谶中“风尘肮脏违心愿。好一似无瑕白玉遭泥陷”一语，判定“妙玉被强盗抢去，在第一百十二回，不是旧本，但是整个的看来，这件事大概与旧本无甚出入。被劫应卖入妓院，方应预言”[②]。我们或可理解为，李治华负责的是全书一百二十回的全译本，在承认高鹗作续的前提下，以此作注提醒译语读者本无可厚非。然则隐含在这首评质小诗背后的象外之意，乃至形上之意，译者既无在诗体结构中嵌合其意，也未在文末附注中深度翻译。于此观之，就意义层面而言，译者尚未在译境层面达到浑圆之境。

四、结语：三境归一，译道乃生

本文以陈大亮所提出的“翻译境界论”为理论基础，以翻译的“超越机制”作为理论框架，结合中国传统诗论与西方解构主义、意象派、现象学等思想学说，从语言层面、思维层面以及意义层面，对《红楼梦》第五回中出现的“金陵十二钗判词”的谶语式表达以及译诗展开多层次、多维度、多结构的探讨分析。在对原诗展开训诂解读的同时，我们试图将译诗与法国近现代诗歌作品进行比附，既发掘了中法文诗歌潜在的互文性现象，亦拓展了中西方比较诗学的汇通视域。

研究发现，在“译意是基础，译味是关键，译境是理想”的三境超越论中，译诗在语言层面基本实现了抽象化、语法化及解释化的对等阐释，虽然在音乐美、形象美以及情感美的把握上略显不足，然而译者巧妙运用“陌生化”技巧令译诗的隐喻性、象征性以及互文性得到充分诠释。在思维层面，面对原诗草蛇灰线般蛰伏于诗句之中的隐喻、象征、意象，译者将中国传统文化意象置于法语诗歌的语域之中，将原诗重抽象逻辑的概念思维过渡至译诗重形象移情的意象思维，遗憾

---

① Cao Xueqin, *Le Rêve dans le pavillon rouge*, texte traduit et annoté par Li Tche-Houa et Jacqueline Alézaïs, relu par André d'Hormon(Paris: Bibliothèque de la Pléiade, 1981), p. 1553.

② 张爱玲：《红楼梦魇》第 2 版，哈尔滨出版社，2005，第 21 页。

的是在诗体结构的觉解妙悟以及整体把握上，译诗未能完全超越至原象思维。而在意义层面，译者李治华与其夫人雅歌作为专业的译者，他们对于曹公所著十二首谶诗的作品意图与语篇信息有着较为准确的把握，但由于其二人并非红学专家，某些诗中存疑之处（如妙玉命运，元春谶字等）的译介恐依然值得商榷。然而不可否认的是，两位译者凭借对于法语修辞格以及诗体结构的纯熟创作，在译诗的情感意义、修辞意义以及风格意义上拿捏恰切。虽在部分译诗中尚未触及言外之意、象外之意或形上之意，但概而言之，李译“金陵十二钗判词”可堪为一部深得译意、颇具译味的译作。

虽然本文在分析之中将译意、译味与译境之论逐步拆解为三个维度、六次超越，然而恰如陈大亮在书末所言，译者在进行翻译实践之时“注重直觉感悟的整体把握，翻译过程是一次性完成的，强行切分就如同把人锯为几段，把树木拦腰截断，文学作品也就失去了生命力”①。故而在理论层面，我们试将译本加以剖析拆解，然综而述之，三者同声相应，同气相求，三境融而归一，共同构成了富有现代性特质的中国传统译论。在讲好中国故事，发出中国声音，令中国文化真真正正走出去的时代命题下，本文以“金陵十二钗判词”为引，试为中国文化典籍外译提出“把握译意为基础，捕捉译味为关键，超越译境为理想”的实践道路。“中国传统译论如何在新的形势和新的学术语境下获得新生，在很大程度上要取决于它能否和西学获得一种有效的交流和交融。”②面对王宏印所提出的关乎中国译学未来的核心问题，“翻译境界论”的提出与运用便是我们所提交的一份微不足道的答卷。

① 陈大亮：《文学翻译的境界：译意·译味·译境》，商务印书馆，2017，第330页。

② 王宏印：《中国传统译论经典诠释——从道安到傅雷》，大连海事大学出版社，2017，第426页。

六朝诗风与日本江户后期的诗坛
——以竹枝词的创作为中心

王自强
（日本九州大学）

摘　要：由于日本荻生徂徕一派对中国唐诗的尊崇以及山本北山等人对中国宋诗的鼓吹，日本江户后期的诗坛中存在着唐宋诗相争的局面。也正是在这样的诗坛背景下，对中国六朝诗的学习与模仿之风悄然兴起，其中就有江户后期的竹枝词。竹枝词在继承了六朝的艳丽诗风和“戏作”传统后，与原本作为风俗诗的竹枝词大为不同，成为日本独特的吟咏花街的艳情竹枝词。这也就是所谓的由竹枝词的创作带来的汉诗日本化。因此，对江户后期竹枝词内在的诗风研究，不仅能够窥探汉诗日本化的一个侧面，而且以这一时期艳情竹枝词中的六朝诗风为切入口，对打破江户后期诗坛中的唐宋诗二元对立论具有重要意义。

关键词：江户后期；唐宋诗之争；竹枝词；六朝诗风；艳诗戏作

引言

日本元禄年间（1688—1704），以荻生徂徕（1666—1728）为首的蘐园诗派在日本兴起。由于徂徕受到李攀龙等明代前后七子拟古论的影响，在诗文创作方面，主张模仿古典，所谓“文必秦汉，诗必盛唐”，因此蘐园诗派又被称为古文辞派。随着这一诗派对唐诗的推崇，从中国流入的《唐诗选》备受欢迎，相关刻本也大量出现。徂徕好友冈岛冠山（1674—1728）出版了《华音唐诗选》（1725 年刊），徂徕的高徒服部南郭（1683—1759）编纂了《唐诗选国字解》。这一时期的日本汉诗人皆以《唐诗选》为教科书，可以说唐代诗风一家独大，席卷了整个日本诗坛。

18 世纪中叶以后，日本进入江户后期[①]，由于不满古文辞派的拟古主义，六

① 关于江户时代（1603—1868）的历史分期，有二分法与三分法两种观点。所谓二分，即是以 18 世纪中叶的“文运东渐”（日本文化的中心由关西的大阪、京都转移到关东的江户）为界，分为前后二期。所谓三分，即是以享保改革（1716 年开始）与宽政改革（1787 年开始）为界，17 世纪为前期，18 世纪为中期，进入 19 世纪后为后期。由于三分法与政治改革密切相关，本文采用与文艺发展轨迹相关的二分法。

如上人(1734—1801)、山本北山(1752—1812)以及江湖诗社盟主市河宽斋(1749—1820)接受袁宏道的性灵说,并提倡学习宋诗。由此,与古文辞派对立的性灵派诞生,山本北山的《作诗志彀》(1783年刊)成为江户性灵派的理论支撑。江湖诗社成员之一的菊池五山(1769—1849)在《五山堂诗话》卷五(1807年刊)中有言:唐宋之辨,人动问之,余亦难言之①。可以说,在江户后期,诗坛中的唐宋诗相争的局面已经形成。

在江户后期,形成这种唐宋诗相争的根本原因在于性灵派的兴起。在实际创作方面,性灵派具有开创意义的作品就是市河宽斋的竹枝词集《北里歌》。在宽斋之后,竹枝词的作品蜂拥而出。对于这一诗坛现象,日本学界称之为汉诗的日本化。从已有的研究来看,以《北里歌》为例,有学者认为其是宋代诗风,也有学者认为其是唐代诗风。然而笔者通过阅读包括《北里歌》在内的大量竹枝词,发现了其中的六朝诗风的因子。本文将通过具体的例子,来探究作为艳情竹枝词之首的《北里歌》与六朝诗风的关系;同时以"艳诗戏作"为切入口,来阐明江户后期的竹枝词与六朝诗风的关联。

一、《北里歌》的诗风之谜:六朝诗受容的视角

众所周知,竹枝词本是一种民歌,后来由中国历代文人,尤其是中唐诗人刘禹锡加工改造后,成长为一种新的诗体。刘禹锡被贬巴渝之地,模仿屈原《九歌》作《竹枝词九首》,诗中不仅抒发了贬谪的苦闷,也描写了当地的风俗。此后竹枝词作为一种风俗诗,被文人吟咏。日本汉诗人所作的竹枝词,最早可追溯到祇园南海(1677—1751)的《江南歌并序》十二首②,后被收于《南海先生集》(1784年刊)。此外,南海的《江南歌》与菊池海庄(1799—1881)等人的竹枝词还一同被收入《江南竹枝》中,并在弘化三年(1846年)问世。其中有序文"南海祇氏作江南竹枝词(中略)后殆百年而已",由此推算《江南歌》应作于1746年前后。③ 其实,大约在1744年,服部南郭已经创作了《潮来词并序》二十首,后收入《南郭先生文集》第三编(1745年刊)。由于《江南歌》的具体创作时间已不可考,大致可以认为,祇园南海与服部南郭是日本最早创作竹枝词的汉诗人。南海与南郭皆在序文中提及刘禹锡的竹枝词。并且,从《潮来词》序文"其谣大类吴歌,尝读乐府遗篇吴声歌曲及西曲诸乐,想见六朝谣俗之态"④可以得知,南郭的竹枝词亦受到

① 赵季、叶言材、刘畅:《日本汉诗话集成》第4卷,中华书局,2019,第1808页。

② 伊藤信认为祇园南海是日本竹枝词创作的鼻祖。参见伊藤信:《日本竹枝詞集·序》,華陽堂書店,1939。揖斐高亦有同论,参见揖斐高:《江戶詩歌論》,汲古書院,1998,第155頁。

③ 斎田作楽:《竹枝詞集集成》第2卷,太平書屋,2015,第118頁。亦见于伊藤信:《日本竹枝詞集》下卷,華陽堂書店,1939,第41頁。

④ 服部南郭:《南郭先生文集》,载富士川英郎等编《詩集日本漢詩》第4卷,汲古書院,1985,第212頁。

了六朝乐府的影响。《江南歌》与《潮来词》这样的草创期的日本竹枝词在内容上依然以描写某地风俗为主，虽也吸收了刘禹锡竹枝词与六朝乐府的俚俗，但未见明显的艳丽之态。

天明六年(1786年)，市河宽斋的《北里歌》出版，日本竹枝词风格大变。《北里歌》以江户吉原[①]的妓女为吟咏对象，收录艳诗三十首。江湖诗社成员大窪诗佛(1767—1837)在《诗圣堂诗话》(1799年刊)中这样评价："明和之末，萓园余焰未尽，诗人动率以格调。宽斋先生作《北里歌》三十首以见性灵之诗莫不可言者，舒亭《吉原词》，娱庵《深川竹枝》，皆是其所权舆也。"柏木如亭(1763—1819，号舒亭)、菊池五山(号娱庵)与大窪诗佛及小岛梅外(1772—1841)同向宽斋学习汉诗，又被称为"江湖诗社四天王"。受宽斋影响，以花街、妓女为描写对象的艳情竹枝词首先在江湖诗社内部流行，随后风靡整个江户后期诗坛。关于日本竹枝词的创作，伊藤信所编的《日本竹枝词集》共收录竹枝词三十八种，其中也包括南海等人的草创期的竹枝词。值得注意的是这一集子中《北里歌》排在首位，也就是说竹枝词的收录并非按照作品问世的时间顺序排列。伊藤信之后，斋田作乐将专门吟咏吉原的竹枝词八种集结为一册，名为《吉原词集成》出版，其中《北里歌》亦排在首位。由此可见《北里歌》在日本竹枝词创作史中的重要地位，可以说《北里歌》的诗风对江户后期的竹枝词创作有着极其重要的影响。

在日本学界，有关《北里歌》的研究可以说相当多了，不过对于这一艳诗集的诗风定位依然存在争论。总结来看，一种观点认为，市河宽斋是在受到山本北山的诗论影响后，创作了《北里歌》，并迈出了江户后期诗风革新的一大步。[②] 在本文的引言中已经提到，山本北山为了反对荻生徂徕主导的古文辞派的"伪唐诗"，转而提倡学习宋诗。《五山堂诗话》卷一中对此有如下评价："山本北山先生昌言，排击世之伪唐诗，云雾一扫，荡涤殆尽。都鄙才子，翕然知向宋诗。"[③]也就是说《北里歌》被认为是受到了宋诗的影响。不过近年又有一种观点认为宽斋学习了中国晚唐的艳丽诗风，进而创作了艳诗集《北里歌》。[④] 宽斋虽然在《北里歌》自序中提及了晚唐诗人王建与王涯，并认为北里的淫声在唐代是"出于长庆以后

① 吉原是位于江户日本桥附近的妓院聚集地的称呼。明历大火(1657年)后移到浅草寺附近，又被称为新吉原。吉原的设立得到了江户幕府的许可，与京都的岛原、大坂的新町被称为"三大遊廓"。

② 揖斐高:《江湖詩社と遊里詞——江戸詩壇の革新をめぐって(上)》,《国語と国文学》第51卷，1974年3月号，第43頁。

③ 赵季、叶言材、刘畅:《日本汉诗话集成》第4卷，中华书局，2019，第1736页。

④ 池澤一郎:《〈北里歌〉における市河寛斎韜晦の方法——いわゆる〈長慶以後の手段〉について》，载中野三敏・楠元六男编《江戸の漢文脈文化》，竹林舍，2012，第205頁。

手段也"[1]。不过以此为依据，认为《北里歌》属于中晚唐诗风的论断，是存在问题的。宽斋只是在自序中举了王建等人的例子，除此之外，自序中还有"殷纣使师涓[2]作新淫声"与"郑卫之声，放于仲尼，其诗列之雅颂"的例子。这三个例子无非是在为艳诗的存在合理性寻找历史依据罢了，难以说明《北里歌》的诗风问题。

由于《北里歌》收录了三十首七言绝句，各首皆无诗题，并相继排列，仅以诗中的个别用词又很难作为判定诗风的依据。幸运的是，在《北里歌》问世的同一年，宽斋也出版了《宽斋摘草》四卷。在该诗集的第四卷中，出现了《美人昼寝》《美人倚楼》之类的美人诗，亦可见《三妇艳戏示随斋主人》之类的汉魏六朝乐府题材的艳诗。这些艳诗与《北里歌》皆为同一时期所作，其中的诗风自然也就相通，因此对《宽斋摘草》中艳诗的考察将成为阐释艳诗集《北里歌》的一个切入口，亦有利于解开作为艳情竹枝词的《北里歌》的诗风之谜。

说起"昼寝"题材的诗，大概无人不知晓梁简文帝萧纲的名作《咏内人昼眠》。早在《北里歌》与《宽斋摘草》出版的六年前，宽斋的诗论《诗烬》问世。其中在《绝句名义》一文中，宽斋明确写道："梁简文帝及庾信集，五言四句已有绝句名，不始于唐审矣。"[3]由此可见，宽斋接触过萧纲的作品集。关于"昼寝"题材的诗，《宽斋先生遗稿》第一卷中收录了《美人假寐图》，该诗约在《北里歌》出版三年后所作。七言绝句《美人假寐图》的后两句为："多情梦被东风诱，还上君王白玉床"，其妖娆艳丽的诗风可见一斑。此外《宽斋摘草》卷四中有一首《戏题美人阅书图为益夫》，而《玉台新咏》中收录萧纲一首《咏美人观画》，二者可视为同题之作。至于《三妇艳戏示随斋主人》二首，出于乐府旧题，始见于东汉中后期由无名氏创作的《长安有狭斜行》。该篇后六句常被截取单独成篇，于南朝派生出新题《三妇艳》，萧纲、沈约、刘孝绰以及王筠等诗人皆有拟作。从《长安有狭斜行》到《三妇艳》，作品中的"三妇"一改其勤劳贤惠的家庭主妇形象，成为梳妆打扮的贵妇、妩媚争宠的娇妾。由此产生的艺术表达效果就是，原本对淳朴女性的赞赏变为对美色的赏玩，言辞由质朴典重变为轻绮浓艳[4]。而宽斋的"三妇艳诗"正是继承了萧纲等人的《三妇艳》的风格。且看《三妇艳戏示随斋主人》其二："大妇弹琴中妇歌，还怜少妇舞婆娑。洞房深引花间月，恼杀情人意若何。"

以上就是对与《北里歌》同时期完成的艳诗的分析，其与六朝的艳丽诗风有

① 伊藤信：《日本竹枝詞集》上卷，華陽堂書店，1939，第 2 頁。

② 此处宽斋错写成"师涓"，实当为"师延"。

③ 市河寛斎：《詩燼》，遊德園，1926，第 235 頁。

④ 郭建勋：《从〈长安有狭斜行〉到〈三妇艳〉的演变》，《文学遗产》2007 年 5 期，第 21-26 页。

着不可否认的受容关系。这一时期宽斋对六朝诗风的受容还体现在六朝咏物诗、六朝歌行等方面。如《宽斋摘草》中有诗题《旅馆花・以下二首六朝体》以及《咏霜二体》的诗序中有"咏物权舆于六朝"一句。至于歌行及其他方面,《诗烬》中《歌行韵法》一文有"岑参白雪热海轮台天山诸歌行。二句换韵。盛唐诸家所不多见。亦六朝法也。如梁简文帝东飞伯劳诸歌"[①]。的评价,以及《琼浦梦余录》中写着"宽斋老先生家宝月楼。多藏古镜(中略)因拟六朝体小赋。为作古镜赋一篇"[②]。在诗歌以及文赋方面,宽斋均受到了六朝体的影响。这一影响事实成立的背后与也宽斋本人的诗集编纂有关。

天明三年(1783 年),即是《北里歌》出版的三年前,宽斋编修《汉魏六朝五言绝句选》一书[③]。虽说是绝句选,其中也收录了乐府等五言诗,如宽斋在凡例六则中写道:"是编所载汉魏六朝五言短什及乐府,而犹且称绝句者,意在欲使为唐绝者,有所渊源。且绝句之称齐梁之际既见,非自唐创者。"[④]该选集共五卷,收录五言诗 1131 首,其中第三卷与第四卷皆为梁代诗歌,共 365 首,所占比重最大。而梁代多艳歌,正因为该书的编纂,宽斋更加广泛以及深入地阅读了大量的汉魏六朝的作品,并对其这一阶段的艳丽诗风的形成产生了巨大影响。也正是在这样的背景下,日本竹枝词创作史上极具开创意义的艳情竹枝词《北里歌》诞生了。

二、江户后期的竹枝词与六朝的"艳诗戏作"传统

历来日本学界对江户后期的竹枝词评价颇高,认为其开辟了汉诗日本化的道路。较早对这一问题展开论述的是加藤周一,他认为以吟咏花街之地的竹枝词是汉诗日本化的一种形态,而以市河宽斋为首的江湖诗社有着首开这一创作风气之功[⑤]。竹枝词原本是一种地域风俗诗,传到日本后所吟咏的对象自然就变成了日本某地的风俗,诗中的日本风味也就很明显了。其实,对日本汉诗人来说,汉诗的本土化问题一直存在。夏目漱石曾在一篇随笔中写道:"诗之趣承袭平安朝后的传统,久被日本化,以至今日。"[⑥]可以说汉诗的日本化是一个较为漫

---

① 市河寛斎:《詩燼》,遊徳園,1926,第 227 頁。

② 市河寛斎:《瓊浦夢余録》,遊徳園,1926,第 266 頁。

③ 《漢魏六朝五言絶句選》五卷虽然是在文化十一年(1814 年)出版,但是该书的序文以及凡例中写有年份"癸卯",即天明三年。可以认为该书是在天明三年完成编纂。关于该书的成书时间问题,合山林太郎对此已有同论,可参考《謝霊運〈東陽渓中贈答〉と近世・近代日本の漢詩人》,载蒋義喬编《六朝文化と日本:謝霊運という視座から》,勉誠出版,2019,第 219 頁。

④ 市河寛斎:《漢魏六朝五言絶句選》,文会堂山田佐助出版,1814,第 1 页。1783 年成立,现藏于日本国立国会图书馆。

⑤ 加藤周一:《日本文学史序説・下》,筑摩書房,1981,第 252 頁。

⑥ 夏目漱石:《思い出す事など》,载《漱石全集》第 8 卷,岩波書店,第 285 頁。

长的过程，而江户后期大量竹枝词的出现则标志着汉诗的日本化进入到一个巅峰时代。如果从日本汉诗史的视角来看，江户后期的竹枝词有着重要的文学史意义。此外，回到竹枝词创作的时代就会发现，此类竹枝词与艳诗对作传统有着密切的关系。

本文的第一部分已经说过，最初创作竹枝词的日本汉诗人为祇园南海与服部南郭二人。南郭的《潮来词》的序文最后有，“作此词二十首，因记舟行兴寄，聊亦自玩耳”[1]一句，可见南郭的竹枝词创作是本着一种玩乐的心态。《潮来词》之后，专门书写花街妓女的竹枝词《北里歌》出现。这种竹枝词戏作手法在《北里歌》中亦有体现。市河宽斋在《自书北里歌后》一文中，明确写道：“余少时与友人论诗云，诗无不可作者，但在上下于其格耳。遂戏作此篇。”[2]《北里歌》问世后，这类题材的竹枝词大受欢迎，诗坛争相模仿，汉诗人声称自己的竹枝词是“游戏之作”的做法也已经成为诗坛的一种常态。

以下列举数种竹枝词集，仅观其引文、序文以及跋文的表述，江户后期的竹枝词的“戏作”之态可见一斑。

丁巳岁余侨居水东，长夏无事，戏作此词。何料误落人手，传诵一时。[3]（《深川竹枝词》跋文，菊池五山题，宽政九年＜1797 年＞）

长堤竹枝三十首，我松塘大夫之词也。虽出游戏，清新绮丽。[4]（《长堤竹枝词》序文，濑谷桐斋题，文化十一年＜1814 年＞）

松塘大夫尝卧病于江都邸中，邸中诸年少，日夜看侍左右，一夕聚察大夫寝，娓娓谈狭斜猥亵之事。大夫佯眠而听之，翌日敷衍其意，戏作竹枝词三十首示之。[5]（《长堤竹枝词》引文，村濑栲亭题，文化十一年＜1814 年＞）

河翁北里歌，板翁吉原词，池翁续吉原词，言言雅丽，句句清致。版本既流传于世，读者叹其奇，闻着称其妙。吾友快庵著《乐国杂词》一篇，无乃拟于此乎。快庵其志确而正，才亦英敏，是编虽出于游戏三昧，而劝善惩淫，监戒之旨。[6]（《乐国杂词后序》，伊藤海岳题，天保三年＜1832 年＞）

痴仙居士，倚炉小酌。有客谈河东风流者，即戏述所闻，为三十绝云。[7]（《河东词》跋文，小栗十洲题，成立年代不详）

---

① 服部南郭：《南郭先生文集》，载富士川英郎等编《詩集日本漢詩》第 4 卷，汲古書院，1985，第 212 頁。

② 市河寛斎：《寛斎漫稿》，遊德園，1926，第 74 頁。

③ 伊藤信：《日本竹枝詞集》上卷，華陽堂書店，1939，第 13 頁。

④ 伊藤信：《日本竹枝詞集》上卷，華陽堂書店，1939，第 15 頁。

⑤ 伊藤信：《日本竹枝詞集》上卷，華陽堂書店，1939，第 14 頁。

⑥ 伊藤信：《日本竹枝詞集》上卷，華陽堂書店，1939，第 36 頁。

⑦ 伊藤信：《日本竹枝詞集》下卷，華陽堂書店，1939，第 4 頁。

菊池五山针对这一时期出现的大量竹枝词，曾在《五山堂诗话》卷一中有这样的评述：余《深川竹枝》，实出一时游戏。初无意传之，奈流播已远，驷不可追。近日轻薄子弟效颦余作，动曰"某竹枝，某竹枝"，猥亵鄙陋，无所不至，何其觍也。亦自悔为之商鞅矣。[①] 一方面，正如五山所言，其竹枝词的创作确实是出于游戏心态，其次他也为自己的这种游戏之作被粗鄙之人竞相模仿而悔恨不已。从五山的言论可以得知，当时诗坛的竹枝词集远比今天看到的要多，很多粗制滥造的竹枝词并没有流传下来。关于竹枝词戏作这一文化现象，在探究其形成要因时，目前学界认为其与当时的洒落本等戏作文艺相关。

最先指出竹枝词与洒落本关系的是森铣三[②]，随后揖斐高在前论的基础上对这一关系进行了考证，他认为《北里歌》的匿名创作受到了早期洒落本《史林残花》(1730 年刊)的影响。其判断的依据就是《北里歌》与《史林残花》序文中都出现了"不知何人所作"的说辞[③]，作为论据这显然有些牵强。从市河宽斋以及其身边的江湖诗社成员的阅读史以及交友关系中，均未发现宽斋等人有接触过《史林残花》。其次揖斐高还考证了江湖诗社成员柏木如亭的竹枝词《吉原词》与江户后期最大的戏作家之一的山东京传的《倾城买四十八手》的受容关系[④]。虽然从《倾城买四十八手》书衣的背面文字"卷中所题批评者，诗人柏木如亭之自记也"，可以得知如亭读过该书。但是《吉原词》成书于 1789 年，而《倾城买四十八手》于 1790 年刊行，也就是说前者不可能受到后者影响。

近年来，又有中国学者认为江户后期的竹枝词的美学风格是受到了日本固有的"好色文艺"的影响[⑤]。所谓"好色文艺"是指以元禄时期井原西鹤的《好色一代男》《好色五人女》等"好色物"为源头，接着 18 世纪兴起的专写妓女与嫖客的恩怨情仇的洒落本为集大成，最后进入 19 世纪后以人情本为尾声的一系列艳情小说的统称。但其实，首先艳情小说属于叙事文学，很难对汉诗这类短小的韵文文学产生影响；其次近三百年的江户文学分为"雅俗"，作为雅文学的汉诗有着较高的地位，汉诗人几乎不会屈膝去从洒落本、人情本等俗文学中汲取营养。在探究江户后期的竹枝词中存在的"戏作"现象时，还是应当在诗歌内部，即从东亚

---

① 赵季、叶言材、刘畅：《日本汉诗话集成》第 4 卷，中华书局，2019，第 1742 页。

② 森銑三：《近世漢学者の日本文学的著作》，载《国語と国文学》第 41 卷，1946 年 4 月号，第 83 頁。

③ 揖斐高：《江湖詩社と遊里詞——江戸詩壇の革新をめぐって(上)》，《国語と国文学》第 51 卷，1974 年 3 月号，第 47 頁。

④ 揖斐高：《江湖詩社と遊里詞——江戸詩壇の革新をめぐって(下)》，《国語と国文学》第 51 卷，1974 年 5 月号，第 39 頁。

⑤ 熊啸：《竹枝词在日本诗学定位的转变及与"好色"文艺的关系》，《国际比较文学(中英文)》2019 年第 3 期，第 492-507 页。

诗史中寻找答案。所谓的"艳诗戏作",应追溯到《玉台新咏》。

从文化二年(1805)开始吟咏的《浪华四时杂兴百首》的序文对其诗风有着这样的概述:"其目之,以似唐似宋似元似清者非也。"[①]换言之,这一竹枝词集的诗风很难用从唐至清某一时代的诗风来标定。文化十三年,田能村竹田(1777—1835)在给中岛棕隐(1779—1855)的《鸭东四时杂兴》的序文中,以骈文的形式来评价这一诗集:"庾子山憔悴而哀江南,潘安仁悲嗟而感秋兴",甚至认为其中的汉诗"冰扣珠排徐陵宫体自丧,艳浓绮丽韩偓香奁顿尽"[②]中的言辞或许有些夸大,但也道出了《鸭东四时杂兴》与六朝诗风,具体来说与宫体诗的关系。

《玉台新咏》中可见的以"戏作"为题的诗有四首,皆为梁代诗人所作,其中萧纲的艳诗戏作有两首。四首之中,梁元帝萧绎有一首《戏作艳诗》,该诗以如此直接的标题来命名,也正说明了艳诗戏作在当时已经成为一种风潮。在萧绎之前,萧衍有一首《戏作》,标题虽未标明为艳诗,但其诗吟咏"遊女"实与艳诗相差无几。而萧纲的《戏作谢惠连体十三韵诗》与《戏赠丽人》无一例外皆为艳诗。所谓"戏作",即为游戏之作的意思,带有较强的戏谑性。这种对诗文的认识与先前的"诗言志"说或"文章经国之大业,不朽之盛世"的观念大为不同。六朝时代出现的这类艳诗戏作,一方面与诗文载道观的影响力在六朝时代较为薄弱有关,另一方面也与诗人对诗歌的个体认知相关。如萧纲就有"立身先须谨重,文章且须放荡"[③]的言论。尽管如此,诗人在创作艳诗时对儒家的伦理道德观依然有所忌惮,艳诗总归无法登上大雅之堂,只能成为一种玩乐之余的创作,这也是戏作的另一层含义。

江户后期的竹枝词中出现的"戏作"现象与对儒家道德观的忌惮也有着十分紧密的关系。也正因为此,市河宽斋出版艳诗集《北里歌》时,不仅说自己是"戏作此篇",而且署名用笔名"玄味居士",即采取匿名出版的形式。宽斋在自序中明确指出:"浅草文库,废已久矣。遗书散落四方,近购得北里歌辞一卷,不知何人所作。"[④]至于这种匿名出版的原因,宽斋同样在自序中有所交代:"淫靡不节、风雅之罪人,余何辞其责哉,余何辞其责哉。"[⑤]可以说,对宽斋来说"艳诗戏作"是一个不得已的办法。《北里歌》出版后,同为艳诗集的《深川竹枝词》虽然仍持"戏作"的观念,但已不再采用匿名出版的方式。皆川淇园(1735—1807)在《深川竹枝词》的跋文中这样评价:"夫六朝诸乐府歌舞所言率亦多,女閭狎亵之事耳。

① 伊藤信:《日本竹枝詞集》下卷,華陽堂書店,1939,第22頁。

② 《鴨東四時雜詞》,载富士川英郎等编《詩集日本漢詩》第12卷,汲古書院,1987,第150-151頁。

③ 严可均:《全上古三代秦汉三国六朝文》,中华书局,1958,第3010页。

④ 伊藤信:《日本竹枝詞集》上卷,華陽堂書店,1939,第2頁。

⑤ 伊藤信:《日本竹枝詞集》上卷,華陽堂書店,1939,第2頁。

然今世诗家不敢为之者,惮其因以得青楼薄倖之名也。此竹枝词乃不惮其得之者也。"[①]淇园一方面赞赏了菊池五山的这种不害怕因为出版艳诗集而获得"青楼薄倖名"的勇气,另一方面也指出这类艳情竹枝词的风格在六朝的乐府中已经出现了。

三、结语

日本诗坛对六朝诗的受容,可追溯到奈良时代。宽平三年(891 年),藤原佐世(847—898)受命于宇多天皇,编撰《日本国见在书目录》。其中可见萧纲、徐陵、庾信等宫体诗人的诗文集,又可见以艳丽诗风为主的《玉台新咏》十卷。即使到了江户时代,《玉台新咏》仍不断从中国传入日本[②]。此外,日本汉诗人也亲自编撰六朝诗集,如除了本文第一节中提到的《汉魏六朝五言绝句选》之外,安永三年(1774 年),市河宽斋的同门田中江南(1728—1780)编修了《六朝诗选俗训》。可见当时的诗坛对六朝诗有着很大的兴趣。在实际创作方面,安永六年(1777 年)出版的《日本咏物诗》共收录汉诗 545 首,其中有"丽人部"收录艳诗 22 首。在这样的时代创作氛围中,1786 年,市河宽斋出版了日本第一部艳情竹枝词集,之后这种艳丽诗风在整个江户后期的诗坛中一直存在。

综上所述,本文从《北里歌》出发,一方面探讨了江户后期的竹枝词与六朝诗风的关联,另一方面阐明了日本汉诗人笔下的竹枝词中的"戏作"是对东亚诗史中的"艳诗戏作"传统的继承。竹枝词本是在中唐时期确立的一种诗体,但是在中国诗史中这类题材的诗歌一直到明清时期依然属于风俗诗的范畴。相比之下,虽然直到 18 世纪中叶,日本汉诗人才开始创作竹枝词,但是很快用这种题材的诗专咏花街妓楼,开创了一条不同于中国的竹枝词的发展形态。这一差异的出现与 18 世纪中期日本汉诗坛的转变有关。这种转变分为两种,即诗歌观念的转变与汉诗人身份的转变。首先,关于诗歌观念的转变。江户前期,尤其是 17 世纪的诗坛被朱子学家们掌控,而诗文只是一种"余技"。林罗山(1583—1657)曾有言:"道也者文之本也,文也者道之末也"[③],这种"本末论"下的道德诗文观可谓根深蒂固。在儒学方面随着荻生徂徕对朱子学的批判,17 世纪的道德诗观也遭到了摒弃,提倡诗中有"人情"。这种从道德诗观下解放的"人情",发展到江

① 皆川淇園:《書深川竹枝詞後》,载皆川允校刊《淇園文集》第 7 卷,1816,第 32 页。现藏于日本国立国会图书馆。

② 日本享保十七年(1732 年)、文化四年(1807 年)、嘉永二年(1849 年),均有《玉台新咏》传入日本的记录。参考大庭脩:《江戸時代における唐船持渡書の研究》,關西大學東西學術研究所,1967,第 717 頁、第 424 頁、第 536 頁。

③ 林羅山:《羅山林先生文集》第 66 卷,京都史蹟会编,平安考古学会,1918,第 370 頁。

户后期的“艳情”书写,可以说徂徕学派起到了一定的作用[1]。其次,关于汉诗人的身份转变问题,随着文人意识的觉醒,诗文写作逐渐从儒学中解放出来,专门的汉诗人出现。这一文化现象同样较早地在徂徕一派中初见端倪,如徂徕死后,弟子服部南郭继承了其“文业”,而太宰春台(1680—1747)继承了其“儒业”。等到市河宽斋的时代,汉诗人已经完全从儒学家中独立出来,这是江户后期诗坛中得以出现大量艳情竹枝词的基础条件。尽管如此,包括宽斋在内的汉诗人依然不得不忌惮儒家的纲常道德观,在创作艳诗时采取了匿名出版或是“戏作”的方式。

日本汉诗发展到江户后期,已有千年历史。不同于平安贵族与中世禅僧,江户时代的汉诗人对中国诗歌的学习与诗风的摄取更为多样化。尤其是18世纪中叶以后,日本汉诗中可以见到从汉魏六朝至明清各个时代的诗风要素。诗坛中,虽有唐宋诗风两家独大又相争的局面,但也不能忽视其他诗风对日本汉诗的影响。特别是对在日本汉诗史上有着重要地位的竹枝词中的六朝诗风的考察,对把握江户后期诗坛的诗风多样化以及打破唐宋诗风二元对立论具有不可忽视的意义。

① 日野龍夫:《徂徠学派の役割》,载《日野龍夫著述集》第1卷,ぺりかん社,2005,第355-390頁。

乔治·亚历山大对《道德经》的翻译与解读

张　爱
（上海师范大学人文学院）

摘　要：乔治·亚历山大（George Gardiner Alexander）的《老子，一位伟大的思想家：以及他关于道的本性与显现之思想的翻译》（*Lâo-Tsze, the Great Thinker: With a Translation of His Thoughts in the Nature and Manifestations of God*）是《道德经》的一种重要译本，不仅对《道德经》文本进行了系统翻译，也对中国文明和中华民族的起源背景、作者生平及时代背景作了进一步说明。亚历山大的译本不仅较好地实现了《道德经》的诗意表达，且采用"以耶释道"的方法来解读《道德经》，对西方认识、关注老子思想体系产生了一定的积极影响。

关键词：乔治·亚历山大；《道德经》英译；以耶释道

《道德经》在英语世界的译本种类繁多，视角各异，受到众多学者和读者的欢迎，其中乔治·亚历山大（George Gardiner Alexander，1821—1897）的《道德经》英译本《老子，一位伟大的思想家：以及他关于道的本性与显现之思想的翻译》（*Lâo-Tsze, the Great Thinker: With a Translation of His Thoughts in the Nature and Manifestations of God*）于1895年在伦敦出版①。译者对《道德经》文本进行了系统翻译，此外还对中国文明和中华民族的起源背景、作者生平及时代背景作了进一步说明，对西方认识、关注老子的思想体系产生了一定影响。目前，国内已有较多关于《道德经》译本的研究著述，但其中针对亚历山大《道德经》英译本的研究较少，且多零散见于对《道德经》译本研究的文章中。本文拟以亚历山大《道德经》英译本为研究对象，深入探讨其文本翻译特征和"以耶释道"的思想内涵。

---

① 参见 George Gardiner Alexander, *Lâo-Tsze, the Great Thinker: With a Translation of His Thoughts in the Nature and Manifestations of God* (London: K. Paul, Trench, Trübner & Co. Ltd., 1895)。本文中所引亚历山大的译文均引自此书。

一、亚历山大《道德经》英译本概述

亚历山大的《道德经》英译本于1895年在伦敦出版，遂成为19世纪末最受一般读者欢迎的《道德经》译本。全书正文分为三个部分：第一部分"先祖与起源"(Part I. Origins and Antecedents)；第二部分"老子及其所处时代"(Lâo-Tsze and His Period)；第三部分"《道德经》，有关道的本性与显现之思想"(*The Lâo-Tsze-King*, the Thoughts of the Nature and Manifestations of God)。在《道德经》文本翻译之前，亚历山大对中国文明和中华民族的起源、老子的生平与时代背景作了较为详细的描述，不仅有利于读者对《道德经》文本的理解，并且在一定程度上拓展了《道德经》译本的外延，使之成为一种复合文本。此外，在正文前后附有序言和附录。在序言中，亚历山大谈及其翻译《道德经》的两个主要目的：第一，通过《道德经》文本了解老子的思想及形象。孔子的形象和思想在当时各方的研究下已经较为清晰，而老子的形象和思想还较为模糊，要勾勒出一个更为完整的老子形象，除了借助他的生平，还需要依靠他的著作《道德经》。第二，阐释"道"的内涵。亚历山大坚信此前学者对于"道"的翻译是错误的，他认为老子的目的在于重建对"道"的伟大信仰，这种信仰在原始时代就被人类所认识和崇拜，现在却逐渐被弱化和忽视，因此他需要重新对"道"的含义、对《道德经》进行纠正与翻译。值得注意的是，亚历山大在书名中已明确表示他将以上帝的本质和体现为核心来完成对老子思想的翻译，序言中更是直接指出将用God来翻译"道"，他认为此前以各种替换词或者不予以翻译仅用拼音表述都是错误的，这无疑会造成理解上的困扰，这一态度在后续的翻译文本中有多处体现。

第一部分"先祖与起源"，试图将中华文明置于世界文明的版图之中，探究中华文明与古巴比伦文明的关系，以及黄河流域与两河流域的渊源等。亚历山大认为，人类文明与思想正是由不同时代的伟大思想家传播、保留下来的。由此，他提出了几点疑问：中国文化中最初的为人之道是什么？中华民族从何组建社会政治组织？从何获得自然科学知识和文字语言基础？他们的早期文明中为何会出现古巴比伦的印记？在后续的论述中，亚历山大将黄河流域与两河流域相类比，将中国文明与古巴比伦文明建立联系，将汉语视为与埃及语、阿卡德语一母同宗。在诸如此类的比较中，可以看出亚历山大在认识中国、认识中华民族的过程中将其视作美索不达米亚文明的一个分支，否认了中华文明的独立性。

第二部分"老子及其所处时代"，采用"知人论世"的方法对老子的出身、经历以及周朝末年的社会情况作了简要介绍。亚历山大认为老子的思想可能来源于远古时期的西亚或古巴比伦的书籍而并非原创，他所提出的"道"在老子出生前很长一段时间就已经存在，是人类和神进行沟通的媒介，老子思想和《道德经》都是对远古思想文化的转述和继承。

第三部分为"《道德经》,有关道的本性与显现之思想"。在完成了对文化社会、作者生平等基础背景的介绍后,亚历山大依照中文原本的分章方式对《道德经》全本八十一章进行了英译,并在附录中对部分章节的翻译策略、参考译文等作了补充说明。

亚历山大的译本不仅将《道德经》系统、完整地进行英译,而且在文本翻译之外,对中国文明和中华民族的起源、作者生平及时代背景作了进一步说明,更像是一部包含着译文的文化科普性书籍,对西方认识、关注老子思想体系产生了一定影响。

二、亚历山大《道德经》文本翻译的特点

不同的译者在翻译同一部作品时会展现出个性化的翻译特征。亚历山大在序言中就表示,他会抛弃前人翻译《道德经》时所采用的逐字逐句、一一对应的翻译策略,而要用一种更加能体现老子思想的方法挖掘文字背后的核心内涵。

首先,亚历山大采用了意译的翻译策略,注重表述的连贯性。亚历山大认为单纯地为了给读者留下与原文相近的印象,仅将一种语言的词汇用另一种语言的词汇代替却不改变前者的语言结构顺序,是最基础的翻译方式。他认为在翻译时译者应该对作品有整体上的把握,克服原著唐突而粗犷的风格,力求站在作者身后去理解他想要表达的内容,这样一来当翻译成形时,单词的精准性和顺序结构自然就会淡出读者的视线。因此亚历山大在翻译《道德经》时没有将注意力放在逐字逐句的精准翻译上,而是以努力理清老子写下这些文字时心中的确切想法为目标,注重文字表述、思想传达的连贯性。例如:

原文:"天下万物生于'有',有生于'无'。"[①]

湛约翰译文:All things in the world are produced from existence; and existence is produced from non-existence. [②]

亚历山大译文:All things in nature are born material, but the material is evolved from the immaterial.

《道德经》第四十章中"天下万物生于'有',有生于'无'"的原本含义是道生万物有两个步骤:第一个步骤是道自身内部形而上的变化,从无形变为有形,是为"'有'生于'无'";第二个步骤是从形而上的道向形而下的物进行转变,是为

① 刘康德:《老子鉴赏辞典》,上海辞书出版社,2010,第76页。本文所引《道德经》原文,均引自此书。

② John Chalmers, *The Speculations on Metaphysics, Politics and Morality of The Old Philosopher, Lau-Tsze* (London: Trübner & Co, 60, Paternoster Row, 1868), p. 32.

“天下万物生于‘有’”。

湛约翰的译文将“天下万物”对应为 all things in the world,将“生于”对应为 be produced from,将“有”对应为 existence,将“无”对应为 non-existence,英汉双语一一对应,字字落实,完整地复刻了中文原本中的字义,但是他将形而上的道的无形之特征翻译为 non-existence 即“不存在、没有”,明显是对老子笔下“无”的概念产生了误解。

亚历山大则在正确理解道家思想中形而上的“有”和“无”的基础上,将“无”翻译为 immaterial,即“非物质的、无形的”,保留了其形而上的性质,没有受到文字含义的影响。同时他将前后两个“生于”分别翻译为 be born 和 be evolved from,把握了形而上的内部形态变化和形而上同客观实在的具象变化的区别,通过不同单词的配合变换准确表达出老子对于“道生万物”的认识。正如亚历山大所说,站在作者身后来感受作者写下这段话时真正想要表达的思想时,翻译就会更注重感觉,更倾向于意译,弱化了字字对应的格式要求。

其次,亚历山大推崇《道德经》的艺术风格,强调对《道德经》的诗意表达。汉语的精妙之处就在于它的多样性和优美性,寥寥数语之间蕴含着深刻的思想内涵,又不失结构、音韵的美感。在《道德经》中,有不少格式工整的排比句,抑或是骈散结合的句子,读来朗朗上口,富有节奏感。亚历山大注意到了《道德经》语言的韵律之美,并在部分相应的段落中采用了诗歌的句式和语言,以优美的文字和格式展示了《道德经》的语言特征。例如:

原文:“或行或随;或嘘或吹;或强或羸;或载或隳。”

亚历山大译文:

While some advance
The rest retire,
While some inhale
The rest respire,
While some are weak
The rest are strong,
While some stand still
The rest move on.

亚历山大将这段文字视为古语并引用,在采用了常规格式的前后文中插入一段类似诗歌的文字以体现原文中“或……或……”句式的结构美。在用词上,retire 与 respire 押韵,strong 与 on 押韵,以诗歌的韵律之美展现了原文语句的美感。又如《道德经》第二章:

原文:“有无相生,难易相成,长短相形,高下相盈,音声相和,前后相随,恒也。”

亚历山大译文:

Nothing and something
  Are relative terms,
Easy and hard
  Are the same;
The long to the short
  A proportion affirms,
Which the high to the low
  Also claim.
The tones and notes
  Are but modifications,
And before and behind
  Only changed situations.

这段译文将原文中的一个个语段拆分为两行分别翻译主语和宾语,以错落的格式之美展现出原文以排比的形式所呈现的音韵美。同时句与句之间的格式也并非完全一致,亚历山大通过灵活运用连词、从句,在统一中展现出灵动的变换,既保护了原文语句的结构美又不显得单调重复。在翻译《道德经》的过程中,亚历山大不时地将优美而富有诗意的语言或诗歌的结构穿插在常规的段落中,充分展现出《道德经》的结构、韵律之美。

再次,亚历山大虽然重视译文表述的连贯性,但有时仍难以避免《道德经》段落间的意义隔断。老子在撰写《道德经》时,每个章节都可以得出一个核心观点,章节内所有比喻、举例、类比都围绕着核心观点展开,内容丰富庞杂,看似关联度不高,实则紧密相连,整体性较强。亚历山大在处理一些内容看似无关的段落时常常会忽略其中隐藏的联系,从而使章节内部出现中心主旨上的隔断,一定程度上影响了读者的理解。

例如,老子在《道德经》第五十章分两段讨论养护生命的问题,第一段中老子认为人的寿命长短在于是否遵循了自然规律,享尽天年的只占三分之一,夭折和过分养生而亡的也各占三分之一,究其原因就是过分追求物质享受。在第二段中老子以犀牛、老虎和兵器为例,说明善于养生的人也善于避祸远害,不会将自己置于死地。亚历山大在翻译这一章时对章节主旨产生误读,开头直接表明人类的出生是为了迎接死亡,而后抛出问题 Why does life thus end in death? It is, that life can only be sustained by the expenditure of vitality.[①]指出生命因其消耗活力而最终走向死亡。同时，他依旧试图联系原文字词进行翻译，在中段讲述了知道如何维持生命的人不会被犀牛和老虎所攻击，也不会为兵器所伤，因为这些外部伤害无法找到他的击破点。这一段内容在一定程度上和原文第二段相符合，但在结尾时亚历山大总结出 because he who was thus invulnerable, had become so, through having destroyed the power of death，表示能不被猛兽或兵器所伤的原因是拥有了摧毁死亡的力量，这和老子顺应天性的观点大相径庭。

诸如此类跳脱复杂的语句在同一章节中的体现，可以看出亚历山大既想忠于原文达到准确翻译，又融入了个人的理解，两种思维的冲突交织缠绕，使其部分章节的译文很难整理出核心的思想和清晰的思路，这是这部作品中较为遗憾的缺点。

亚历山大以其较强的文学功底力求展现《道德经》的艺术风格，用词能较为准确地表达汉字意义和音韵特征，行文结构融会贯通，使这部作品与前人的译注相比具有更强的文学性和可读性。虽受到语言限制，亚历山大未能完全准确地将原文环环相扣的思想内涵予以体现，但对于当时西方的大众读者而言，他们依旧能够从亚历山大较为清晰、浅显的语言表述中了解老子思想和早期的中国社会与思想文化。

三、以耶释道：亚历山大《道德经》译本的宗教化诠释

对经典作品进行阅读理解后完成翻译是中西文化交流的重要部分，而翻译活动具有很强的个体性，是基于译者对文本的理解而产生的创造性行为。伽达默尔也曾说过："解释者和文本都有其各自的'视域'，所谓的理解就是这两个视域的融合。"[②]翻译作品的最终体现与译者的语言文字功底、理解能力、解读视角等息息相关。作为虔诚的基督徒，亚历山大虽然对中国传统文化和哲学思想抱有极大的热情，但他亦往往以其宗教信仰来解读之。[③] 因此在亚历山大笔下，老子及其思想体系被抹上了浓厚的基督色彩，主要体现在以下几个方面：

第一，亚历山大将老子视作基督教"先知"，从而将道家思想及其源起融入基督教的范畴与谱系。除了对《道德经》的翻译，亚历山大对中国文明和中华民族的起源、作者生平及时代背景的认识和看法也是这部作品的重要组成部分，其中

---

① George Gardiner Alexander, *Lâo-Tsze, the Great Thinker: With a Translation of His Thoughts in the Nature and Manifestations of God* (London: K. Paul, Trench, Trübner & Co. Ltd., 1895), p. 92.

② 汉斯-格奥尔格·伽达默尔：《诠释学Ⅱ真理与方法：补充和索引》，商务印书馆，2007，第131页。

③ 在1868年至1905年间问世的14部英译本中，有8部明确以基督教的视角翻译《道德经》，其余6部带有基督教思想的缩影，可见以宗教视角解读《道德经》也是当时英语世界的时代特征之一。

他对老子其人和道家思想起源的理解决定了整部作品在宗教视角下的基调。

在“Part I. Origins and Antecedents”中，亚历山大提出在早期许多铸就了人类命运的主要因素——那些杰出思想并没有被记录下来，因此在不同时代时不时会出现一个人，他的智慧可以直接与远古时期某个人的思想形成系统性的紧密联系。这一描述与基督教中长期存在的先知这一角色相对应，他们对未来的描述、预言最直接来源于造物主，即上帝的启示，能够传达神的旨意。基督教的先知并非只有一位，而是存在于各个时期各个地域。《圣经》中记载了亚当、以撒、大卫、耶稣等24位先知，出现的前后时间相差数万年，其中不乏同处一个时期却身在不同地域的先知，他们被认为是借用了不同的肉体来到人间的上帝的分身。亚历山大认为老子天生具备超于常人的智慧，且受到过良好的教育，当周朝末年礼崩乐坏之时，老子试图通过追溯人类社会思想之源、复归人类世界最初的行为准则来改善现状。而参考老子所写的文章及其在朝为官的经历后，亚历山大相信老子曾接触过远古时期的典籍，他的思想很大程度上来源于西亚或古巴比伦的遗存。

综合中国的地理、种族、文化特征，亚历山大认为甚至是中华民族都可能是那些从西亚迁徙到黄河流域的美索不达米亚平原居民的后代，中国的思想文化是美索不达米亚文明的众多分支之一；两河流域作为孕育基督教的最初的摇篮，中国思想文化的起源或多或少也与神的启示产生了千丝万缕的关系。亚历山大在第二、第三部分多次谈及中国和两河流域之间、老子思想和西亚文明之间的联系，实际上是在加深中国文化与基督教之间的联系，为老子的先知身份、道家思想的基督教意识倾向提供更有利的证明。

从亚历山大的视域出发，老子作为在东方的先知，比常人更多地认识到上帝的启示，他在《道德经》中对道家思想和主张的宣扬成了对神的旨意的传达，他提出的所有核心思想是对神旨的总结。

第二，亚历山大以God译“道”。道家的思想体系最为核心的概念就是“道”，西方人在对《道德经》进行翻译时也会十分重视对“道”的含义的解读。亚历山大是英语世界第一位直接用God翻译“道”字的人，他否定了直接音译“道”为Tao或者根据字的本意翻译为the way(道路)的方式，强调《道德经》的很多方面都能体现出神性(deity)或“三位一体”(triune)的宗教理念，他相信《道德经》里的论述及其传达的思想就是在传递基督教义。而前人没有选择直接翻译为God，亚历山大认为是源于对上帝的无上尊敬，不敢贸然使用God一词，这也恰恰证明了他本人的判定是正确的。

老子在《道德经》第一章中为“道”下定义，并指出道是宇宙万物的本原，其存在状态是人类器官无法感知的，实有似无，极其微小，但同时他又是切实存在的，是构成万物的基本元素,是万物之母。这一观点实际上是明确否定了天帝或神创造世界的有神论观点。[1] 而亚历山大在此对“道”字的定义为:

God (the great everlasting infinite First Cause from whom all things in heaven and earth proceed) can neither be defined nor named. [2]

全文翻译以 God 开篇,确定了“道”即上帝的概念,同时在括号中亚历山大补充了对 God 的进一步解释,指出上帝是天地间永恒而无限的伟大真理,万物皆从中而来。他认为要真正了解神,就要抛下一切世俗的欲望,才能进入精神世界,洞悉一切;而形而上的精神领域和形而下的物质世界都是源于混沌和黑暗。这一观点在《圣经:创世纪》第一章中也有所体现:

1:1 起初,神创造天地。

1:2 地是空虚混沌,渊面黑暗;神的灵运行在水面上。

1:3 神说:“要有光”,就有了光。……[3]

参考《圣经》中对创世的描述可以发现,亚历山大在为“道”下定义的时候很大程度上脱离原文含义,紧密地联系了《圣经》中对“神造万物”的理解和定义,与老子的道家学说背道而驰。

在进行后文的翻译时,每当出现“道”字,亚历山大都会以 God 进行代替,并将前后语句与对上帝的认识相融合。例如第二十一章中“孔德之容,惟道是从”一句,他翻译为 The Supreme Good as manifested to us, is an emanation from God—the creative principle of God;第十四章中“执古之道,以御今之有。能知古始,是谓道纪”一句,他翻译为 Yet, if we would gain a knowledge of our present lives, we must hold on to the God of the Past。亚历山大不仅在字义上进行英语替换,更将老子的道论用符合宗教观点的语言转述,弱化“道”的无神主义和顺应自然天性、顺应物质本身的运动规律的核心理念,强化了上帝造物、指引、宽恕的能力,使《道德经》无论在大主题上还是在语句之间都更像一部宗教性读物。

另外,亚历山大沿用了湛约翰首创的“以母喻道”的观点。第五十二章中“天下有始,以为天下母”,意即道是宇宙万物构成的基始,是万物生成的根源,虽没有直接出现“道”字,亚历山大也直接在此采用 God 进行翻译:

---

① 张玉良:《老子译解》,中国社会科学出版社,2008,第 7-23 页。

② George Gardiner Alexander, *Lâo-Tsze, the Great Thinker: With a Translation of His Thoughts in the Nature and Manifestations of God* (London: K. Paul, Trench, Trübner & Co. Ltd., 1895), p. 55.

③ 《圣经:新旧约全书》,中国基督教协会,1994,第 1 页。

In the beginning all things proceeded from God—the Universal Mother—and we gain a knowledge of Him through His works, just as we gain an insight into the character of a mother, by studying that of her children.

在《圣经》中上帝有各种各样的角色，比如君王、父亲、主人、法官，甚至丈夫等男性角色，例如《以赛亚书》记载：因为造你的是你的丈夫，万军之耶和华是他的名；救赎你的是以色列的圣者，他必称为全地之神。[①] 部分内容中也有将上帝描述为母亲、临产的妇人等女性角色，基督教虽然对于创世者的性别认定尚有争议，但可以确认基督徒倾向于用一种伦理上的亲缘关系来解释万物的创始。在《道德经》中老子将"道"称为天地之母，这里的"母"意为"根源、本源"，包含着辩证的哲学思想而并非是一个确定的"母亲"身份。亚历山大在此受到宗教意识和前人译本的影响，将"为天下母"直接翻译为 the Universal Mother。

综上，亚历山大对"道"的解读完全基于一个核心认识——"道"即基督教所信仰的上帝。它在混沌中为世间带来了万物生命，为天地制定了律法，无所不在、无所不知、无所不有、无所不能。唯有回溯它的旨意，追随它的理法，祈求它的宽恕，才能够平安长久。

第三，亚历山大对"无为""自然"的解读。道家思想中的"无为"与"自然"是对人生和政治问题的总结，探讨为人处世和修身治国的准则。"无为"是道体的价值原则，是顺应自然规则的无为，一切自然发生，不因外界影响而改变内在规律，不做出有违自然规律的行为。亚历山大在第三十七章中把"无为"翻译为 inaction，反对理雅各将其理解为"不作为"，认为所谓"无为"应该是"不干涉、不干预"，同积极努力的行为相对。他领会到了道家以无为之治践行顺应天性的理念，但在具体应用"无为"思想阐述为政之道时，亚历山大将其曲解为要帮助人民远离邪念，从欲望中得到解放，重新将思路导向上帝对人心灵的净化能力上，认为用上帝创造的最朴素、本真的原则引导群众，就能使国家永久和平。亚历山大正确把握了"无为"二字的内涵，但没有进一步正确阐释"无为"在治国上应当如何体现。

"自然"不同于西方的实体性的自然，它是指个体和外界达成统一和谐的一种存在方式。老子认为万事万物内在皆有其自身的规律，应该遵循本身"自然"的状态，顺应自身规律发展，不为外界影响所制约，引申到为政方面主张执政者要清静无为，反对暴政。《道德经》第二十五章"人法地，地法天，天法道，道法自然"是老子道论的重点，强调道的运作规律是自然而然的，亚历山大将其翻译为："Man's laws are earthly. Nature's are Heaven-born. Yet one and both come

① 《圣经：新旧约全书》，中国基督教协会，1994，第 677 页。

from God, the great Source and Centre of all Law."在这里，亚历山大把老子笔下代表内在天性规律的"自然"理解为万物法则的核心——上帝之法，这种解释与道家思想完全相反，道家思想中不存在一个万物一致尊崇、共同顺应的理法。但亚历山大将基督教的思想融入对"自然"的理解中，以处于个体之外的上帝之法取代个体内在规律，歪曲了"自然"的本意，也体现出亚历山大在翻译过程中坚定的宗教立场。

由上所述，亚历山大对老子先知身份的认定、对道家思想源流的判断、对"道"的内涵理解决定了他将彻底地以基督教的视角翻译《道德经》。除了"道""无为""自然"等核心思想都完全立足于基督教视角进行翻译，译文中也多处体现了亚历山大在理解、翻译《道德经》文本时对道家思想的宗教化释义，因此在翻译过程中会展现出"狮身人面"的情况——将《道德经》原文的比喻、举例、故事冠以宗教化的精神。

首先是上帝的创世神地位。根据《圣经》的描绘，上帝是在一片混沌的天地间带来了光明，创造了生命和自然，在物质和精神上有了从无到有的质变，万物笼罩在圣灵的光辉之下达成和谐。因此在理解《道德经》中有关创造、起源、共存的段落时，亚历山大总是不自觉地与《圣经》中所展现的世界形成联系，时常以黑暗、虚无、混沌等词汇描述天地最初的状态。例如第四十二章中"万物负阴而抱阳，冲气以为和"一句，亚历山大翻译为 all things proceeded in a continuous succession, emerging from darkness into light, and brought into harmony by the divine afflatus。在这里，因为阴阳平衡而达到体内外的和谐状态变成从黑暗中冲向光明、因圣灵而进入和谐状态，译文与原文产生了内容和含义上的巨大差别，体现了译者鲜明的基督教倾向。

其次是上帝无上的引导性。相较于老子所期待的顺应自然规律，行无为之治，亚历山大对《道德经》的阐释更多地聚焦在上帝对世间万物的引领、带动上，认为上帝之法为万物法之本源，上帝的旨意可以启发人民，唯有和上帝保持一致才可以实现精神上的无懈可击，恢复到最初无罪、单纯的状态。例如第五十七章中老子对无为之治作出具体阐述，指出为政者只要遵循道的规律，不干涉人民生活，人民就能实现自我教化，遵循自然规律而自理。亚历山大在翻译这段文字的时候采用了 follow、teach 等词汇，表现出一种"引导""教化"的概念，认为达到无为而治的关键还是在于圣人以自我行为引导人民追随、效仿，以 God 的行为理法来框定万物之法，以 God 的至高无上性取代了"道"追求内在规律推动。

此外，亚历山大的释义也展现出了基督教对"爱"的力量的重视，在第六十九章中老子提出反战观点，期待各国之间体道行道，退而不争，才能还百姓以安宁，以论战来强调遵循道的不争之德。但亚历山大将取得胜利的动机和关键归于对家庭和国家的爱(love for family and country),人与人之间的爱能够激发人的内在力量,武装人的灵魂,便可战无不胜。

四、结语

亚历山大以其扎实的文学、历史功底将《道德经》从民族背景至作者生平悉数进行介绍,翻译文本时力求语言通畅连贯,避免生涩突兀,并采用了诗歌的形式展现《道德经》的语言之美。在主旨方面,亚历山大从开头紧紧抓住"道"即上帝的理念,无论是对《道德经》文本的翻译或是对背景知识的阐述都展现了这一观点的合理性和必然性,不可避免地曲解了道家思想的核心观点。客观而言,他没有达成在序言中提及的要站在作者背后思考作者说话的真实目的、想表达的确切思想,很大程度上是由于他个人视角和理解的再创造。但以宗教视角的解读在西方具有较普遍的社会认同感,同时对中国历史起源和老子生平介绍等背景知识的普及也使这部生涩的哲学译作更为丰富,因此,亚历山大的译本作为当时西方最流行、最为广泛接受的《道德经》译本,对老子学说在西方的进一步传播、研究产生了一定的积极影响。

《富有启发性与新奇感的书信》:在华耶稣会士与法国哲学①

[法]马朱丽 著 康 杰 译
(译者单位:中国矿业大学国际汉学与比较文学研究中心)

在法国的书店、图书馆、博物馆、文化与文学杂志、学术会议和大学中,人们既能与哲学遭逢,也能与中国思想和智慧相遇。前者被置于"哲学"书架上,后者被分为密宗、宗教、风水和禅宗。② 法国哲学家将中国哲学描述为"中国智慧"、生活方式、思想和"精神"。它被淹没于各种各样的"东方思想"之中。在法国,中国哲学通常被称为"中国思想",只有少数作者提及"中国哲学"。③ 由此看来,中国哲学在法国鲜为人知;21 世纪的法国哲学家没有正式承认其为哲学。在这里,哲学被理解为一种批判性和理性的活动,逻各斯(或"理性"、"思想"、"话语"和"研究")在古希腊出现之际,哲学应运而生,旨在通过质疑、运用理性和创造概念来发现真相,它已经成为一门学科,在西方得以发展和制度化。④

这种情况的矛盾之处在于,当我们对中国思想研精究微时,我们面对的显然

---

① 原文题目为"The Edifying and Curious Letters: Jesuit China and French Philosophy",刊于 2013 年出版的 *The Chinese Chameleon Revisited: From the Jesuits to Zhang Yimou*;原作者马朱丽是 Marie-Julie Frainais-Maitre 的汉名,法国杰出青年汉学家。

② Anne Cheng, *La Chine pense-t-elle?* (Paris: Collège de France/Fayard, 2009), p. 22。中国汉字"禅"被译为 Zen,它是大乘佛教的一种,起源于中国,13 世纪传入日本。禅宗强调冥想,"内心的觉悟",尤其是坐禅。禅宗与中国哲学无关,而是指一种来自印度的哲学/宗教。如今,像"悟禅"和"修禅"这样的表达属于一种简单而流行的形象化描述,它们将禅与书法和茶联系在一起,并将这一佛教流派禁锢在追求幸福的目标上。参见 John James Clarke, *Oriental Enlightenment: The Encounter Between Asian and Western Thought* (London: Routledge, 1997), pp. 103-104.

③ 参见 Anne Cheng, *Histoire de la pensée chinoise* (Paris: Seuil, 1997); Marcel Granet, *La pensée chinoise* (Paris: Albin Michel, 2002); François Jullien, *Un sage est sans idée ou l'autre de la philosophie* (Paris: Seuil, 1998); Jean-François Billeter, *Leçons sur Tchouang-tseu* (Paris: Allia, 2002); Max Kaltenmark, *La Philosophie chinoise* (Paris: Presses Universitaires de France, 1972)。

④ Christian Godin, *Dictionnaire de philosophie* (Paris: Fayard, 2004), p. 742, p. 979; André Lalande, *Vocabulaire technique et critique de la philosophie*, volume 2 (Paris: Presses Universitaires de France, 1999), p. 774.

是一种哲学，一种人类共有的寻求理解和解释世界与人性的思维活动；这种哲学是足够开放的，不排斥任何有助于其解释世界的思想。例如，汉学家毕来德将哲学家定义为：一个独立思考的人，他把来自自身、他人和世界的经验作为思考的对象；他从前辈思想家的思想中得到启发；他意识到语言的陷阱，然后批判地使用它。[①] 他认可《庄子》中的哲学思想。[②] 因此，中国哲学在法国更多地存在于人们的描述与想象之中，而非广为人知。关于中国及其哲学的表征发端于何处？这一表征可以和爱德华·萨义德对东方主义的定义联系起来。萨义德认为，东方主义是西方想象和虚构东方的方式。东方主义是在 19 世纪西方殖民主义兴起的同时发展起来的，这种想象促进了一种主流意识形态的建构。[③] “想象”这一概念借用于哲学家柯奈留斯·卡斯托里亚蒂斯，意思是“创造”。[④]

中国哲学的存在与表征问题似乎与其被引入法国学术界的方式以及人们如何理解它有关。理解这个问题的一种方式是回到中欧知识交流的源头。这一交流是 16 世纪由耶稣会士通过中国与欧洲的接触而发起的。[⑤] 分析传教士表征中国的方式，有助于我们在论述这个中央帝国时凸显他们的政治。我们使用的方法与爱德华·萨义德的论点有关：现代东方学者的理论与实践的基本要素（即当今东方主义的起源）可以理解为从过去继承的被世俗化、重置和重组的一套结构。[⑥] 这种“想象”发端于何时？对这个中央帝国及其哲学的“凝视”呈现了什么？

---

① Jean-François Billeter, *Leçons sur Tchouang-tseu* (Paris: Allia, 2002), p. 12.

② 庄子是公元前 4 世纪的中国哲学家，当时中国处于战国时期（前 475 年—前 221 年），其作品收录于《庄子》一书。他本可获取高官厚禄，但是他拒绝了楚威王为他提供的相位。他没有隐居山林，而是云游四方，亲近劳苦大众。参见 Angus Graham trans, *Chuang-tzŭ: The Inner Chapters* (Indianapolis: Hackett Publishing Company, 2001); Burton Watson trans, *Zhuangzi: Basic Writings* (New York: Columbia University Press, 2003); Jean-François Billeter, *Leçons sur Tchouang-tseu* (Paris: Allia, 2002); Jean-Fronçois Billeter, *Études sur Tchouang-tseu* (Paris: Allia, 2004); Angus Graham, *Disputers of the Tao: Philosophical Argument in Ancient China* (La Salle: Open Court Publishing Company, 1989); Herrlee Glessner Creel, *What is Taoism?: and Other Studies in Chinese Cultural History* (Chicago: University of Chicago Press, 1982); Anne Cheng, *Histoire de la pensée chinoise* (Paris: Seuil, 1997), pp. 113-142。

③ Edward W. Saïd, *Orientalism* (London: Penguin, 2003).

④ Cornelius Castoriadis, *L'institution imaginaire de la société* (Paris: Seuil, 1975), p. 190.

⑤ 在耶稣会士传教之前，意大利方济各会历史学家柏朗嘉宾（1182—1252）、佛兰芒方济各会修士鲁布鲁克（1215—1295）、威尼斯商人马可·波罗（1254—1324）的东方之旅代表了欧洲想象中的中国表征的开端。但是，他们的活动并没有构成真正的哲学知识交流。参见 Jean-Pierre Duteil, *Le Mandat du ciel: Le rôle des jésuites en Chine, de la mort de François-Xavier à la dissolution de la Compagnie de Jésus* (1552-1774) (Paris: Arguments, 1994); Liam Matthew Brockey, *Journey to the East: The Jesuit Mission to China*, 1579-1724 (Cambridge: The Belknap Press of Harvard University Press, 2008)。

⑥ Edward W. Saïd, *Orientalism* (London: Penguin, 2003), p. 122.

中国及其哲学的具体表征是什么？探讨以上问题会对我们有所帮助。我们也可以衡量一下耶稣会士作品的影响力。启蒙运动时期的哲学家，比如伏尔泰，阅读并转述了从事国外传教活动的耶稣会士所写的《富有启发性与新奇感的书信》（发表于 1702 年至 1776 年之间）中的内容。这些书信包含了对中国、中国文化和中国哲学的表征。时至今日，它们依然具有影响力吗？本文论述了耶稣会士如何表征中国及其哲学，旨在评估他们的影响力，尝试解读他们对法国所继承的中国哲学的想象所产生的影响以及他们表征中国的策略。我们的假设是，时至今日，耶稣会士对中国及其哲学的表征仍然与法国哲学家表征中国哲学的方式息息相关。

中国之窗

第一批耶稣会士于 16 世纪末抵达中国，开始向欧洲介绍有关中国的知识。[①] 汉学是对中国及其语言、文明和历史的研究。对于欧洲而言，他们是了解中国的窗口。他们也是重要的信息来源，向广大公众提供了大量的文件；他们所处的核心与独特地位使他们获得了读者的信赖。耶稣会士是启蒙哲学家的首要信息来源。他们所写的内容很难甚至不可能被证实：正如汉学家艾田蒲所言，18 世纪的作家，如培尔、孟德斯鸠、伏尔泰或杜尔哥，对中国发生的事情知之甚少。没有人懂中文，他们全都依赖于多明我会修士和方济各会修士，尤其是耶稣会士的翻译、书信和回忆录。维吉尔·毕诺探讨了有关中国出版物的"单极化"问题。[②] 欧洲作家缺乏必要的技能和工具来帮助他们批判性地分析来自中央帝国的信息，因此耶稣会士对欧洲思想家产生了巨大的影响。[③] 艾田蒲指出，无论是德国人还是法国人，18 世纪的哲学家都依赖于耶稣会士，他们是唯一可靠的信息提供者，因为他们既非昏庸无能之辈，也非对中国一无所知之人。[④]

耶稣会是由依纳爵·罗耀拉（1491—1556）创立的，他对当时基督教的优点和缺点[⑤]进行了深刻的思考。1540 年 9 月 27 日宣布耶稣会成立的那份教皇诏书被称为《战斗教会体制》。的确，耶稣会是由"知识分子斗士"组成的，它的创建

---

① 西班牙神父圣方济各·沙勿略（1506—1552），耶稣会的创始人之一，是第一个于 1552 年抵达中国广东的传教士，但他在中国广东上川岛离世，最终没能抵达中国大陆。第一个成功进入中国大陆的传教士是耶稣会士梅尔基奥里·努内·巴雷托（1520—1571），1555 年，他两度前往广州，每次逗留一个月。从 1579 年开始，罗明坚神父（1543—1607）、巴范济神父（1551—1612）和利玛窦神父（1552—1610）陆续来到中国，开始从事传教活动。

② Virgile Pinot, *La Chine et la formation de l'esprit philosophique en France* (1640-1740) (Paris: Paul Geuthner, 1932), p. 141.

③ René Etiemble, *Connaissons-nous la Chine?* (Paris: Gallimard, 1964), pp. 203-204.

④ René Etiemble, *Connaissons-nous la Chine?* (Paris: Gallimard, 1964), p. 87.

⑤ Philippe Lecrivain, *Pour une plus grande gloire de Dieu: Les missions jésuites* (Paris: Gallimard, 1991), p. 14.

是为了让欧洲恢复秩序。当时的欧洲杂乱无章，耶稣会的目的是为了恢复教会的力量和影响。人们认为，这可以帮助基督徒通过天主教恢复他们的精诚团结，因为天主教承载着文明的理想，与他们一样使用拉丁文。耶稣会士的哲学是用科学而非用刀剑武装他们的士兵，把教育作为施加影响的主要方法①。耶稣会神父们的使命似乎是具有科学性质的。历史学家让·拉库蒂尔指出，知识和智慧是信仰进步的重要条件②。利玛窦将中国描述为一个伟大的国家，拥有聪明非凡的人民和数量庞大的士人……他们学而不厌，最知书达礼之人即是最德高望重之人③。然而，这种科学关系并非纯粹出于交流知识的意愿。的确如此，历史学家谢诺和汉学家李约瑟在《近代科学》(1968)中指出，传教士之所以推介西方近代科学知识，只是因为他们希望更容易地使皇帝和帝国统治阶级皈依基督教。④ 艾田蒲认为，正是在利玛窦到达中国之后，尤其是当他决定用中国哲学服务于他的宗教意图时，关于中国哲学的信息交流就开始了。利玛窦最初的策略是仅对中国的上流社会传教，因为这个国家幅员辽阔，而传教士却屈指可数。他们首先要说服高级官员，因为这些文人接受过长期的教育，足以理解基督教，并且具有足够的影响力来传播它。出于实用的目的，他决定穿上官吏的长袍，以获取他们的信任，而且看起来更值得信赖。⑤ 如果耶稣会士一开始就面向中国民众进行大范围传教，他们就有可能被逐出肇庆，遣回澳门，所以他们只教授数学，而不从事反对佛教的活动。

利玛窦的方法包括利用科学使中国人皈依基督教以及寻找基督教和中国古典文献之间的联系。他的思路是让科学为信仰服务，用技术的"奇迹"来证明宗教的不可思议。⑥ 利玛窦收了两位文人作为他的学生。他告诉其中一位学生，他想反驳佛教，但这个学生认为没有必要这样做，并力劝他继续教授数学。这个

---

① Georges Soulié de Morand, *L'épopée des Jésuites français en Chine* (Paris: Plon, 1933), p. 13.

② Jean Lacouture, *Jésuites*, Tome 1: *Les conquérants* (Paris: Seuil, 1991), p. 244.

③ 利玛窦(1552—1610)是被派往中国的意大利耶稣会传教士。为了在中国传播基督教，他学习了中文，成为一名知识分子，便于更好地接近中国上流社会。参见 Vincent Cronin, *Le sage venu de l'Occident* (Paris: Albin Michel, 1957); Paul Dreyfus, *Matteo Ricci: Le Jésuite qui voulait convertir la Chine* (Paris: édition du Jubilé-Asie, 2004); Étienne Ducornet, *Matteo Ricci, le lettré d'Occident* (Paris: Cerf, 1992); Jacques Gernet, *China and the Christian Impact: A Conflict of Cultures* (Cambridge: Cambridge University Press, 1985); François Xavier, *Correspondance* (1535-1552) (Paris: Desclée de Brouwer, 1987), p. 423。

④ Jean Chesneaux and Joseph Needham, *Histoire générale des sciences*, Tome 2: *La science moderne* (Paris: Presses Universitaires de France, 1968), p. 724.

⑤ Vincent Cronin, *Le sage venu de l'Occident* (Paris: Albin Michel, 1957), p. 113.

⑥ Isabelle Vissière and Jean-Louis Vissière, *Lettres édifiantes et curieuses des jésuites de Chine: 1702-1776* (Paris: Desjonquères, 2002), p. 189.

学生认为,中国人一旦理解了支配宇宙运行的真正法则,他们将会发现佛教教义的错误之处。[①] 在利用科学使中国人皈依基督教时,耶稣会士探讨了所谓的中国在科学上的落后,表现为他们缺乏理性和抽象思维。这些标准被应用到中国哲学上,导致了中国哲学并非名副其实这一论点,因为中国哲学不理性,仅停留在经验和具体的层面。

利玛窦在中国传教的方法是对基督教进行了一种特殊的改编,他深知,欧洲形式的基督教永远不可能在中国取得成功。利玛窦必须使它适应于一个远远早于基督教的文明。他把基督教经文翻译成中文:在中国居住的第一年结束时,利玛窦和他的同伴们着手翻译《十诫》,到10月份时,他们已经准备好了一份可以印刷的手稿。

为了传播基督教,利玛窦认为他必须重视儒家思想。起初,他只是对其充满好奇,但后来他对儒家学说爱不释手。的确,他在这个社会道德体系中找到了一些精神性的痕迹,甚至是一种与基督教有关的形而上学。然而,恰恰因为儒学被附着了基督教的色彩,他对儒学的阐述难免出现错误和曲解。他认为,古代中国人是受理性指引的,而理性对于耶稣会士来说是上帝赐予他们的。他力图通过自己的语言和西方的语境来理解中国文化。他向法国读者展现了正面的中国和中国人形象,作为一个护教论者,在某种程度上而言,他是有意为之[②]。显而易见,对于利玛窦而言,撰写关于中国的文章的目的就是正面地呈现它,以便展示一个与基督教有联系并且可以轻而易举地使之皈依基督教的国家。利玛窦的思想是由金尼阁神父在法国传播的,他编辑了利玛窦神父的《基督教远征中国史》(1615),并将其从意大利文翻译成拉丁文。[③] 书中写道:

> 中国思想包括三个派别,即儒家、佛家和道家。道家思想违时绝俗,出自一位隐居山林的"术士",道家弟子和佛家弟子一样奉行极简主义的生活理念。金尼阁神父指出,道教的高级教士愚昧无知,因为他们竟然不知晓自己的文字作品和宗教仪式是亵渎神灵的。[④]

显而易见,耶稣会士在法国对中国哲学的描述所采取的方式方法,让法国哲

---

① Vincent Cronin, *Le sage venu de l'Occident* (Paris: Albin Michel, 1957), p. 154.

② Shi Zhan, "L'image de la Chine dans la pensée européenne du XVIIIe siècle: de l'apologie à la philosophie pratique," *Annales Historiques de la Révolution Française* 347 (2007): 4.

③ 金尼阁神父(1577—1628)是一位法国耶稣会士,致力于中国文字的罗马化。他于1615年在奥格斯堡首次出版了《基督教远征中国史》。参见 Chrétien Dehaisnes, *Vie du Père Nicolas Trigault* (Tournai, 1864); Liam Matthew Brockey, *Journey to the East: The Jesuit Mission to China*, 1579-1724 (Cambridge: The Belknap Press of Harvard University Press, 2008)。

④ René Etiemble, *Connaissons-nous la Chine?* (Paris: Gallimard, 1964), p. 87.

学家更加相信他们是了解中国和中国哲学的。耶稣会士自己并没有真正地了解和理解中国哲学，在这种情况下，他们只能诉诸对中国哲学的想象。

《富有启发性与新奇感的书信》(以下简称《书信》)是出于上级与下级之间交流的需要而产生的。在第一批耶稣会士抵达中国15年之后，《书信》的第一版于1702年在巴黎出版；此书一经出版即大获成功。事实上，欧洲学者对这些来自遥远国度的故事赞叹不已。但是在这本书出版之前，这些书信都是保密的。这些信件包含了耶稣会士对中国及其文化和哲学的描述，同时也向欧洲人介绍了这些异国人的行为方式。[①] 这些书信之所以被称为"新奇的"(也就是说陌生的和奇怪的)，是因为它们所包含的异国情调。他们讲述了旅途中的所见所闻，描述了一个未知世界中陌生的风俗习惯和人民。耶稣会士向欧洲读者展示了不同寻常的、不为人熟知的行为方式。例如，雅图斯神父于1711年4月11日写给印度和中华耶稣会传教区总代表的信中介绍了一种奇妙的植物：人参。[②] 这封信描述了这种神奇植物所具有的不可思议的功效，它为中国神话增光添彩，凸显了中国作为一个政治天堂和拥有神奇医术的国家之地位。但这些书信中对中央帝国的描述是不确切的，可以认为是一种表征。例如，耶稣会士只与中国的一个"社会阶层"接触，那就是高级官员。毕来德认为，耶稣会士并没有虚构任何东西；他们只是用一种特定的中国愿景来适应自己的规划设计，因为中国的制度和历史本来就是客观存在的。[③] 耶稣会士的信息都来自上层社会受过教育的人，甚至是高级知识分子，但是同时他们又是达官显贵。耶稣会士向欧洲读者解读和编写的有关中国的信息正是这部分人的世界观：在中国高级官员看来，耶稣会士是中国的叙述者。[④] 这一世界观并不适用于整个中国。

在讨论中国和18世纪的耶稣会传教士时，第一个浮现在我脑海中的名字是杜赫德神父，但是他从未去过中国。他所有的知识都是二手的，但他的名字却和《中华帝国全志》(1735)这部巨著联系在一起，它囊括了18世纪中国的所有知识。该书是在华耶稣会士的著作和书信的汇编，杜赫德神父旨在向公众展示传教的重要意义以及耶稣会士即将获得的令人欣慰的成果，因为中国人既不迷信，

---

① Jean-Marc Moura, *Lire l'Exotisme* (Paris: Dunod, 1993), p. 53. 参见 Virgile Pinot, *La Chine et la formation de l'esprit philosophique en France* (1640-1740) (Paris: Paul Geuthner, 1932), 141-185。"异文化幻想"不是对遥远国度的现实表征，而是为了娱乐或学习，从自己的视角所看到的奇怪的、滑稽的与引人入胜的场面[Jean-Marc Moura, *Lire l'Exotisme* (Paris: Dunod, 1993), p. 26]。

② Charles Le Gobien, ed., *Lettres édifiantes et curieuses, écrites des missions étrangères*, Tome 10 (Lyon: J. Vernarel, 1819), pp. 71-82.

③ Jean-François Billeter, *Contre François Jullien* (Paris: Allia, 2006), p. 14.

④ Jean-François Billeter, *Contre François Jullien* (Paris: Allia, 2006), p. 14.

也不崇拜偶像,对于福音的宣道,似乎愿意洗耳恭听[①]。该书表明,耶稣会士认为有必要向罗马教廷证明他们的传教活动是正当的,因此他们通过积极正面地介绍中国来证明这一点。这就是为什么这些信件具有"启发性",主要是指它们所包含的宣传性。他们的目的是通过展示传教士们日常的英勇行为来提升传教的地位,进而促进耶稣会士的传教活动;因为他们的传教成本很高,而且遭到其他教会的嫉妒,他们已经受到了一些教区的强烈批评。因此,我们可以理解耶稣会士对中央帝国的描述策略。杜赫德对在华耶稣会士的信件和作品中一些过于科学化、过于复杂化、与奇闻或迷信有关的部分进行了删减。因此,毕诺认为,耶稣会士系统地从中国人的思想中排除了对精神、自然力量、奇幻怪兽的信仰,根据中国人的普遍信仰,这些怪兽生活在整个大自然中,杜赫德还慎重地删除了一些看似难以理解或过于暴力的不合时宜的内容。[②]

耶稣会士眼中的中国

中国最初被描述为一个遥远的星球,使用象形文字,充满了奇幻色彩。李明在他的著作《中国现势新志》中用大量的令人震惊的图形和不完美的象形文字[③]来描述中国文字。这种绝对的陌生感会给耶稣会士的书信带来异国情调。谈论耶稣会时期的中国就是在谈论一个神秘莫测的国家。这个神秘的特征已经存在了几个世纪,唤起了一种隐含的意义,这意味着一种解释。中国是一个难以了解的国家。历史学家文森特·克罗宁用了几个与"神秘"类似的形容词来描述中国:

> 他(利玛窦)是为了以史无前例的方式渗透到这个世界上最神秘的国家,这个国家似乎一直不愿接受上帝的话;自圣保罗以来路程最遥远的传教活动,这个帝国在地图上呈白色,边界不确定,首都的具体位置也不为人所知。[④]

耶稣会士所培养出的"中国风"审美,也源于他们所传播的中国的陌生感和他者性。对于耶稣会士而言,"中国风"就是中国艺术和手工艺品。但有趣的是,

---

① Virgile Pinot, *La Chine et la formation de l' esprit philosophique en France* (1640-1740) (Paris: Paul Geuthner, 1932), p. 167.

② Virgile Pinot, *La Chine et la formation de l' esprit philosophique en France* (1640-1740) (Paris: Paul Geuthner, 1932), pp. 183-145.

③ Louis Le Comte, *Nouveaux Mémoires sur l' état présent de la Chine*, Tome 2 (Paris: Chez Jean Anisson, 1696), p. 309. 英文版:Louis Le Comte, *Memoirs and Observations Topographical, Physical, Mathematical, Mechanical, Natural, Civil and Ecclesiastical Made in a Late Journey Through the Empire of China and Published in Several Letters* (London: Printed for Benjamin Tooke, 1698), p. 188.

④ Vincent Cronin, *Le sage venu de l'Occident* (Paris: Albin Michel, 1957), p. 42.

唐纳德·拉赫认为，在现代法语中，“中国风”的意思是“小摆设或离奇的把戏”。[①]这说明中国与陌生感的联系仍然存在。中国的陌生、奇怪和遥远的形象使之在欧洲人眼中发展成为一个“他者”形象，这相应地助长了东方主义。例如，时至今日，中国作为“他者”的形象仍然存在于于连的作品中。中国和中国哲学被用来帮助法国哲学思考和理解自己，但中国和中国哲学并没有被思考。[②] 中国这种陌生和“他者”的形象，是导致中国哲学在法国缺乏认可度的原因之一。

耶稣会士的许多描述已经成为中国的表征和老生常谈。耶稣会士传播的是模式化的形象，例如中国智者的刻板形象。这一形象首次出现在蒙田的《随笔集》第三卷中——蒙田曾读过门多萨所著的《中华大帝国史》(1586)——但是耶稣会士对此进行了详细的描述。这个神话与“高贵的野蛮人”的神话是平行的。艾田蒲认为，传教士的故事将“高贵的野蛮人”与另一种人即中国智者进行了比较，这一类人同样对欧洲的政治和宗教秩序构成威胁……中国智者既是完美国民的典范，亦是理想国君的表率。[③] 对于耶稣会士而言，孔子是中国智者形象的代表人物，与他们一起成了宗教人物。孔子相当于基督教的先驱。

在柏应理神父编著的《中国哲学家孔子》(1687)中，孔子被描绘成一个前基督教时代的道德家，他先于摩西、耶稣基督和使徒，宣扬了十诫和福音的美德。[④] 柏应理神父继承并发展了利玛窦提出的思想，即孔子已经使异教徒做好了接受耶稣基督的教义的思想准备。[⑤] 因此，为了促进基督教在中国的传播，我们需要创造各种中国形象，并且展现积极的事业心，以便获得欧洲发起者持续不断的支持。[⑥] 很特别的一点是，耶稣会士在阅读儒家经典时似乎没有考虑其历史背景。

---

① 参见 Donald Lach, *Asia in the Eyes of Europe: Sixteenth Through Eighteenth Centuries* (Chicago: The University of Chicago Library, 1991), p. 43；关于“中国风”，也可参见 Hugh Honour, *Chinoiserie: The Vision of Cathay* (New York: Dutton & Co., 1962)。

② 关于中国是如何被于连用作“精神假体”的内容，可参见 Thierry Marchaisse (Dir.), *Dépayser la pensée: Dialogues hétérotopiques avec François Jullien sur son usage philosophique de la Chine* (Paris, Seuil, 2003), p. 82。

③ René Étiemble, *L'Europe chinoise* (Paris: Gallimard, 1988), p. 227.

④ Marian Skrzypek, “Les visages de Confucius dans les Lumières européennes,” in *L'image de l'autre vue d'Asie et d'Europe*, ed. Hisayasu Nakagawa and Johen Schlobach (Paris: Honoré Champion, 2007), p. 219.

⑤ 柏应理(1623—1693)是比利时人，是一位被派往中国传教的语言学家、历史学家和哲学家。

⑥ 确实，耶稣会依附于教皇，教皇根据自己的判断，认为传教士能够在哪里有用武之地，就会将他们派往这些地方去传教。15 世纪末由教皇亚历山大六世建立的“庇佑”制度为西班牙和葡萄牙划分了殖民地的势力范围。两国的国王接受了教皇的精神使命，并负责在他们的殖民地势力范围内进行天主教宣教活动。但是，葡萄牙难以为继在巴西、亚洲和非洲的传教活动。1539 年，葡萄牙国王若昂三世请求教皇保罗三世和依纳爵·罗耀拉派遣更多的传教士。当时最大的天主教国家法国抓住这次机会，利用耶稣会士为自己谋取利益；为了在中国建立法国势力，路易十四派遣了一批法国耶稣会士，称为“国王的数学家”。

为了进一步实现使中国人皈依基督教的目标,他们通过天和上帝的概念,把孔子塑造成一个信仰上帝的一神论者。[①]

因此,马利安·斯克日普克认为,儒家和中国的自然神论是一种精神建构,似乎源于两个原则:相较于希伯来文明,中华文明的信仰在历史方面是占优的;中华文明将自然神论作为完美的宗教,其信仰在理论方面也是占优的。[②] 他指出,利玛窦神父传播了一种错误的中国古代和中国哲学的观念。事实上,利玛窦所有的政治主张都建立在古代中国人的道德准则和基督教教义之间的相似之处以及将上天的最高统治者与基督教的上帝即天堂之主进行类比的基础上[③]。随后的传教士继续对"真正的古代儒家思想"进行比较。这种儒家思想与"自然宗教"或《圣经》是一致的。

儒家哲学的这种阐释和建构是经过战略性发展的,其目的是为了展示中国古代文化与基督教之间的联系,这一联系既为中国潜在的皈依信徒提供了强有力的论据支持,同时也为欧洲展现了在华传教士的积极形象。许多传教士天真地认为中国古代的观念与圣经的观念大同小异。历史学家于硕认为,利玛窦因此阐述了一个融合的概念,在这个概念中,纯科学、技术、哲学、伦理和宗教相互统一、相互联系和相互融合[④]。尽管如此,耶稣会士所建立的积极的一面是,当他们谈论中国哲学或中国哲学家时,他们会将其视为哲学或哲学家来对待。启蒙运动时期的哲学家们继续秉持这一观点,但随着 19 世纪西方殖民主义和科学种族主义在欧洲的兴起,这种观点销声匿迹了。

耶稣会士发展的另一个重要人物形象是"开明君主"。利玛窦在描述科举考试制度时,构建了一个由"哲学国王"统治的中国形象。施展认为,利玛窦强调的事实是,所有的帝国官员都是通过这些考试选拔出来的,儒家经典是考试的重要内容。这一考试制度使儒家思想确立为整个帝国的道德标准。[⑤] 在雍正(1723—1735)统治时期,"开明君主"的形象在龚当信神父的推动下得到了进一

① Franklin Perkins, *Leibniz and China*: *A Commerce of Light* (Cambridge: Cambridge University Press, 2004), p. 19.

② Marian Skrzypek, "Les visages de Confucius dans les Lumières européennes," in *L'image de l'autre vue d'Asie et d'Europe*, ed. Hisayasu Nakagawa and Johen Schlobach (Paris: Honoré Champion, 2007), p. 219.

③ Yu Shuo, *Chine et Occident*: *Une relation à réinventer* (Paris: Charles Léopold Mayer, 2000), p. 28.

④ Yu Shuo, *Chine et Occident*: *Une relation à réinventer* (Paris: Charles Léopold Mayer, 2000), p. 28.

⑤ Shi Zhan, "L'image de la Chine dans la pensée européenne du XVIIIe siècle: de l'apologie *à* la philosophie pratique," *Annales Historiques de la Révolution Française* 347 (2007): 4.

步的发展,他对中国完善的君主制赞叹不已。[①] 他写了几封书信,促进了开明君主的神话在整个欧洲的传播。

《邸报》,一种官方刊物,是他主要的信息来源。《邸报》从积极正面的角度记录了皇帝的诏令和行为;这就解释了为什么龚当信神父的第一封信是如此热情洋溢。在写给苏熙业神父的信中,他这样描述雍正:工作孜孜不倦,夜以继日地思索着如何治理好国家以及如何为百姓谋幸福。[②] 龚当信称他为"农夫皇帝",因为,尽管他贵为天子,但是为了给他的臣民做榜样,他能屈尊去干农活;同时,他的妻子虽贵为皇后,也从事织布劳动。[③] 龚当信建议,欧洲的统治者最好效仿雍正夫妇的行为。龚当信神父在阅读这些资料时,并没有对其内容提出任何质疑。

欧洲人对中国的另一种挥之不去的印象是,它在科学领域是远远"落后"的。这一中国形象出现于18世纪巴黎皇家科学院与北京耶稣会进行科学合作之际。巴多明神父经常写信给科学院的主席德梅朗。他在1730年8月11日的信中描述了中国在科学领域异乎寻常的"落后"状况。他认为,欧洲人似乎天生就有焦虑感,这促使他们追求创新和实验。与之相反,中国人似乎无动于衷,枯燥乏味,敦本务实。这一描述对于形塑中国哲学在法国的形象起了一定的作用。如果中国人只注重实践,而忽略了理论和抽象,那么他们怎么可能有哲学思想呢?因此,巴多明引用了德梅朗的话:先生,让您感到讶异的是,中国人长期以来一直在培养思辨科学,但他们却没有找到一个能够进行些许深入研究之人。[④] 德梅朗感到惊讶的是:在其他方面,中国人的天资让我们肃然起敬,但在思辨科学方面,

---

① 雍正是清朝的第五位皇帝,于1723年至1735年在位,是康熙(1654—1722)的儿子;康熙于1662年至1722年在位,是中国历史上在位时间最长的皇帝。

② "Lettre du Père Contancin au Père étienne Souciet du 2 décembre 1725," in *Lettres édifiantes et curieuses, écrites des missions étrangères*, Tome 11, ed. Charles Le Gobien (Lyon: J. Vernarel, 1819), p. 308.

③ "Lettre du Père Contancin au Père étienne Souciet du 15 décembre 1727," in *Lettres édifiantes et curieuses, écrites des missions étrangères*, Tome 11, ed. Charles Le Gobien (Lyon: J. Vernarel, 1819), p. 440。"皇帝为男人们树立了榜样,所以没有人会瞧不起农业;皇后为女人们树立了榜样,体现了手工劳动是一件稀松平常的事情。"

④ "Lettre du Père Parrenin à Mr Dortous de Mairan du 11 août 1730," in *Lettres édifiantes et curieuses, écrites des missions étrangères*, Tome 12, ed. Charles Le Gobien (Lyon: J. Vernarel, 1819), p. 52。巴多明(1665—1741)是法国耶稣会士,与路易十四的"国王的数学家"同时期派往中国。从1699年到1722年,他担任清朝(1616—1911)第四位君主康熙(1654—1722)的老师和顾问。他与德梅朗(1678—1771)多有书信往来,后者是法国数学家、天文学家和地球物理学家,也是法国皇家科学院的主席。参见Dortous de Mairan, *Lettres au R. P. Parrenin, Jésuite, missionnaire à Pékin* (Paris: Imprimerie Royale, 1770)。

确实不如我们。[①]

巴多明神父列举了中国缺乏科学进步的两个原因。首先,中国人缺乏奖励机制[②]。其次,无论在中国境内还是境外,都没有激发并保持竞争精神的源泉[③]。中国人的科学研究之所以停滞不前,不仅是因为缺乏前进的动力,而且还因为他们的研究缺乏来自国内外的竞争。巴多明指出:

> 要发展中国的科学,不仅需要一位皇帝,而是连续需要几位皇帝,能够鼓励那些通过研究和努力做出发现的人。皇帝必须建立雄厚的基金来奖励作出贡献的人,并为他们支付必要的旅费以及购买必需的仪器。[④]

德梅朗在巴多明的描述中发现,中国在科学领域是完全没有竞争力的:这个国家存在各种迷信思想,国民中算术和思辨方面的人才数量有限,无论是否拥有正当理由,他们都固执己见,不去拓展前人的知识,所有这些都是这个国家的典型特征。[⑤] 巴多明提出了一个可以帮助中国人发展科学的解决方案。如果有一个独立的邻国在科学领域发展起来,中国人也许会从昏昏欲睡中醒来,皇帝也会更加注重科学的进步[⑥]。最终,这些关于中国人的描述证实了如下观点:他们既非科学家也非哲学家;他们提倡具体的感官体验,而不是抽象的理论;他们进行调查研究,只是出于实用的目的,而不是因为他们怀有对知识的热爱。

> 中国人(……)将永远枯燥乏味;(……)正如您所说的那样,他们没有远见卓识,没有在科学上进一步深入的兴趣,而且还因为他们把调查研究限制在对他们来说必要的范围内。[⑦]

巴多明以医学为例,表明古代中国人兼具理论和实践,而当时的中国人却只注重实践。他声称,他们的药物总是具有良好的疗效;因此他认为,把这些

---

① "Lettre du Père Parrenin *à* Mr Dortous de Mairan du 11 août 1730," in *Lettres édifiantes et curieuses, écrites des missions étrangères*, Tome 12, ed. Charles Le Gobien (Lyon: J. Vernarel, 1819), p. 49.

② "Lettre du Père Parrenin *à* Mr Dortous de Mairan du 11 août 1730," in *Lettres édifiantes et curieuses, écrites des missions étrangères*, Tome 12, ed. Charles Le Gobien (Lyon: J. Vernarel, 1819), p. 53.

③ "Lettre du Père Parrenin *à* Mr Dortous de Mairan du 11 août 1730," in *Lettres édifiantes et curieuses, écrites des missions étrangères*, Tome 12, ed. Charles Le Gobien (Lyon: J. Vernarel, 1819), p. 55.

④ "Lettre du Père Parrenin *à* Mr Dortous de Mairan du 11 août 1730," in *Lettres édifiantes et curieuses, écrites des missions étrangères*, Tome 12, ed. Charles Le Gobien (Lyon: J. Vernarel, 1819), p. 54.

⑤ "Lettre de Dortous de Mairan au Père Parrenin du 22 octobre 1736," in *Jésuite, issionnaire à Pékin, contenant diverses questions sur la Chine*, Lettres au R. P. Parrenin (Paris: Imprimerie Royale, 1770), p. 117.

⑥ "Lettre du Père Parrenin *à* Mr Dortous de Mairan du 11 août 1730," in *Lettres édifiantes et curieuses, écrites des missions étrangères*, Tome 12, ed. Charles Le Gobien (Lyon: J. Vernarel, 1819), p. 55.

⑦ "Lettre du Père Parrenin *à* Mr Dortous de Mairan du 11 août 1730," in *Lettres édifiantes et curieuses, écrites des missions étrangères*, Tome 12, ed. Charles Le Gobien (Lyon: J. Vernarel, 1819), p. 58.

药物配方留传给子孙后代的人做到了理论与实践相结合，并且对血液循环和人体体液有着特殊的了解；而他们的后人（也就是当时的中国人）却仅仅保留了医治方法而已。[①] 因此，中国在思辨科学方面“落后”的原因就得到了证明。但是巴多明也捍卫了中国人的创新精神以及他们的聪明才智。他告诉德梅朗，中国人发明了指南针，发现了矩形。然而，他坚持认为，当时的中国科学已经停滞不前，没有进一步发展。他认为，由于中国在科学方面处于“落后”（欧洲处于最前沿），因此中国需要欧洲的知识。巴多明认为：中国需要受过良好教育的欧洲游客，但不幸的是，直到现在中国才成为我们这些博学多才的游客的目的地[②]。

耶稣会士眼中的中国之影响

由于《书信》的传播以及他们与同代学者的沟通交流，耶稣会传教士不仅对当时的而且对后来的法国学者都产生了深远的影响。[③] “中国热”是启蒙思想的一个组成部分，伏尔泰本人曾在耶稣会大学受过教育，他对中国的崇拜到了无以复加的程度。为了撰写文学和评论作品，他阅读和使用《书信》中的内容，并经常在其作品中宣传中国。他认为中国人比世界上其他民族更先进，因为他们历史悠久，智力超群，品德高尚。他赞赏中国的君主立宪制；耶稣会士为欧洲读者提供的关于中国皇帝的老生常谈使其在欧洲成为喜闻乐见的人物形象。伏尔泰专心致志地阅读了龚当信神父的书信，他在《路易十四时代》（1752）中对雍正的描写就是在读了第一封信之后所作的。[④] 他对雍正的描写如下：他是世界上最明察善断、最义薄云天和最宅心仁厚的君主。是他率先用尊贵之手耕种一小块土

① “Lettre du Père Parrenin à Mr Dortous de Mairan du 11 août 1730,” in *Lettres édifiantes et curieuses, écrites des missions étrangères*, Tome 12, ed. Charles Le Gobien (Lyon: J. Vernarel, 1819), p. 70.

② “Lettre du Père Parrenin à Mr Dortous de Mairan du 20 septembre 1740,” in *Lettres édifiantes et curieuses, écrites des missions étrangères*, Tome 12, ed. Charles Le Gobien (Lyon: J. Vernarel, 1819), p. 279.

③ 在华耶稣会士与当时的学者直接进行书信往来（也就是说不受任何责难）。例如，白晋神父（1656—1730）与莱布尼茨（1646—1716）；马若瑟（1666—1736）与傅尔蒙（1683—1745），之后与尼古拉·弗莱雷（1688—1749）；还有我们已经看到的，巴多明神父与德梅朗，宋君荣（1689—1759）与天文学家约瑟夫·尼古拉·德·莱尔（1688—1768）以及尼古拉·弗莱雷。参见 Virgile Pinot, *La Chine et la formation de l'esprit philosophique en France* (1640-1740) (Paris: Paul Geuthner, 1932), p. 142。

④ Isabelle Vissière and Jean-Louis Vissière, *Lettres édifiantes et curieuses des jésuites de Chine*: 1702-1776 (Paris: Desjonquères, 2002), p. 142; “Letter of Father Contancin to Father étienne Souciet of the 2 December 1725,” in *Lettres édifiantes et curieuses, écrites des missions étrangères*, Tome 11, ed. Charles Le Gobien (Lyon: J. Vernarel, 1819), pp. 308-321.

地,使农事生产获得百姓的尊重。[①]

这一描述与龚当信的描述相得益彰,龚当信将雍正描述为聪明睿智、宽容大度的"农夫皇帝"。中国为伏尔泰提供了一个政治解决方案,以解决欧洲因宗教战争而四分五裂的问题,因为中国是宗教宽容的典范。伏尔泰也受到了耶稣会士所撰写的关于孔子的著作的影响,在他看来,孔子是智者的完美代表,他写道,孔子所讲的都是至高无上的道德准则,没有一丝一毫的钓名欺世[②]。伏尔泰以耶稣会士眼中的中国作为参照,对当时的种种过度行为,尤其是宗教冲突,提出批评。他从耶稣会士在宗教语境下对中国的实证分析中,推断出这种道德在中国的存在证明了道德的相对性,从而得出没有基督教也可以发展道德的结论。这个结论竟然是由耶稣会士的宗教使命促成的,这一点相当具有讽刺意味。

然而,并不是所有的启蒙作家都对耶稣会士描写的中国如此地心驰神往:孟德斯鸠(1689—1755)也专心致志地阅读了《书信》,但是他郑重地表达了对中国的保留意见。[③] 虽然最初被父权制度所吸引,但他最终意识到中国的专制统治是令人深恶痛绝的。孟德斯鸠引用杜赫德的话说:中国政府使用棍棒来统治人民。[④] 他指责耶稣会士传播了一种理想化的中国形象,这种形象是错误的,因为与他提出的政府理论不相符。卢梭对中国的看法好坏参半。在他的《新爱洛伊斯》(1761)一书中,卢梭写道,中国人民代表着先进文明的腐朽和虚伪。他将中国人描述为:

> 有学问的懦夫、伪君子和江湖骗子;口若悬河却言之无物,富有精神却才疏智浅,装腔作势且思想空洞;彬彬有礼,态度殷勤,沉稳干练,但却口是心非,老于世故;殚精竭力于繁文缛节,道貌岸然,除了礼仪规范,对人性一无所知。[⑤]

但是,在他的《论政治经济学》中,卢梭赞扬了中国在没有人民议会的情况下能够实现共同意志。卢梭强调,尽管中国幅员辽阔,缺少人民议会,但皇帝还是成功地维护了共同利益。

不管法国作家是否对中国充满热情,他们都必须把耶稣会士的著作作为基

---

① Voltaire, "La princesse de Babylone," in *Œuvres complètes*, Tome 45 (Paris: Imprimerie de la société littéraire typographique, 1784), p. 138. 英文版:Voltaire, 2007, p. 74.

② Voltaire, "Dictionnaire philosophique," in *Œuvres complètes*, Tome 38 (Paris: Imprimerie de la société littéraire typographique, 1784), p. 482. 英文版:Voltaire, *A Philosophical Dictionary*, Vol. 2 (London: John and H. L. Hunt, 1824), p. 142.

③ Isabelle Vissière and Jean-Louis Vissière, *Lettres édifiantes et curieuses des jésuites de Chine*: 1702-1776 (Paris: Desjonquères, 2002), p. 20.

④ Montesquieu, *De l'Esprit des Loix*, Vol. 1 (Paris: Didot, 1803), p. 268.

⑤ Jean-Jacques Rousseau, *Julie ou la Nouvelle Héloïse* (Paris: Bordas, 1988), p. 396.

本的信息来源。毕来德认为：所有的人都按照耶稣会士所描述的情况去想象中国的形象。耶稣会的神父们创造了“他者”中国的形象，目的是激发西方学者的思考，于连就是这些学者中一个完美的典范。[①] 耶稣会士所创造的形象和表征影响了当时的学者和启蒙思想家，但它们在今天仍然具有现实意义。例如，法国哲学家于连采用中国哲学来理解西方思想中的“非思”概念，为了激发西方哲学思想，他将中国作为与西方对照的“他者”。他还促进了中国智者形象的传播，认为中国智者与希腊哲学家截然不同。[②] 他说：当有人告诉我“中国思想不是哲学”时，我回答说“的确如此，中国思想可以在哲学意义上进行自我发展，但它并没有作出这种选择”。[③] 阿兰·巴迪欧赞扬于连为中国思想提供了框架结构，因为当他在没有准备或没有研究概念的情况下阅读中国思想时，他像多年前的黑格尔一样，将其斥为“闲聊”。[④]

也正是由于耶稣会士，欧洲和中国这两大势力才意识到自己并不是世界的中心：他们首次将对方作为自己的参照物。与中国及其古代文化的会遇，导致17、18世纪的欧洲意识到其自身文化的相对性，并对其他思想形式秉持开放态度。[⑤] 欧洲意识到自己不是世界的中心：它曾试图通过建立各种标准和参照点来界定自己，比如旅行故事，而耶稣会士的《书信》在很大程度上打破了古老的架构体系。对于当时正处于危急之中的欧洲意识，这些书信使其产生了一种相对性。[⑥] 沙守信神父于1703年2月10日写给郭弼恩神父的信中描述了如下场景，当时中国的文人请沙守信为他们展示地球仪：

> 他们花了很长时间寻找中国的位置，然后他们认为中国应该位于包含欧洲、亚洲和非洲的那个半球。在他们看来，尽管美洲大陆很大，但也不足以涵盖世界的其余部分。(……)“中国在哪儿?”他们问。“它在世界的一个小角落，”我对他们说：“这些是它的边界。”他们的惊讶之态无以言表，他们面面相觑，然后说道：“小的很，也就是说，非常小。”“小的很”这几个字让沙守信联想到老子所著的《道

① Jean-François Billeter, *Contre François Jullien* (Paris: Allia, 2006), p. 14.

② François Jullien, *Un sage est sans idée ou l'autre de la philosophie* (Paris: Seuil, 1998).

③ Wolfang Kubin, "Comme une poussière dans l'œil du politiquement correct," in *Chine/Europe: Percussions dans la pensée. À partir du travail de François Jullien*, ed. Pierre Chartier and Thierry Marchaisse (Paris: Presses Universitaires de France, 2005), p. 246.

④ Alain Badiou, "Jullien l'apostat," in *Oser construire: Pour François Jullien* (Paris: Seuil, 2007), p. 140.

⑤ Muriel Détrie, "Où en est le dialogue entre l'Occident et l'Extrême-Orient," *Revue de littérature comparée* 1, 297 (2001): 156.

⑥ Isabelle Vissière and Jean-Louis Vissière, *Lettres édifiantes et curieuses des jésuites de Chine: 1702-1776* (Paris: Desjonquères, 2002), p. 18.

德经》。根据历史学家司马迁(生活在公元前100年左右)在《史记》中的记载,老子生活在周朝(前1046—前256)。[①]

另一个例子是利玛窦为他们展示了一幅新近绘制的佛兰德斯地图,在这幅地图上可以看到欧洲,北美洲的东、西海岸,整个南美洲,非洲、印度和印度尼西亚的轮廓(……)这让他们难以置信,并且认为这是一个错误。[②] 就欧洲耶稣会士而言,他们意识到了中国的规模。另一封信讲述了中国学者展示中国地图的场景,该地图标示了十五个省。耶稣会士认出了日本、朝鲜、柬埔寨、苏门答腊岛、周边地区的爪哇岛以及西面的印度和阿拉伯半岛。耶稣会士意识到,这些国家合起来的面积仅仅相当于中央帝国最小的一个省。[③]

由于中国的悠久历史与圣经记载的人类历史不相吻合,最终神学家与哲学家就此问题展开辩论。这个问题是巴多明神父于1740年9月20日写给德梅朗的信中提出的。巴多明神父提供了中国远古时代的证据,坚定地认为,在这些方面,埃及没有什么值得中国羡慕的地方。例如,他提到了水星和金星绕着太阳转的知识,宋君荣神父在其关于汉代(前206—公元25)天文学的著作中提到过这一点。[④] 巴多明也描述了夏朝(约前2070—前1600)的开国君主大禹所知的直角三角形。[⑤] 确实,在有人教导说圣经讲述了整个人类历史的时候,中国似乎是一种反常现象。中国的历史不仅源远流长,而且这种悠久历史也可以通过文字记载和天文观测得以证明[⑥]。中国的编年史可以追溯到耶稣基督诞生前的2952年——也就是说早于大洪水600年。欧洲和中国都感受到了这一发现所产生的

---

① "Lettre du Père de Chavagnac au Père le Gobien du 10 février 1703," in *Lettres édifiantes et curieuses, écrites des missions étrangères*, Tome 9, ed. Charles Le Gobien (Lyon: J. Vernarel, 1819), p. 377.

② Vincent Cronin, *Le sage venu de l'Occident* (Paris: Albin Michel, 1957), p. 79.

③ Vincent Cronin, *Le sage venu de l'Occident* (Paris: Albin Michel, 1957), p. 81.

④ 参见 Antoine Gaubil, "Histoire de l'astronomie chinoise, and Traité de l'astronomie chinoise," in *Observations mathématiques, astronomiques, géographiques, chronologiques et physiques tirées des anciens livres chinois; ou faites nouvellement aux Indes et à la Chine*, Tome 2 and Tome 3, ed. Etienne Souciet (Paris: Rollin, 1729-1732)。宋君荣神父是法国天文学家和历史学家,是一名在华的法国耶稣会传教士。

⑤ "Lettre du Père Parrenin à Mr Dortous de Mairan du 20 septembre 1740," in *Lettres édifiantes et curieuses, écrites des missions étrangères*, Tome 12, ed. Charles Le Gobien (Lyon: J. Vernarel, 1819), pp. 268-270.

⑥ Isabelle Vissière and Jean-Louis Vissière, *Lettres édifiantes et curieuses des jésuites de Chine: 1702-1776* (Paris: Desjonquères, 2002), p. 202; "Lettre du Père Parrenin à Mr Dortous de Mairan du 20 septembre 1740," in *Lettres édifiantes et curieuses, écrites des missions étrangères*, Tome 12, ed. Charles Le Gobien (Lyon: J. Vernarel, 1819), pp. 268-271.

影响。[①] 的确，在欧洲，基督教的世界历史从根本上受到了中国历史的质疑；时间表失去了可信度。在亚洲，中国人的宗教皈依被削弱了，因为他们意识到自己的作品和圣经之间存在矛盾。

结语

最终，耶稣会士把中国描绘成一个陌生的、充满异国情调的和新奇的世界。“专制皇帝”和“中国智者”这些老生常谈的形象诞生于他们的笔下，时至今日，这些形象仍然萦绕于我们的脑海之中。他们传播了一种关于中国、中国文化和中国哲学的错误思想。例如，利玛窦刻画了一种正面的但是理想化的中国形象。事实上，他所描绘的中国是一种失真的形象，是为了引诱欧洲对中国产生兴趣，以证明耶稣会士传教事业的正当性。为此，孔子被描绘为信奉基督教上帝的前基督教道德家。这种儒家哲学的表征和建构是经过战略性发展的，目的是为了展现中国古代文化和基督教之间的联系，这一联系为中国人皈依基督教提供了强有力的论据。耶稣会士必须说服中国未来的新信徒，同时在欧洲宣扬传教活动的正面形象。他们的确照此目的呈现中国哲学，但是，法国所继承的中国哲学想象的一部分似乎起源于他们。

耶稣会士的描述对中国哲学在法国的表征产生了深远的影响，对启蒙运动时期的法国学者产生了积极和消极的影响。这些学者依靠耶稣会士的著作作为他们了解中国的唯一信息来源。耶稣会士是第一个提出中国科学“落后”论点的人，这在几个世纪以来对中国的表征产生了非常负面的影响。根据他们的观点，中国没有哲学思想，因为中国人更注重实践而非理论。如果法国学者和哲学家将中国哲学描述和想象为智慧与思想而非哲学，那可能是因为他们继承了前人对中国的看法。这充分阐明了程艾兰的论点，即我们现在所拥有的中国形象仍然是基于三个世纪前启蒙运动时期形成的概念，我们已经不再阐发这个概念，它对我们也不再具有启发意义[②]。

---

① 帕斯卡尔在他的《思想录》中对此问题置之不理，他问道：“哪个更可信，摩西还是中国？”参见 Pascal Blaise, *Pensées*, Brunschvicg edition (Paris: Garnier Flammarion, 1976), p. 217。他认为，更为可信的描述是“见证者将被剥皮处死”，也就是说，《圣经》的信徒准备为他们的事业牺牲，这增加了他们的可信度。参见 Pascal Blaise, *Pensées*, Brunschvicg edition (Paris: Garnier Flammarion, 1976), p. 217。

② Anne Cheng, *La Chine pense-t-elle*? (Paris: Fayard, 2009), p. 25.

道格斯《华语鉴》研究[①]

宋佩珊

（中国矿业大学外国语言文化学院）

摘要：19 世纪英国驻华外交官道格斯（Robert Kennaway Douglas，1838—1913）编著的《华语鉴》（*A Chinese Manual, Comprising a Condensed Grammar with Idiomatic Phrases and Dialogues*，1904）是 20 世纪初期西方汉语教学的重要书目，全书以日常生活用语为主，旨在满足多种来华群体的实际需要，为我们提供了近代汉语的鲜活语料。本文旨在通过学术史的研究方法，结合教材内容，探究《华语鉴》教材编写的优缺点，以期丰富对道格斯汉语教学的研究。

关键词：英国汉学；道格斯；《华语鉴》；汉语研究

19 世纪后期，西方进入第二次汉语学习的高潮，西方人所编写的汉语教材也经历了一个从初步摸索到逐渐成熟的过程。除了传教士之外，军人、商人、外交人员等学习者大量出现，相应地也出现了为不同学习者准备的教材。随着英国与中国联系日益紧密，西方人来华数量不断攀升。为了尽快适应中国社会，他们纷纷投身于汉语学习的行列。

在此之前，英国国内也并非没有可用的汉语教材，威妥玛的《语言自迩集》就是当时流行的汉语教材之一。自从带有许多学生的外国公使馆在北京建立，不首先学这种语言那几乎是不可能的了，因为它比任何语言都更重要。[②] 但当时市面上流通的这些教材并不完全适合传教士、士兵、商人等社会群体学习。一方面，这些教材内容专业性过强，有些部分甚至需要教员加以辅导才能理解，其主要适用对象为公使馆翻译学生；另一方面，这些教材的开本偏大，不便于人们日常生活中随身携带、随时查阅。针对在英国本土与中国之间来往密切的平民、军人、传教士、商人等群体，道格斯编写了简明汉语语法教材——《华语鉴》。该书

① 基金项目：中国矿业大学 2020 年度教研课题“海外汉学概论课程的批判性教学与研究”（2020YB49）。

② 威妥玛：《语言自迩集——19 世纪中期的北京话》，张卫东译，北京大学出版社，2002，第 14 页。

于1889年编纂完成，并于同年出版。为满足广大读者的热切需求，该书于1904年再版，本文研究的也正是这一版。

20世纪初期西方人编写的汉语教材与19世纪的文本在教学内容、编写形式以及编写理念等方面仍保持着一定的一致性，同时又为满足这一时期不同群体的现实需求进行了许多补充，《华语鉴》便是这一时期极具代表性的产物。2016年，上海师范大学朱冰星在其题为《英国汉学家道格斯〈华语鉴〉研究》的硕士学位论文中，从语言学及应用语言学的角度分析了该书的结构和体例，进而对书中的汉语拼音、汉字解说、词类和句法教学进行重点研究。① 本文主要从文化视角对汉语教材《华语鉴》及其编写方面的优缺点进行新的阐释，以期丰富对道格斯汉语教学的研究。

一、道格斯及其来华背景

1838年8月23日，道格斯出生于英国德文郡，其祖父曾担任基督圣体学院校长，父亲曾在小教堂就职。道格斯为家中第四子，童年时在农村家庭教师处接受了基础教育，10岁时进入布兰佛德语法学校进行系统学习，17岁时跟随长兄去了新西兰，19岁时返回英国，考入伦敦国王学院，开始了对汉语语言的系统研究。道格斯凭借扎实的语言能力与优秀的外交水准，成功跻身于中国领事馆官员候选人行列。② 1858年至1864年间，道格斯先后担任香港学生翻译、天津领事馆第三助理、天津领事馆第一助理、天津领事馆副领事等职务。1865年回国后，道格斯担任伦敦大学国王学院第三任汉学教授，后就职于大英图书馆，负责管理汉籍与东方书籍。当时，只有大英图书馆和格伦威尔图书馆收藏了一部分中文书和汉语手稿。由于年代久远，加之长期以来英国对汉语言缺乏研究，这些一手史料并没有得到妥善的系统管理。在任期间，道格斯为大英图书馆作出的最大贡献就是编纂了馆藏汉籍的目录。该目录按照作者名字的首字母排列，作者名和书名都有汉字和英文两种表达方式。1905年，道格斯从大英图书馆退休。1913年5月20日道格斯于英国逝世，享年75岁。

道格斯一生著述等身，其中更是不乏与中国有关的作品，他所编写的书籍涵盖了中国历代王朝的概况、中国政治制度的演变、中国刑法典的内容与实施、中国的现代化进程、中国的阶级矛盾、中国社会的婚姻、中国传统教育、中国古典医

① 朱冰星：《英国汉学家道格斯〈华语鉴〉研究》，硕士学位论文，上海师范大学对外汉语学院，2016。

② Yu-Ying Brown, "Sir Robert Kennaway Douglas and His Contemporaries," *British Library Journal* (1889): 122-129.

学、中国古典绘画、中国传统食物和传统民族服饰等各个方面。[①] 值得一提的是，道格斯喜欢讲述中国民间故事，通过曲折的故事情节从多个维度体现出中国社会包罗万象的特点，为读者学习汉语增添了更多的趣味性。

二、《华语鉴》的主要内容

《华语鉴》正文首句写道：这本手册，不是为任何特定类别的学生准备的，而是为所有那些文职、陆军和海军官员、传教士和商人准备的，他们或乘船、或经由缅甸到达中原大地。因此显而易见的是，学习者应该学习一种能使帝国大部分的受教育者都理解的语言才是最为合适的。[②] 这里我们不难看出，《华语鉴》对自己的定位十分清晰，它是一本入门级的简明中文语法教材，教学重点放在解析语法、学习汉语固定短语以及日常交流用语上。极具针对性的教学内容也反过来说明了其编写目的。《华语鉴》是时代的产物，它的主要任务就是帮助这一时期以英语为母语的汉语初学者在短时间内理解汉语的基础语法体系，掌握日常生活中常用的汉语口语与惯用语表达，以达到在华时能够顺利交流的目的。

《华语鉴》全书可分为四部分，均由英语书写。

第一部分为序言。作者主要说明了《华语鉴》的两大编写缘由：一方面，英国国内对汉语学习的实际需求不断增加，另一方面，当时在英国急需这种大小便于携带和价格相对惠民的汉语学习教材。[③] 作者意识到，缅甸沦为英国的殖民地，就相当于英国的国土在西南方和中国接壤，英国和中国的多方联系必然逐渐加深，必将使得社会上汉语学习的需求变得更加广泛。同时，已经在市面上流通的汉语教材，其开本大多不便于以工作和生活为学习目的的读者携带。除此之外，道格斯认为，威妥玛所著的汉语教材其主要适用对象为长期居住在中国的外国人，他提出，不仅在社会生活中，汉语学习应当得到应有的重视，在当前的教育领域中，汉语教育和汉语学习也迫在眉睫。[④]

第二部分为正文。主要分为三部分，分别是语音教学、汉字教学和词类教学。在语音教学方面，道格斯主要介绍了汉语中部分元音和辅音的发音方式和官话阅读汉语句子的声调。在汉字教学方面，他主要介绍了汉字的构成、偏旁部

① F. Legge, "Sir Robert Kennaway Douglas," *Journal of the Royal Asiatic Society* 45, no. 4 (1993): pp. 1095-1099.

② Robert Kennaway Douglas, *A Chinese Manual, Comprising a Condensed Grammar with Idiomatic Phrases and Dialogues* (London: Clarendon Press, 1904), p. 1.

③ Robert Kennaway Douglas, *A Chinese Manual, Comprising a Condensed Grammar with Idiomatic Phrases and Dialogues* (London: Clarendon Press, 1904), p. 2.

④ Calvin Wilson Mateer, *A Course of Mandarin Lessons, Based on Idiom* (Shanghai: American Presbyterian Mission Press, 1922), p. 29.

首以及汉字的起源与发展历程。在词类教学方面，重点介绍了根据英语词性而划分的七大词类，即名词、动词、形容词、数词、代词、助动词和否定词。值得一提的是，在讲解词类时，为了让学习者们更好地理解汉语语法，道格斯套用英语语法的规则，将性、数、格等汉语中没有的概念引入汉语语法的讲解中，以帮助英国本土汉语初学者更好地进行学习与应用。

第三部分为词汇和对话。共包括六十八篇课文，主要以口语为主，围绕一个或几个话题展开讨论。第一课为入门课，只有一些基础性汉语词汇，从第二课至第六十八课，每课都包括词汇和课文两部分学习内容。生词主要分布于每篇课文之前，并且每篇课文生词数量不定，一般十到二十个，每个生词都分别标有读音和声调，并注有英文释义，生词引出例句，再由这些句子组成课文。该书的教学难易程度由浅入深，在前几课，句型以简单句为主，后面也会掺杂出现简单的复合句，随着学习难度的增加，书中后几课陆续出现了结构相对复杂的多重复合句。课文主要由对话组成，采用了横向排列的形式，虽然每篇课文中的句子大多长短不一，但其格式基本一致。每篇对话分为三列，最左侧第一列为汉字书写的对话，中间一列为左侧汉字分别对应的读音，用汉语拼音表示，最右侧一列为该句话相对应的英文释义，整体来看，汉字、读音与释义三部分一一对应。另外，《华语鉴》的知识内容呈现出一种发散性，英国外交官、牛津大学汉文教授布勒克（T. L. Bullock，1845—1915）曾在其《汉语书面语渐进练习》（*Progressive Exercises in the Chinese Written Language*）中提道：他会为了讲解某个特定的知识点增加与其相关的日常用语的教学，对重点知识进行深入讲解，不断拓展知识的广度与深度，不仅有利于打牢汉语初学者的语言基础，更能激发学习者对汉语的兴趣。[①]

另外，在第六十八课的对话结束后，作者还别具匠心地选取了一段《好逑传》的原文，其内容来自第三回“水小姐俏胆移花”，共1343字，该部分的编排方式与正文中的对话课文有所不同。行文开始先是用英语对主人公进行了简短的介绍，紧接着依旧是与正文部分排版方式相同的生词，最后，文本的编排主要由汉字文本和英语释义两部分组成，采用与中国古代典籍相同的编写方法，阅读顺序为由右至左。

第四部分为附录，主要包括多音词表、省份表、中国历代皇帝表、度量衡表以及汉字中的禁忌字，整体呈现出非常强的适用性和实用性。

---

① T. L. Bullock, *Progressive Exercises in the Chinese Written Language* (London: Kelly & Walsh, 1912), p. 57.

三、《华语鉴》教材编写中的优点

作为一本汉语教材,《华语鉴》的编写特点鲜明。在内容上,既包含日常生活中的衣食住行话题,又为不同群体设计了极具针对性的话题;在教学方法上,主要通过借鉴英语语言的方法,用英语音标来标记汉语,套用英语语法规则来讲解汉语语法;在内容形式上,注重日常口语教学,而不是以书面语为主,选入教材的语料多来自生活实际,让学习者能够真正学以致用。

(一)实用性强

20世纪来华的西方人以英语母语者为主,故这一时期对外汉语教材,无论是语音标记、语法讲解还是语素的比较,都采用英语编撰。这些汉语学习者们肩负着明确的使命,或传教、或经商、或外交,他们的汉语学习有着强烈的目的性,那就是为他们在中国的工作与生活服务。因此,他们用于学习的汉语教材必须以实用性为先导,解决他们的实际问题。[①]《华语鉴》是在英国本土编写的一本汉语口语教材,道格斯编写该书时,首先考虑的就是实用性。在读者定位上,他将该书的适用对象明确定位为所有可能来华的群体;在书本形式上,为让学习者携带方便,道格斯改变书本的开本大小,充分体现了他以学习者为中心的设计理念;在内容编写上,他原则明确,对语音和文字只进行简单介绍,而将重点放在词类教学、惯用语的积累和日常交流实践上,侧重于让学习者理解汉语遣词造句的规则,学会用汉语句子传递信息,并能够在日常生活中用汉语进行交流。因此,它弥补了同时期许多汉语教材的缺陷,具有一定的划时代意义。

(二)基础性强

基础性强也是这一时期教材的重要特征。在《华语鉴》中,道格斯先是对汉字语音和汉字本身进行了简单介绍,然后将全书的重中之重放在了词类的教学上,他将汉语词汇分为名词、形容词、量词、代词、动词、助动词、随笔词和否定词八大类,每一类又分为许多更小的类别。[②] 值得一提的是,道格斯对汉语语法的教学十分仔细,他会特别教学生一些极具象征性的词语,例如前缀和后缀的特殊用法,以避免学生混淆。同时,他还喜欢重点讲解与课文具有相同或相近意义的句子,这样学生就可以通过实践更好地理解、记忆教学内容。

实际上,20世纪的汉语教材大多是针对英语母语者的学习弱点进行内容编排的。由于他们基本上都是从未接触过汉语的"新手"学习者,这一时期的教材也以初级和入门教材为主,其内容详略得当、分类细致并注重区别,具有很强的

① 张美兰:《明清域外官话文献语言研究》,东北师范大学出版社,2011,第5页。

② Robert Kennaway Douglas, *A Chinese Manual, Comprising a Condensed Grammar with Idiomatic Phrases and Dialogues* (London: Clarendon Press, 1904), p. 48.

基础性。

（三）教学方法丰富

20世纪初期出现了各种官话教材、不同题材的教材和更多以方言种类撰写的教材，这也从侧面说明了这一时期的汉语教学方法正朝着成熟的方向不断迈进。作为一本对外汉语教材，无论是教学内容、教学环境、教学者还是学习对象，都离不开其本土语言，也离不开多种多样的教学方法。在《华语鉴》中，道格斯采用了定义法、翻译法、分类法、举例法、类比法、诠释法、对比法等多种教学方法，丰富了学生理解汉语知识的途径，同时也增强了教材的科学性。

在词类教学方面，道格斯选择采用其他语言对汉语加以解释。他在讲解汉字构造法时，提到土耳其语、古埃及语；在对形容词的构成形式进行教学时，又提到拉丁语；在对量词进行教学时，提到日语、波斯语、亚述语；在对关系代词、使役动词、动词的被动语态进行教学时，提到西亚赛语、德拉威语。[①] 他以多种语言为桥梁，让熟悉其他语言的学生能够迅速在各种语言与汉语之间建立某种联系，将语法知识衔接起来，从而更高效地学会汉语。

这样语言之间的类比与转化同样出现在道格斯的语法教学上，在讲到汉语遣词造句的规则时，道格斯套用西方的语法体系，这样汉语中不易理解的语法点就转化为英语母语者熟悉的语法规则，很大程度上提高了初学者的学习效率。另外，教材的趣味性也是道格斯追求的目标。《华语鉴》在课文之后，还出现了《好逑传》节选，极大培养了学生对阅读中国文学作品的兴趣。

四、《华语鉴》教材编写中的问题

作为一本在英国本土编写成书的汉语教材，《华语鉴》对于19世纪末20世纪初的中西方文化交流具有重大意义，它不仅体现出当时欧洲对中国文明的理解与探索，更体现出西方世界对自身文化建设的考量。但是，基于较大的文化差异和当时的社会条件，《华语鉴》依旧存在许多不足。

（一）只有输入，没有输出

作为一本对外汉语教材，《华语鉴》只重讲解，忽略练习。它并没有配备相应的习题，学生只能通过看书学习，无法对已经接收的知识进行操练。俗话说：三分讲，七分练。但是，《华语鉴》却“光说不练”，纵观全书，一道练习题都没有出现。学习前做好充分的预习，学习后做好相应的复习，本就是学习的基本原则，学习者通过做大量的习题查缺补漏，将自己学到的知识与实际操作结合后发现

① 张雪盼：《近代英国外交官道格斯汉语教材研究——以〈华语鉴〉为例》，硕士学位论文，山东师范大学国际教育学院，2017。

不足，才能加以改进和完善。《华语鉴》是一本初学者自学的教材，学习者在学习过程中只能自己“摸着石头过河”，并没有专业的双语老师在旁加以指导。我们知道，无论学习哪个领域的知识，如果只是被动接受，后期不主动对其加深理解、反复练习、探索与不同领域知识结合碰撞的可能，最终一定会导致概念混淆，随着知识摄入量越来越多，如果不能做到层次分明，学习质量必然不高。《华语鉴》全书呈现出极强的发散性，包含许多对前文知识点的拓展延伸，这就常常衍生出许多与原文对话内容不相关的语句，造成文意不直观、不连贯的现象，从而不利于学生的理解与学习。

（二）忽略读音，不成体系

经过整理归纳，我们发现在语音教学方面，20 世纪的汉语教材并未正面对汉语的语音作出全面的、系统的阐释。我们知道，语音是学习一种语言必不可少的要素。可在《华语鉴》中，道格斯只在借鉴威妥玛语音系统的基础上作了些许调整，即用拉丁字母来拼写中国的人物、地点和事物的名称，全书仅有两页篇幅星星点点地介绍了汉语语音中的十四个元音和十五个辅音，也没有专门的篇幅介绍声调。这就无形中增加了初学者的难度，他们不可能仅凭作者对声调几句简单的概括讲解，在没有任何练习的情况下正确掌握一种新语言的声调。若在学习过程中遇到其他元音和辅音，还需要花费大量的时间精力去自行查阅，不仅如此，在语音标注板块，道格斯只借助拉丁语中某些与汉语读音相近的音标标注汉语的读法，而不是对汉语独特的发音形式及特点进行深入探究。作为英语母语者，他们在学习汉语时本身就会将汉语的音调与母语的语调相混淆，产生“洋腔洋调”的现象，所以这样的类比虽然可以让学习者学起新知识来更加容易，但会造成学习者对语音的掌握并不准确，从而影响现实生活中的沟通交流。作为一本以实用性为导向的汉语教材，若不系统全面地对语音进行解读，则不易帮助学习者形成对汉语的完整认识，进而影响在日常生活中的运用。

（三）部分内容含混不清

《华语鉴》中的课文以对话为主，是为了让学习者更快地了解中国社会的生活模式，熟悉当时汉语惯用语和官话中的固定搭配，但是，全书的对话之前均没有注明问话者与答话者，某些标点符号的使用也不甚准确，文意不流畅、不连贯，对话内容含混不清。例如，“那边的人都是买卖的人麽不是. 街衢中多有闲游的浪子.”[①]首先，这段话并没有标明问话者与答话者，让读者乍一看一头雾水。其次，标点符号使用也存在较人问题。很明显，在这句话中，“那边的人都是买卖的

① Robert Kennaway Douglas, *A Chinese Manual, Comprising a Condensed Grammar with Idiomatic Phrases and Dialogues* (London: Clarendon Press, 1904), p. 11.

人麼”是一个疑问句,“不是”和“街衢中多有闲游的浪子.”是这句话的回答,但作者在这里不仅使用了错误的标点,将本该在问句末尾的问号变成了相当于现代汉语中句号的“.”,还将“不是”归入了问句中。另外,有些对话会连续出现问句与答句,但是问答驴唇不对马嘴。例如,“你做什么过活?家里有多少人口?”回答却是:“我结伙做买卖.莫逆之交”。[①] 虽然对于那些掌握一定汉语基础知识的学习者来说,稍加分辨便可判断出答句与问句,但对于刚刚接触汉语的学习者来说,这样不知所云的表达只会让他们晕头转向,进而造成学习误区。

综合来看,《华语鉴》丰富了英国的汉语教学史,也为对外汉语教学学科提供了强有力的历史支撑。熊文华在2007年出版的《英国汉学史》中用长达一节的篇幅专门介绍了汉学教授道格斯。熊文华评价道:在讲到道格斯关于汉语的起源、汉字的特点和汉语语法体系等观点时,道格斯的想法过于武断,对汉语语法还存在一些错误认识。[②] 但总体上还是对《华语鉴》持褒奖态度:尽管书中的许多大胆观点没有令人信服的语料依据,不过从整体上看该书仍不失为一本有价值的系统汉语著作,有不少创见和独到分析,使当时学习汉语的西方读者能找到有利于比较和理解的实例。[③]

朱冰星在《英国汉学家道格斯〈华语鉴〉研究》(2016)[④]中重点论述了《华语鉴》的词类与词汇教学,并从句型、句式、句类三方面对该书的句法教学进行分析。值得一提的是,在词类教学部分,他将《华语鉴》与詹姆斯·苏谋斯(James Summers)的《汉语手册》(*A Handbook of the Chinese Language*, 1863)[⑤]进行了比较。这也为我们对汉语教材的研究提供了新思路:在研究某类文本时,既要深入挖掘文本信息,又要积极拓宽研究视野,不断增强研究的广度与深度。除此之外,对外汉语教材不仅是传播汉语知识的桥梁,书中所体现的社会历史背景与所包含的文化思想内核也是文化交流过程中至关重要的一环,《华语鉴》也是被拓展了的文化内核。这使我们意识到,在汉语国际地位日益提高的今日,加强对外汉语教材中中国文化形象的建设刻不容缓,在讲好中国故事的同时,要平实、巧妙地将中国文化与民族精神传递出去。

20世纪初期西方人编写的汉语教材是世界汉语教育史的重要组成部分,其

① Robert Kennaway Douglas, *A Chinese Manual, Comprising a Condensed Grammar with Idiomatic Phrases and Dialogues* (London: Clarendon Press, 1904), p. 24.

② 熊文华:《英国汉学史》,学苑出版社,2007,第83页。

③ 熊文华:《英国汉学史》,学苑出版社,2007,第106页。

④ 朱冰星:《英国汉学家道格斯〈华语鉴〉研究》,硕士学位论文,上海师范大学对外汉语学院,2016。

⑤ James Summers, *A Handbook of the Chinese Language* (London: Oxford University Press, 1863).

编写目的明确，教学方法丰富，不仅对 19 世纪教材文本进行了集成与继承，也为 20 世纪汉语教材的迭代提供了支撑。与此同时，在中西方日益紧密的交流碰撞中，西方人的汉语学习对汉语本身也带来了不可小觑的影响。这也启示我们：该类研究虽然立足于汉语教学，但我们仍需强化汉语本体体系；汉语研究应该多元化，不仅要培养学习者的学习兴趣，也应该加入更多的中国文化形象。我们应不断加快对外汉语教学本土化研究的进程，为当下汉语国际教育事业与文化交流提供借鉴。